나도 하는 C 코딩

류춘하·박보석·송무희·조현숙·하숙정 지음

도서출판 홍릉

경북대학교 소프트웨어교육원 기초교육부

저자들이 소속된 경북대학교 소프트웨어교육원 기초교육부는 소프트웨어 중심 사회를 위한 인재 양성을 위하여 "SW기초교육" 교과과정을 혁신적으로 개편하여 운영하고 있으며 이에 맞추어 C, Python, 빅데이터 기초, R 등의 다양한 교재를 개발하고 있다.

나도 하는 C 코딩

인 쇄: 2024년 2월 20일 초판 1쇄
발 행: 2024년 2월 29일 초판 1쇄

저 자: 류춘하 · 박보석 · 송무희 · 조현숙 · 하숙정
발행인: 송 준
발행처: 도서출판 홍릉
주 소: 01093 서울시 강북구 인수봉로 50길 10
등 록: 1976년 10월 21일 제5-66호

전 화: 02-999-2274~5, 903-7037
팩 스: 02-905-6729
e-mail: hongpub@hongpub.co.kr
http://www.hongpub.co.kr
ISBN: 979-11-5600-175-1(93000)

정 가: 22,000원

이 책의 학습을 위한 코드 파일은 도서출판 홍릉 홈페이지(www.hongpub.co.kr)에서 내려받을 수 있습니다. 홈페이지에서 도서명 검색 후 보조자료를 다운로드하시기 바랍니다. (Chrome 웹브라우저 사용 권장)

차례

CHAPTER 01 C 언어와 코딩

CHAPTER 02 C 프로그램 구성 요소

CHAPTER 03 자료의 입출력

CHAPTER 04 다양한 연산

CHAPTER 05 제어문1 : if, switch, for문

CHAPTER 06 제어문2: while, do~while 문

CHAPTER 07 전문 일꾼 함수

CHAPTER 10 문자열 처리

CHAPTER 11 다양한 함수와 변수의 참조 범위

CHAPTER 12 능력자 포인터

01 CHAPTER

C 언어와 코딩

01 C 언어와 코딩

1.1 프로그램과 C 언어

이 장에서는 C 언어로 프로그램을 개발하기 위한 전반적인 내용을 소개한다. 먼저 컴퓨터, 프로그램, 알고리즘, 프로그래밍 언어, 코딩과 같은 프로그래밍과 관련된 용어에 대해 간단히 살펴본다. 그리고 프로그램을 개발하는 과정을 소개한 후, 통합개발환경에서 C 프로그램을 개발하는 과정에 대해 자세히 살펴본다.

1.1.1 컴퓨터와 프로그램

오늘날 컴퓨터는 정보 처리, 의사 결정, 업무 수행, 연구, 엔터테인먼트, 교육 등을 위해 현대 사회 어디서나 사용되는 전자적(electronic) 데이터 처리 장치이다. 컴퓨터를 아주 단순하게 정의한다면, 단어에서 유추할 수 있듯이 데이터(data)에 다양한 계산(compute)을 적용하여 원하는 정보(information)를 얻는 장치라고 할 수 있다. 데이터는 이미 알고 있는 또는 알 수 있는 사실(값)이고 정보는 이 데이터를 가공하여 얻어낸 값이다. 기상 관측소와 위성 등에서 얻은 기온, 습도, 바람 데이터로부터 날씨 예측 정보를 구하기, 자동차의 다양한 센서와 카메라로부터 얻은 운행 주변의 다양한 객체의 위치, 크기, 속도 등의 데이터로부터 주행 속도, 방향, 앞차와의 유지 간격 등의 정보 구하기, 기업의 매출 데이터로부터 그래프 생성 및 매출 예측 정보 및 매출 예측 패턴 구하기, 도서관 도서 데이터와 대출과 반납 등의 데이터로부터 대여 가능 도서, 도서 이용 통계 및 분석, 대출 중 도서의 대출 가능 시점 등의 정보 구하기, 휴대폰 GPS 신호 데이터로부터 사용자의 현재 위치 정보 구하기 등 사회 전반과 개인 일상에서 컴퓨터를 사용한 데이터 처리 결과를 이용하고 있다.

컴퓨터는 하드웨어(hardware)와 소프트웨어(software)로 구성된다. 하드웨어는 컴퓨터를 구성하는 물리적 장치이다. 제어 장치와 연산 장치를 포함하는 중앙처리장치(CPU: Central Processing Unit), 입력 장치(키보드, 마우스, 마이크), 출력 장치(모니터, 프린터, 스피커), 기억 장치(주기억 장치, 하드디스크, USB)가 컴퓨터를 구성하는 하드웨어이다. 아무리 성능이 좋은 MP3 재생기도 재생할 노래 파일이 없으면 무용지물인 것처럼, [그림 1-1]처럼 컴퓨터에 하드웨어만 있고 적절한 소프트웨어가 없다면 컴퓨터로부터 원하는 정보를 얻을 수 없다.

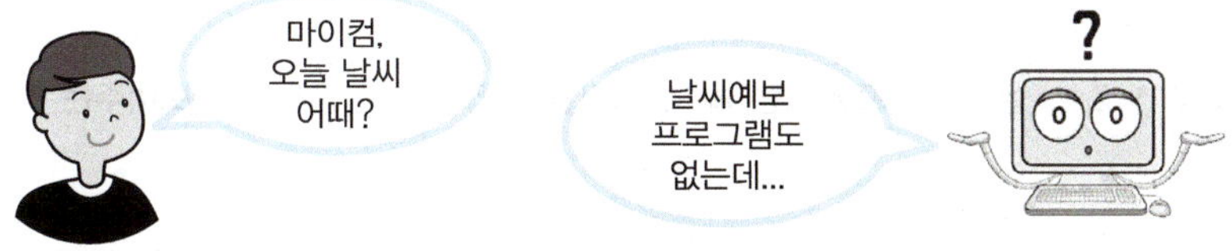

그림 1-1 적절한 프로그램(소프트웨어)이 없으면 정보를 구할 수 없는 컴퓨터 예

컴퓨터에게 일을 시키려면 하드웨어를 정확한 순서대로 제대로 작동시키는 프로그램이 필요한데 이 프로그램을 **소프트웨어**라고 한다. 소프트웨어는 시스템 소프트웨어와 응용 소프트웨어로 나눌 수 있다. **시스템 소프트웨어**는 우리가 잘 알고 있는 윈도우 운영체제(OS: Operating System)처럼 모든 하드웨어를 관리하여 사용자가 컴퓨터를 잘 사용할 수 있게 해주는 프로그램이다.

응용(application) 소프트웨어는 사용자들의 특정 목적에 맞게 개발된 프로그램이다. 한글이나 워드 같은 워드 프로세서, 엑셀과 같은 스프레드시트, 파워포인트와 같은 프레젠테이션 저작 도구, 포토샵이나 일러스트레이터 같은 그래픽 디자인 소프트웨어, 프리미어와 같은 비디오 편집 소프트웨어 등이 있다. 휴대전화에 설치해서 사용하는 '**앱**'이 'application'의 줄임말로 스마트폰이나 태블릿과 같은 모바일 기기에서 사용하는 프로그램을 의미한다.

프로그램을 단순하게 정의하자면 컴퓨터가 실행할 명령을 적절한 순서로 나열한 것이다. '적절한 순서'는 일상생활의 문제 해결 과정에도 존재한다. 요리할 때는 재료를 먼저 준비해야 하고, 요리에 따라 재료를 넣는 시간과 순서가 적절해야 맛있는 음식이 된다. 집을 지을 때는 건축 설계도를 먼저 정확하게 만든 후에야 건물을 지을 수 있고 건물을 다 만든 후에야 인테리어 작업을 할 수 있다. 택배로 받은 물품을 반품할 때도 순서는 있다. 반품을 신청하고, 상자에 모든 물건을 넣고, 테이프를 붙여야 하는데, [그림 1-2]처럼 반품할 물건을 한 개 빼놓고 테이프를 붙였다면? 할 수 없이 빼놓은 물건을 다시 넣는 작업을 추가로 해야 한다. 직사각형의 면적 area를 구하는 프로그램 역시 가로 width와 세로 height 값을 먼저 알고 있어야 두 값을 곱해서 면적을 구할 수 있다. 그러므로 첫 번째 명령문을 맨 뒤로 이동해야 한다.

그림 1-2 실생활과 프로그램 둘 다 처리할 일의 순서가 중요함을 보여주는 예

[그림 1-2]의 예는 아주 단순하지만, 프로그램을 작성할 때 명령의 순서가 중요하다는 것을 잘 보여준다. **알고리즘(algorithm)**은 컴퓨터 프로그램으로 작성할 문제가 있을 때 문제의 해결 과정을 순서대로 나열한 것이다. 즉, 컴퓨터에 내리는 명령을 정확한 순서로 표현한 것이다. 그러므로 프로그램을 개발하기 위해서는 문제 해결 알고리즘을 찾는 것이 필수다.

오늘날 대학뿐만 아니라 초중등 교육에서도 코딩이 강조되고 있다. '**코딩(coding)**'은 컴퓨터 프로그램을 개발할 때 문제 해결 알고리즘을 프로그래밍 언어에 맞는 코드로 표현하는 과정을 일컫는 용어다. 하지만 오늘날 강조하는 '코딩' 개념은 훨씬 확대된 의미를 포함한다.

컴퓨터 프로그램으로 문제를 해결하려면 기존 해결 과정이 있더라도 그대로 코드화하는 것이 불가능한 것이 대부분이다. 적분 문제 풀기, 천 명의 국어 점수 중 최고 점수의 정보 구하기, 학생 천 명의 이름을 가나다순으로 정렬하기, 전 국민의 주민등록번호 중 특정 주민등록번호를 빠르게 찾기와 같은 문제를 프로그램으로 해결해야 한다면 어떤 알고리즘을 사용해야 할까? 수학 또는 일상에서 해결하는 과정 그대로 알고리즘을 만들 수 있다면 다행이지만 그렇지 않다면 코딩으로 해결하는 방법을 찾아내야 한다.

컴퓨터 과학자들은 주어진 문제를 프로그램화하기 위해 문제를 재해석하는 방법과 창의적인 다양한 해결 과정(알고리즘)을 찾아냈다. 컴퓨터 프로그래밍을 배우면 컴퓨터 과학자들이 사용하는 방법으로 문제를 해결할 수 있는 능력 즉 **컴퓨팅적 사고력**(computational thinking)을 키울 수 있으며, 알고리즘을 완성하는 과정에서 **논리적 사고력**을 키울 수가 있다. 지금의 코딩 교육은 이러한 컴퓨팅적 사고를 통해 주어진 문제의 해결 과정을 찾아가도록 함으로써, 컴퓨터 프로그램과 관련 없는 문제 또한 논리적이고 창의적인 해결 과정을 찾을 수 있는 능력을 키우는 것이 목표라고 할 수 있다.

1.1.2 프로그래밍 언어

컴퓨터에서 실행할 프로그램은 무엇으로 작성할까? [그림 1-3]에서 사장님은 아르바이트생에게 내일 출근해서 무슨 일을 어떤 순서로 할지 아르바이트생이 이해할 수 있는 언어로 얘기한다. 프로그램 역시 컴퓨터가 이해할 수 있는 **프로그래밍 언어**를 사용하여 명령을 작성한다.

그림 1-3 사람의 언어와 컴퓨터의 프로그래밍 언어를 사용한 명령 예

사람의 언어로 한국어, 영어, 불어 등 여러 언어가 있듯이 프로그래밍 언어도 다양하다. 하지만 컴퓨터가 직접적으로 이해할 수 있는 언어는 **기계어(machine language)**뿐이다. 기계어는 컴퓨터 하드웨어의 특성상 모든 명령이 0과 1로만 구성된다. [그림 1-4]의 덧셈과 뺄셈 명령어만 봐도 알 수 있듯이, 기계어는 사람이 코딩하기도 이해하기도 너무 어렵다.

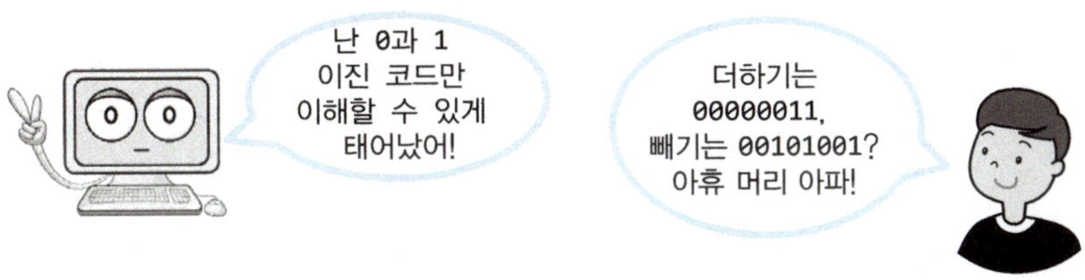

그림 1-4 컴퓨터가 바로 이해할 수 있는 언어는 기계어

기계어의 이진 명령 대신 ADD나 SUB와 같이 사람이 이해하기 쉬운 기호를 사용하도록 개발된 언어가 **어셈블리어**이다. 기계어보다는 어셈블리어가 더 쉬운 언어지만, 사람이 쓰는 자연어와는 거리가 멀어서 프로그램을 작성하는 데는 여전히 어려움이 많다. 그래서 사람의 자연어에 가깝게 명령을 작성할 수 있는 언어들이 개발되었는데, 이를 **고급(high-level) 언어**라고 한다. 기계어와 어셈블리어는 **저급(low-level) 언어**라고 하는데, '저급'은 컴퓨터와 더 밀접하다는, '고급'은 사람과 더 밀접하다는 의미로 사용된다. [그림 1-5]의 C 명령문은 영어 단어만 안다면 명령 내용을 충분히 추측할 수 있을 만큼 친숙하게 느껴질 것이다.

그림 1-5 사람이 사용하는 언어와 유사한 고급 언어 코드 예

최초의 고급 언어는 1957년에 개발된 Fortran이며 이후 BASIC(1964), Pascal(1970), **C**(1972), **C++**(1980), **Python**(1989), **Java**(1995), C#(2000), Go(2009) 등이 개발되었다. 이 중 **C 언어**는 1972년 벨 연구소의 데니스 리치(Dennis Ritchie)가 개발하였다. C 언어는 다른 고급 언어보다 하드웨어 제어 능력이 많으며, 최적화가 잘 된 코드를 작성할 수 있어서 실행 속도가 빠르며, 다양한 시스템과 플랫폼에서도 작동할 수 있어 이식성(portability)이 높으며, 함수와 블록을 사용하여 코드를 모듈화하고 관리할 수 있어 구조화된(structured) 프로그램을 작성할 수 있으므로 코드의 가독성(readability)과 유지보수가 쉬우며, 기억장소의 주소를 직접적으로 다루는 포인터라는 개념을 지원함으로써 연결 리스트와 트리 같은 동적 자료 구조를 쉽게 구현할 수 있으며, 성능을 향상할 수 있는 등 많은 특징을 가지고 있다. C 언어는 개발된 초기부터 지금까지도 널리 사용되고 있으며 프로그래밍의 기초를 배우는 데 많이 사용되고 있다. C 언어는 Python과 함께 현재 가장 많이 사용되는 프로그래밍 언어이다.

1.2 프로그램 개발 과정

1.2.1 프로그램 개발 과정

프로그램을 개발하는 과정은 규모, 복잡도, 개발 방법 등에 따라 다양할 수 있지만 대략 다음 다섯 단계로 요약할 수 있다. 사용자는 목적에 맞게 개발된 프로그램을 최종적으로 사용하는 최종 사용자(end-user)나 최종 사용자가 사용할 프로그램의 개발을 요청한 사람(업체)을 말하며, 개발자는 프로그램을 직접 개발하는 사람(업체)을 말한다.

1) **요구사항 분석**: 프로그램을 개발하기 위한 첫 단계로 사용자와 개발자 간의 대화를 통해 프로그램의 목표와 요구사항을 명확히 하여 문서로 만드는 과정이다. 어떤 기능이 필요한지, 어떤 문제를 해결해야 하는지, 어떤 결과를 원하는지를 제대로 분석하지 못하면 개발 과정에서 혼란과 비용이 증가할 수 있다. 실제 실습 시간에 실습 문제를 제시했을 때,

어떤 학생들은 요구사항을 분석하지 않고 바로 코딩했다가 프로그램을 수정하느라 완성 시간이 더 늦어지는 것을 흔히 볼 수 있다. 간단한 프로그램도 정확하고 명확한 요구사항 분석이 필요하다.

2) **설계**: 요구사항을 바탕으로 프로그램의 전반적인 구조를 설계하고, 이에 맞게 모듈을 설계한다. 모듈은 특정 기능을 수행하는 코드 블록이다. 모듈의 기능과 모듈 간의 관계, 데이터 흐름, 알고리즘 설계, 사용할 프로그래밍 언어나 개발 도구 역시 이 단계에서 결정한다.
3) **구현(implementation)**: 선택한 프로그래밍 언어를 사용하여 설계한 내용을 실제 코드로 작성한다.
4) **테스트**: 다양한 테스트 케이스를 사용하여 구현된 코드가 제대로 작동하는지 검증하여 문제점이 있다면 수정하여 프로그램의 정확성과 안정성을 확인하는 단계이다.
5) **배포 및 유지보수**: 개발한 프로그램을 사용자가 사용할 수 있는 환경에 설치한 다음에는 유지보수가 필요하다. 유지보수는 사용자가 프로그램을 사용하면서 발생하는 문제의 해결, 사용자의 새로운 요구사항 추가, 성능 향상 등을 위해 지속적으로 끝없이 수행된다.

1.2.2 소스 파일을 실행 파일로 만들기

앞에서 사람들이 쉽게 코딩할 수 있도록 다양한 고급 언어가 개발되었다고 했다. 이러한 고급 언어로 작성한 프로그램을 소스(source) 파일이라고 한다. 그런데 이 소스 파일을 컴퓨터에서 바로 실행할 수 있을까?

[그림 1-6]의 한국말을 잘 모르는 아르바이트생에게 사장님이 한국말로 할 일을 지시한다면? 아르바이트생은 제대로 일하지 못할 것이다. 하지만 누군가 사장님의 지시사항을 영어로 번역해 준다면 아르바이트생은 지시사항대로 일할 수 있을 것이다.

그림 1-6 한국말(고급 언어)을 영어(기계어)로 번역(컴파일)하는 예

컴퓨터는 기계어만 이해하고 실행할 수 있으므로 고급 언어로 작성한 소스 파일을 바로 실행하지 못한다. 그래서 [그림 1-7]과 같이 고급 언어 소스 파일을 기계어로 번역하는 과정이 필요하다. [그림 1-7]은 앞으로 C 언어로 코딩한 소스 파일을 기계어로 된 실행형 파일로 완성하기까지 거치는 중간 과정들을 보여준다.

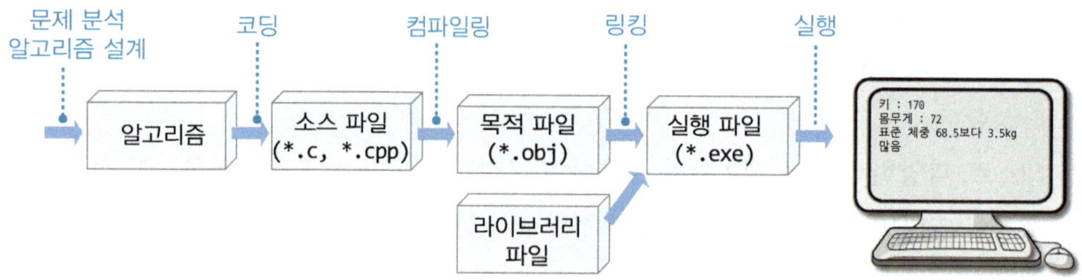

그림 1-7 C 언어로 작성한 소스 파일에서 실행형 파일을 만들어 실행하는 과정

■ 문제 분석 및 알고리즘 설계

개발할 프로그램이 생기면 첫 단계로 사용자가 이 프로그램에 요구하는 내용을 분석해야 한다. 요구사항과 문제를 분석하여 해결 과정을 찾아내면 알고리즘이 만들어진다. 알고리즘은 해결 과정을 순서대로 표현하기 위해 **순서도(flowchart)**나 **의사 코드(pseudo code)**를 이용하여 표현한다. 순서도는 [그림 1-8] (a)처럼 약속된 도형과 화살표로 처리할 내용과 순서를 표현하며, 의사 코드는 (b)처럼 자연어와 프로그래밍 언어의 중간 수준으로 처리할 내용을 표현하며, 처리 순서가 위에서 아래로 진행되도록 작성한다.

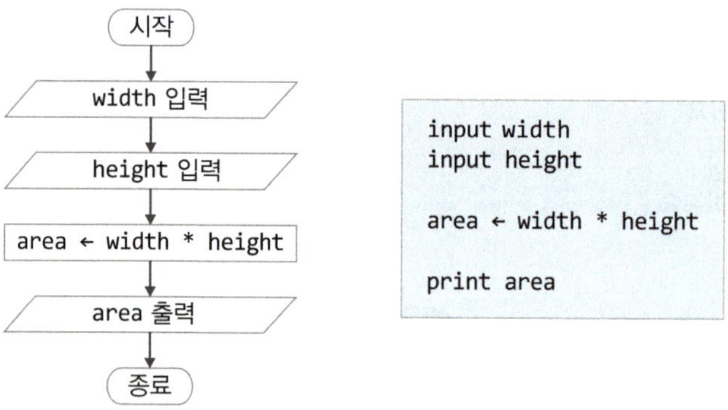

(a) 순서도 (b) 의사 코드

그림 1-8 순서도와 의사 코드로 표현한 직사각형 면적을 구하는 알고리즘

순서도는 실행의 흐름을 화살표를 사용하여 명시적으로 표현하는 반면에 의사 코드는 현재 명령문과 다음 명령문 사이에 아래로 향하는 화살표를 숨기고 있다고 보면 된다.

■ 코딩

코딩은 순서도나 의사 코드로 표현한 알고리즘을 특정 프로그래밍 언어를 사용하여 코드로 표현하는 과정이다. 이 코딩 과정의 결과물이 소스(source) 파일이다. [그림 1-7]에서 소스 파일의 확장자로 '*.c'와 '*.cpp' 두 개가 있다. C 언어로 작성한 프로그램 소스 파일은 '*.c'를, C++ 언어 소스 파일은 '*.cpp'를 사용한다. 소스 파일의 확장자로 '*.cpp'를 포함한 이유는 1.3에서 소개한다.

■ 컴파일링

고급 언어로 작성한 소스 파일은 컴퓨터에서 바로 실행되지 않으므로 [그림 1-6]에서 언급한 번역 작업이 필요하다. 고급 언어로 작성한 소스 파일을 기계어로 변환하는 것을 '컴파일(compile) 한다'라고 하며, 컴파일을 담당하는 프로그램을 컴파일러(compiler)라고 한다. '*.c'나 '*.cpp' 이름의 소스 파일을 컴파일하면 '*.obj' 이름의 목적(object) 파일이 만들어진다. 목적 파일은 기계어지만 실행형 파일이 아니므로 컴퓨터에서 바로 실행되지 않는다.

■ 링킹과 실행

프로젝트는 규모에 따라 여러 소스 파일을 포함하여 개발하기도 한다. 소스 파일이 여러 개면 오브젝트 파일도 여러 개 만들어진다. 링킹 과정에서 링커(linker)는 여러 목적 파일 간에 필요한 연결 작업을 하여 '*.exe' 이름의 실행형 파일을 만든다.

프로그램 대부분은 개발자가 직접 작성하지 않은 코드인 라이브러리(library)를 사용하는데, 이러한 라이브러리를 목적 파일에 연결하는 작업 역시 링킹 과정에서 일어난다. 이렇게 링킹 과정까지 거쳐 만들어진 '*.exe' 실행형 파일은, 컴퓨터에서 더블 클릭하여 바로 실행할 수 있다.

1.2.3 디버깅

프로그램에 오류(error)가 없다면 [그림 1-7]의 과정대로 실행 파일을 만들 수 있다. 하지만 오류가 있다면 디버깅 과정을 거쳐서 바른 결과가 나오도록 완성해야 한다. 디버깅(debugging)이란 프로그램의 오류를 찾아내서 수정하는 과정을 말한다. 프로그래밍을 배우기 시작할 때 디버깅 과정에서 낙담하는 경우가 많다. 100줄도 안 되는 프로그램인데 완성까지 몇십 번 넘게 디버깅

하는 경우가 많기 때문이다. 끈질기게 프로그램의 오류를 하나씩 찾아서 없애는 과정을 반복하다 보면, 특별한 성취감도 맛볼 수 있으며 프로그래밍 능력도 자연스레 향상된다.

오류의 종류는 다양하지만 가장 기본적인 것은 다음과 같다.

■ 구문 오류

프로그래밍 언어의 **구문(syntax)**은 사람의 언어 문법(grammar)에 해당한다. 언어는 문법이 틀려도 사람끼리 뜻을 대략 이해하며 대화가 이뤄지지만, 컴퓨터 프로그램은 틀린 구문이 단 하나만 있어도 컴파일이 완료되지 않는다. **구문 오류**는 컴파일 시점에 찾아내므로 컴파일 시간(compile-time) 오류라고도 한다.

구문 오류의 예는 다음과 같다.

- if age < 20 (X)
  if 문은 조건을 ( )로 묶어야 하는데 age < 20을 ( )로 묶지 않아서 오류
- area = width * height (X)
  명령문이 끝나면 ;을 붙여야 하는데 마지막에 ;이 없어서 오류

■ 링크 오류

프로그램을 소스 파일 여러 개로 나누어 작성했다면 소스 파일 각각은 컴파일이 제대로 되었지만, 이들을 하나로 링크하면서 오류가 발견되기도 한다. 예로, 여러 소스 파일에 같은 이름의 함수가 중복으로 정의된 경우, 외부 변수를 사용하는 소스 파일이 있는데 다른 어떤 소스 파일에도 이 변수에 대한 전역 변수 선언이 없는 경우, 함수 호출문은 원형과 일치하여 오류 없이 컴파일되었는데 다른 소스 파일에 실제로 정의된 함수는 원형과 다르게 정의된 경우를 들 수 있다.

링킹 과정에서 발생하는 오류 중 간단한 예는 다음과 같다.

- int mian( ) { } (X)
  링킹이 완료된 프로그램에는 'main' 이름의 함수가 반드시 있어야 하는데, 'mian' 오타로 인해 'main' 이름의 함수를 찾을 수 없어서 오류

■ 실행 시간(run-time) 오류

프로그램을 실행하는 동안 발생하는 오류로서, 다음과 같은 예를 들 수 있다.

- average = total_weight / total_std_cnt;
  우리 반 학생 중 키가 180 이상인 학생들의 평균 체중을 구하는 식 자체는 오류가 없다. 그런데 프로그램 실행 시 키가 180 이상인 학생이 한 명도 없어서 total_std_cnt가 0이 되면, 0으로 나누기를 시도하므로 프로그램 실행이 중단된다.
- fopen("student.txt", "r");
  실행 시 열려고 하는 'student.txt'란 이름의 파일을 찾을 수 없으면 실행이 중단된다.

■ 논리(logic) 오류

프로그램이 실행은 되지만 알고리즘이 잘못되어 의도한 대로 작동하지 않고 결과가 틀리게 나오는 오류이다. 10명의 시험 점수 평균을 구하는 프로그램인데 평균이 틀리게 출력되거나, 셋 중 가장 큰 값을 찾는데 두 번째로 큰 값이 나오거나, 입력한 친구 이름의 전화번호를 찾는데 다른 사람의 전화번호가 출력되는 경우가 **논리 오류**에 해당한다.

논리 오류를 확인하기 위한 전문적인 디버깅 도구가 있지만, 입문자에게는 사용법에 익숙해지기까지 시간을 많이 투자해야 하는 단점이 있다. 입문 과정에서는 디버깅 도구를 사용하지 않더라도 간단한 로그 메시지를 출력하여 코드를 분석하여 수정할 수 있다. 간단한 코드는 테스트 데이터를 준비하고 코드를 손으로 따라가면서 변수의 값 변화 과정을 기록하기만 해도 의도한 것과 다른 잘못된 실행 흐름을 찾아낼 수 있다. 이렇게 손으로 코드를 따라가는 것이 힘들면 프로그램 안에 **로그 메시지** 출력 코드를 적절한 곳에 넣어서 실행하여 출력된 메시지를 통해 잘못된 흐름과 변수의 변화를 확인하고 수정한다.

디버깅 도구의 **중단점(breakpoint)** 설정 기능처럼 특정 지점에서 변수의 값을 출력하는 코드를 추가하여 변수의 값 변화를 추적하면서 오류 발생 지점을 확인할 수도 있으며, 함수마다 함수의 이름을 출력하는 메시지를 통해 프로그램에서 함수를 실행하는 경로가 바른지 확인할 수도 있다. 스스로 바르다고 생각하는 알고리즘의 논리 오류는 다른 사람에 의해 더 빨리 찾아지는 경향이 있다. 그러므로 다른 사람의 피드백을 통해 논리 오류를 수정하는 것도 한 가지 방법이다.

논리 오류는 프로그램 입문자뿐만 아니라 전문 프로그래머들도 어려워한다. 코드가 길지 않아도 논리 오류를 쉽게 찾지 못하는 경우가 많다. 논리 오류를 끈기 있게 하나씩 찾아내고 수정하는 과정을 반복하면서 다양한 논리 오류와 마주하다 보면 논리 오류를 빠르게 찾아 수정할 수 있게 되며 이 과정에서 자연스럽게 논리적 사고력도 증진된다.

1.3 통합개발환경에서 프로그램 개발하기

프로그램 소스 편집기, 컴파일러, 링커, 디버거 등 소프트웨어를 개발하는 데 필요한 여러 도구와 기능을 통합해서 제공하는 소프트웨어를 **통합 개발 환경(IDE: Integrated Development Environment)**이라고 한다. C 프로그램을 개발하기 위해서 많이 사용하는 통합개발환경으로 비주얼 스튜디오가 있다. 비주얼 스튜디오 2022에는 무료인 'Visual Studio Community 2022'와 유료인 'Visual Studio Professional 2022'가 있다. 무료 버전에는 유료 버전의 고급 기능과 도구 일부가 없지만, 개인 또는 소규모의 프로그램을 개발하는 데 아무런 문제가 없다.

1.3.1 비주얼 스튜디오 2022 시작하기

비주얼 스튜디오 무료 버전은 다음과 같이 'http://visualstudio.com'에 접속하여 다운로드할 수 있으며, 다운로드한 'VisualStudioSetup.exe' 파일을 더블 클릭하면 설치된다.

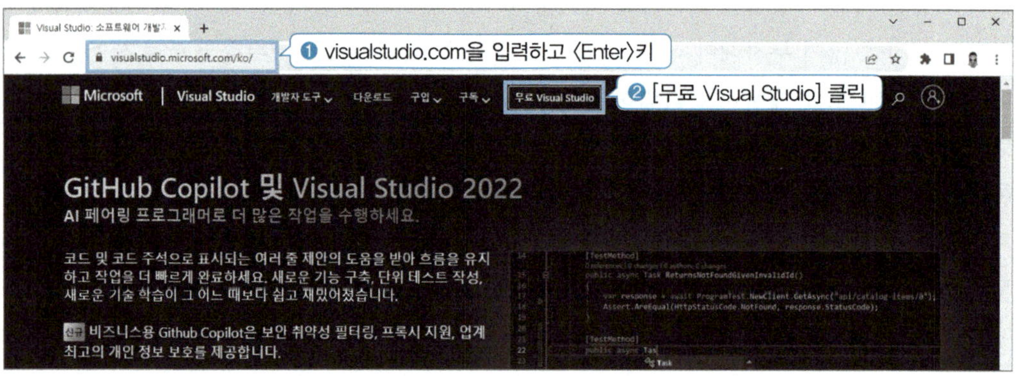

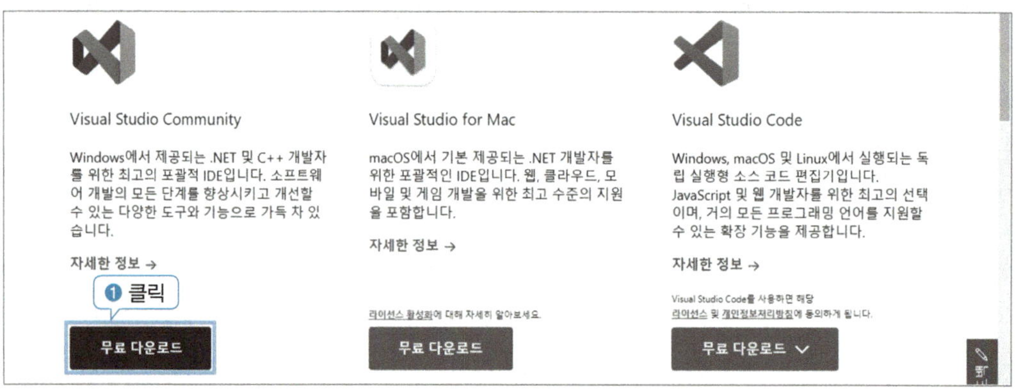

1) 비주얼 스튜디오 시작하기

작업표시줄의 윈도우 '시작' 버튼을 클릭한 후 [Visual Studio 2022]를 클릭하면 비주얼 스튜디오가 시작한다.

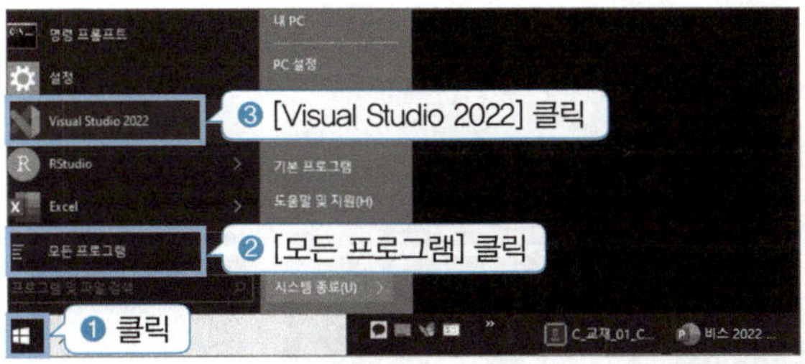

다음처럼 바탕화면에 바로 가기를 만들면 바로 가기를 더블 클릭하여 바로 실행할 수 있어서 편리하다.

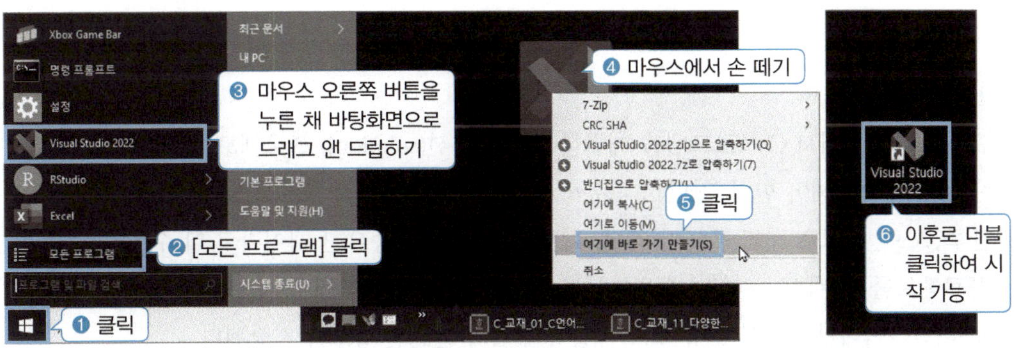

2) 비주얼 스튜디오에 로그인하기

설치 후 비주얼 스튜디오를 처음 실행한다면 로그인 요청 창이 뜬다. 로그인하거나, 계정을 만든 후 로그인하거나, 또는 로그인을 생략하고 바로 실행한다.

3) 개인 환경 설정하기

[색 테마]는 개인적으로 원하는 것을 선택한다.

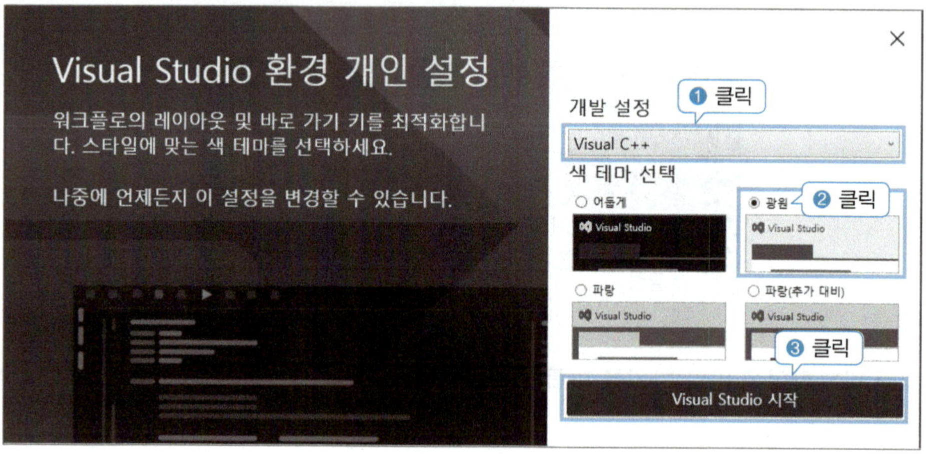

1.3.2 프로젝트 만들기

비주얼 스튜디오에서 C 프로그램을 개발하려면 솔루션(solution), 프로젝트(project), 소스 파일이란 용어를 이해해야 한다. 간단히 비유하자면 솔루션은 책상, 프로젝트는 공부할 과목과 관련된 책, 노트, 참고 도서가 들어갈 가방, 소스 파일은 가장 중요한 책이라고 할 수 있다. 솔루션은 프로젝트를 한 개 또는 여러 개 포함할 수 있다. 관련된 여러 프로젝트를 함께 모아서 관리하기 위한 컨테이너가 솔루션이며, '*.sln' 파일명에 이와 관련된 정보가 저장된다.

프로젝트는 소스 코드 파일, 데이터 파일, 이미지, 컴파일러 설정 등 비주얼 스튜디오에서 개발할 프로그램에 필요한 모든 옵션, 구성, 그리고 규칙 파일을 포함한다. 프로젝트에 실행할 코드가 있는 소스 코드 파일(*.c나 *.cpp)이 포함되지 않으면 실행 결과를 얻을 수 없다. 그러므로 C 언어로 코딩한 소스 코드 파일을 반드시 프로젝트에 포함한 후 프로젝트를 빌드하고 실행해야 한다.

1) 프로젝트를 만들면서 솔루션을 같이 만들기

프로젝트를 만들면서 이 프로젝트를 포함할 솔루션도 같이 만드는 방법은 상황에 따라 여러 가지가 있다. 우선 비주얼 스튜디오를 실행해서 나타난 첫 화면에서 바로 프로젝트를 만드는 방법을 소개한 후 다른 방법도 소개한다.

방법 1 비주얼 스튜디오 실행 첫 화면에서 프로젝트 만들기

비주얼 스튜디오를 실행하면 나타나는 다음 그림과 같은 첫 화면에서 바로 프로젝트를 만들 수 있다.

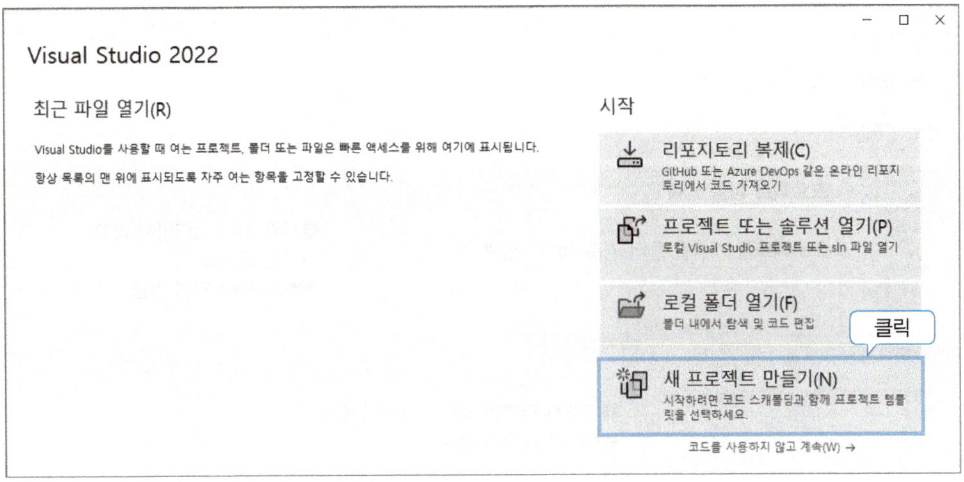

다음처럼 빈 프로젝트를 만든 후 소스 파일을 추가한다.

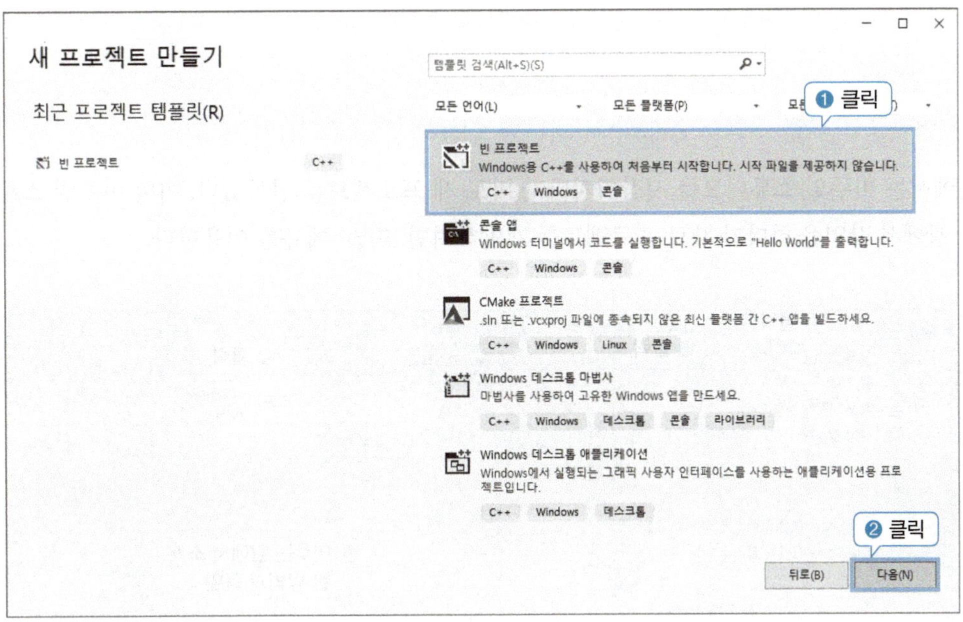

다음처럼 프로젝트를 저장할 폴더(디렉터리)와 이름을 지정한다.

다음 그림에서 프로젝트를 저장할 경로에 포함된 '₩' 문자와 '\' 문자에 주의하자. '원'이라 읽는 '₩' 기호는 우리나라의 통화 단위를 표현하기 위해 우리나라 키보드에만 있는 기호이며 폰트에 따라 '₩'이나 '\'로 나타난다. 실제 파일 경로를 표현하는 데 또는 C 언어에서 특별한 의미로 사용하는 기호는 백(역) 슬래시라고 읽는 '\' 기호이므로 미리 기억해두자.

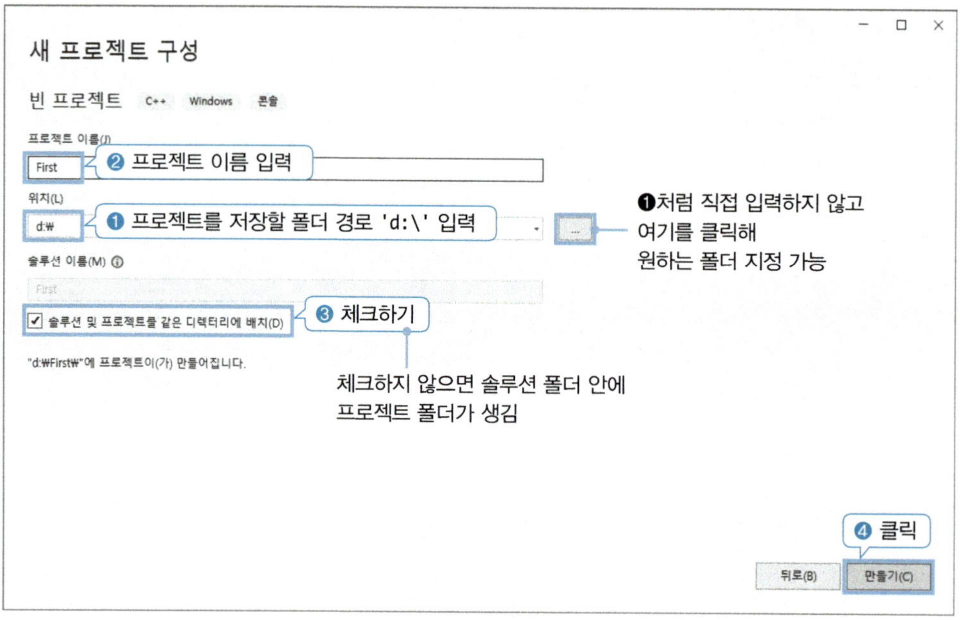

방법 2 비주얼 스튜디오 창에서 메뉴를 이용해서 프로젝트 만들기

앞에서는 비주얼 스튜디오를 시작하자마자 바로 새 프로젝트를 만들었다. 이미 비주얼 스튜디오 창에서 작업을 하다가 새로 프로젝트를 개발하려면 [파일] 메뉴를 이용한다.

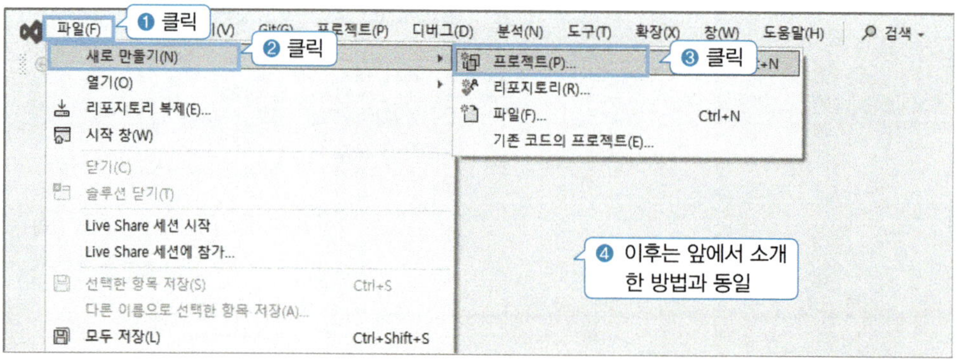

참고로, 비주얼 스튜디오를 실행한 첫 화면에서 아래와 같이 [코드를 사용하지 않고 계속]을 클릭하면 곧바로 비주얼 스튜디오 창이 나타나므로, 위의 방법으로 프로젝트를 만들 수 있다.

방법 3 비주얼 스튜디오 창에서 도구 모음의 버튼을 이용해 프로젝트 만들기

이미 비주얼 스튜디오 창이 열려있을 때 편리한 방법으로 [표준] 도구 모음의 [새 프로젝트] 버튼을 이용하여 만들 수 있다.

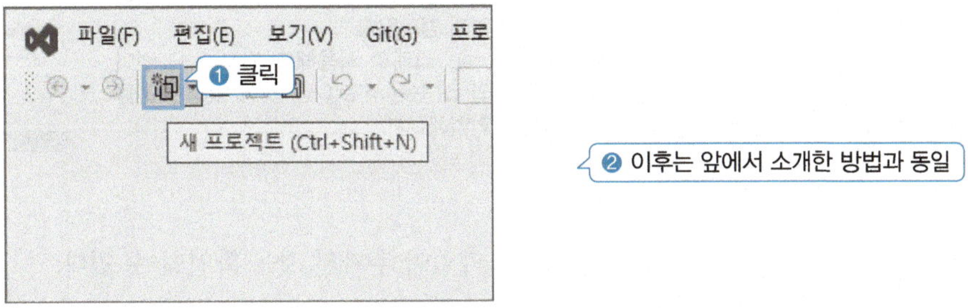

1.3.3 프로젝트에 새로운 소스 파일 추가하기

실행할 C 소스 프로그램은 반드시 프로젝트에 포함되어 있어야 한다. 일단 비어 있는 새 소스 파일을 포함한 후 코드를 추가해보자.

1) 프로젝트에 새 소스 파일 추가하기

[솔루션 탐색기] 창의 [First] 프로젝트 폴더 밑에 표시된 가상의 [소스 파일] 폴더에 비어 있는 새 소스 파일을 추가한다. ❶의 '우클릭'은 마우스 오른쪽 버튼을 클릭한다는 의미이다.

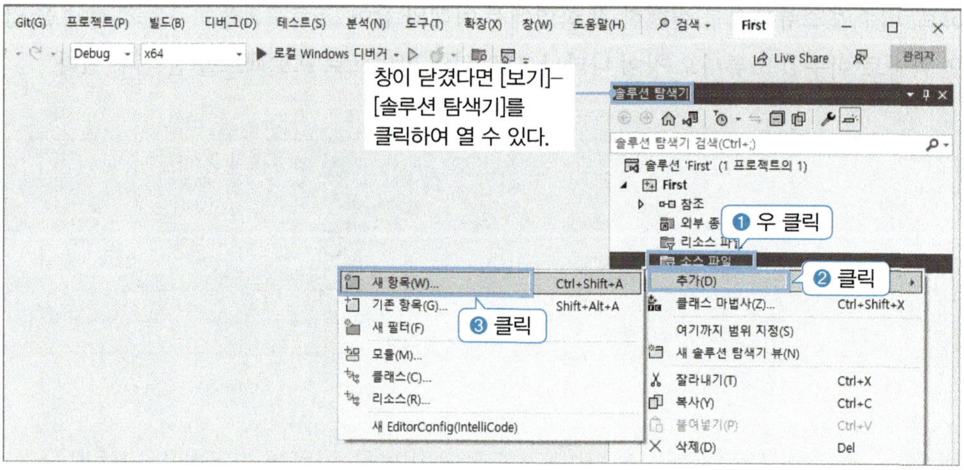

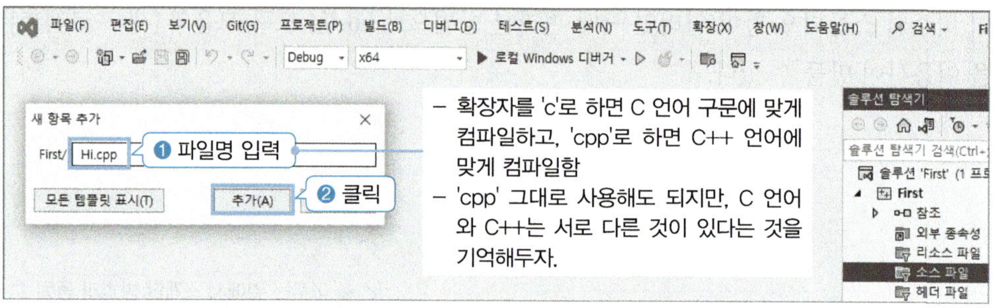

다음과 같이 [소스 파일] 폴더에 'Hi.cpp' 소스 파일이 추가된 것을 확인할 수 있다.

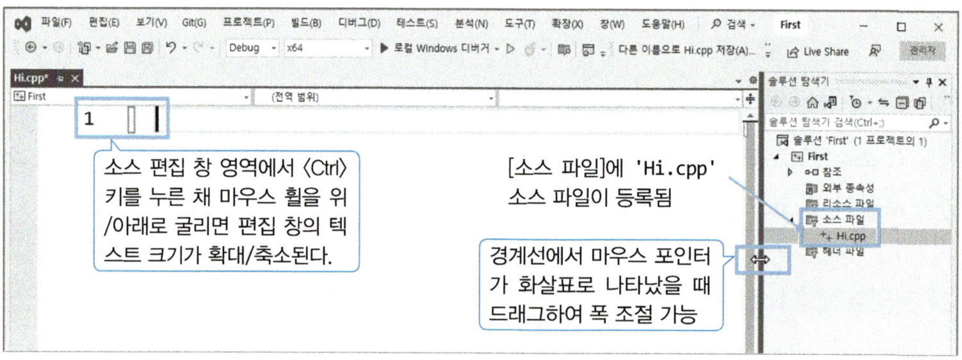

2) 소스 파일에 코드 넣기

문서 편집기에서 작업하듯이 C 코드를 작성한다. 비주얼 스튜디오는 코드를 빠르고 편리하게 작성할 수 있도록 지원하는 기능이 많지만 한정된 지면상 생략한다.

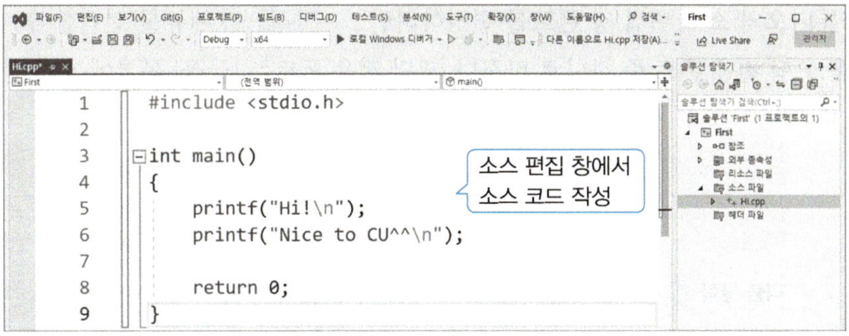

자세한 내용은 2장부터 소개하겠지만, 위의 소스 파일은 다음과 같은 내용이다.

- C 프로그램은 3행~9행까지 정의된 **main( )** 함수의 본체(body)인 { } 안의 내용을 실행하여 결과를 얻는다.
- { } 안의 내용은 위에서 아래로 순서대로 실행된다. 5행 후 6행을 실행하여 " " 안의 내용이 모니터에 출력된다. 이후 **return 0;**을 실행하면 main( ) 함수가 끝나며, main( ) 함수 실행이 끝나면 C 프로그램 전체의 실행이 끝난다. 8행의 숫자 0에 그어진 사선은 코드의 알파벳 오와 숫자 영을 쉽게 구분하기 위한 것으로 영 안에 점을 찍는 폰트도 있다.
- printf( ) 라이브러리 함수는 " " 안의 내용을 모니터에 출력하는데, 이 함수를 사용하려면 1행과 같이 **'stdio.h'** 헤더 파일을 이 소스 파일에 추가해야 한다. 5행에서 'Hi!'를 출력한 후 줄바꿈 문자 '\n'를 출력하여 줄을 바꾼 다음 6행에서 'Nice to CU^^'를 출력하고 줄을 바꾼다. 5행과 6행의 **'\n'**이 '₩n'으로 표시되면 "원엔"으로 읽기 쉬우므로 다음의 3)에서 소개하는 방법으로 글꼴을 직접 바꾸자.
- C 언어 명령문은 몇몇 경우만 제외하고 항상 ' ; '으로 끝나야 하며, 모든 { }, <>, { }, [ ], " ", ' '는 쌍이 되어야 한다.

3) 소스 코드 폰트 바꾸기

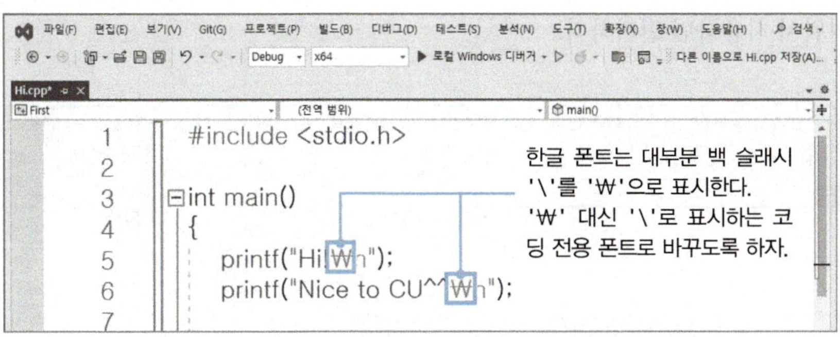

비주얼 스튜디오의 소스 편집 창 폰트를 변경하려면 [도구]-[옵션] 메뉴를 선택한 후, 다음과 같이 [글꼴]을 코딩 전용 폰트 중 하나로 바꾼다. 코딩 전용 폰트는 [글꼴] 목록에서 이름이 진하게 표시된다.

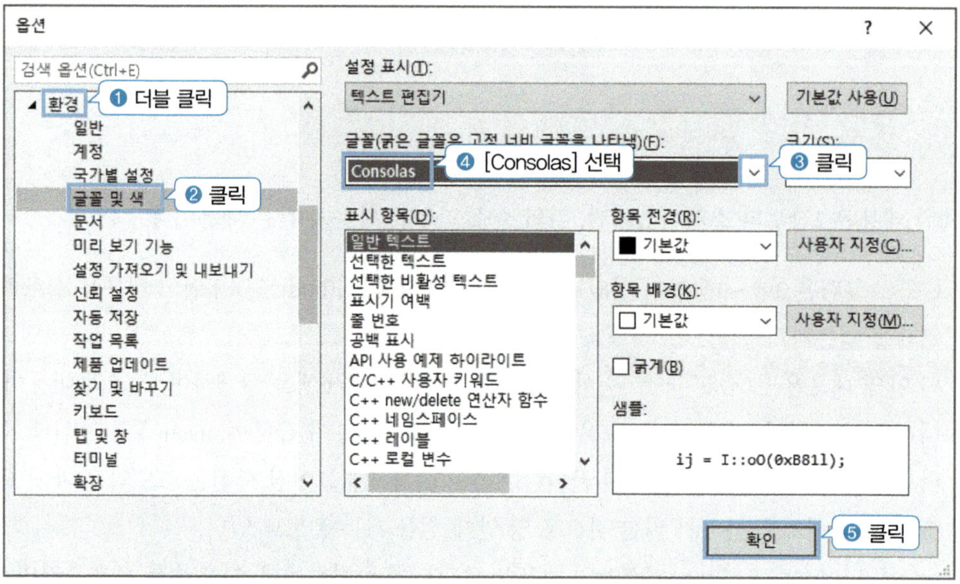

1.3.4 프로그램 실행하기

지금까지의 작업을 거쳐 솔루션 안에 프로젝트 안에 소스 프로그램을 넣었다면 이제 프로그램을 실행할 수 있다.

1) 프로그램 실행하기

실행은 [디버그] 메뉴의 [디버그하지 않고 시작]을 클릭하면 된다. 메뉴보다는 단축키 <Ctrl> + <F5>를 외워서 사용하면 편리하다.

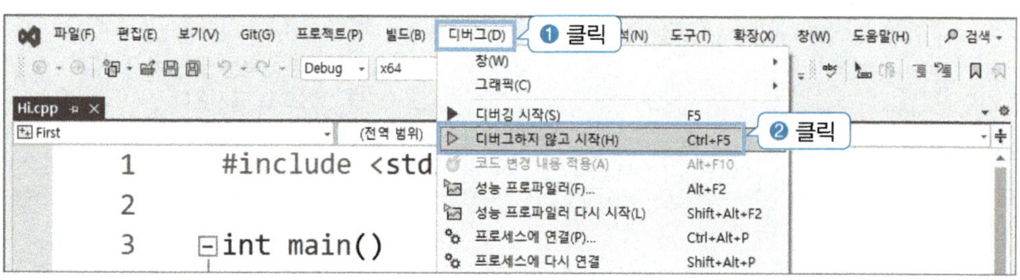

혹시나 오류가 있어서 바로 실행 결과가 나오지 않는다면 1.3.6을 참고하여 오류를 수정하고 실행한다.

2) 콘솔 창에서 실행 결과 확인하기

프로그램의 실행 결과는 별도의 콘솔(console) 창에 나타난다.

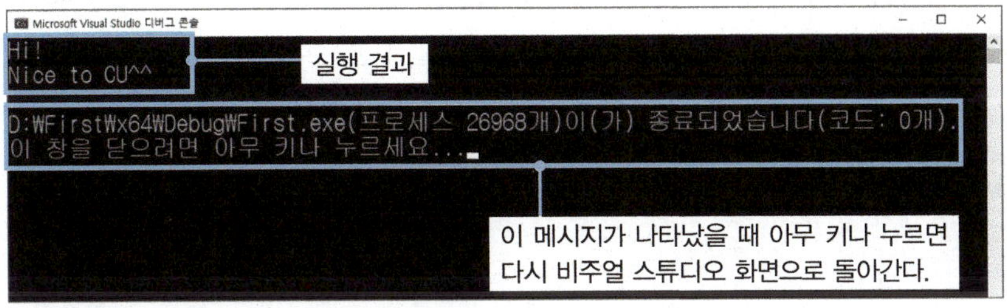

1.3.5 저장과 닫기

다음 그림은 솔루션을 저장하거나 소스 파일을 저장할 때 사용할 수 있는 메뉴와 버튼이다. 프로그램을 실행하면 솔루션과 소스 파일이 자동으로 저장되지만 이후 다른 작업을 했다면 저장 작업을 하고 닫아야 한다. 솔루션은 저장 후 다시 열면 직전의 비주얼 스튜디오 작업 창 그대로 나타나므로 프로그램 개발 작업을 이어서 하기에 편리하다.

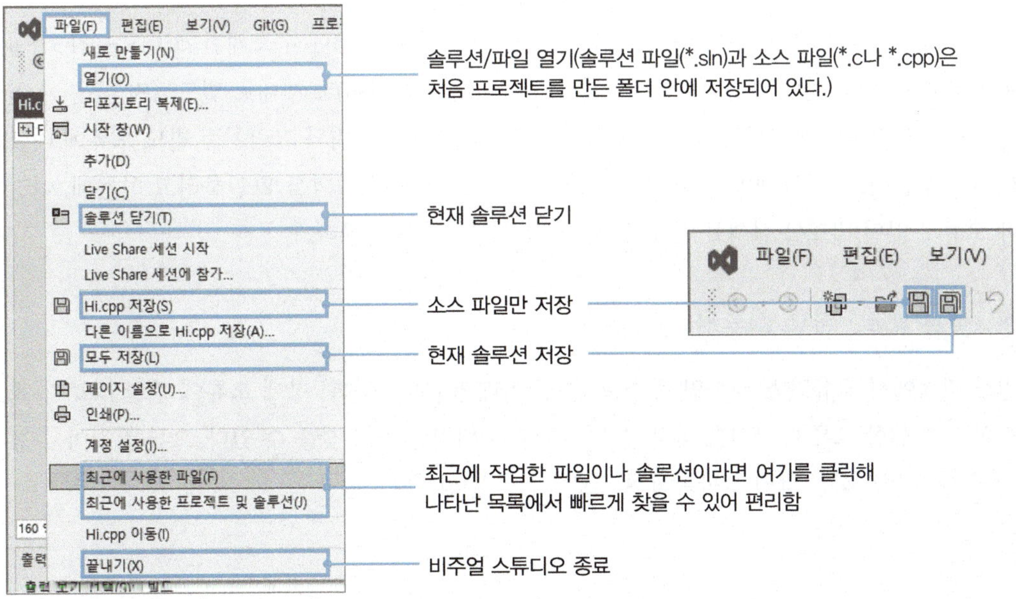

1.3.6 프로그램의 오류 수정하기

아주 단순한 프로그램이 아닌 한 단 한 번에 오류 없이 완성하는 경우는 드물다. 오류를 확인하고 수정하는 다양한 방법을 살펴보자.

1) 오류가 있는 소스 파일 실행하기

앞서 작성한 소스 파일에 오류가 있도록 5행과 6행의 ';' 두 개를 제거하고 실행해보자. 오류가 있어서 실행할 수 없다면 이전에 성공한 빌드를 실행할지 묻는다. [아니오]를 클릭한다.

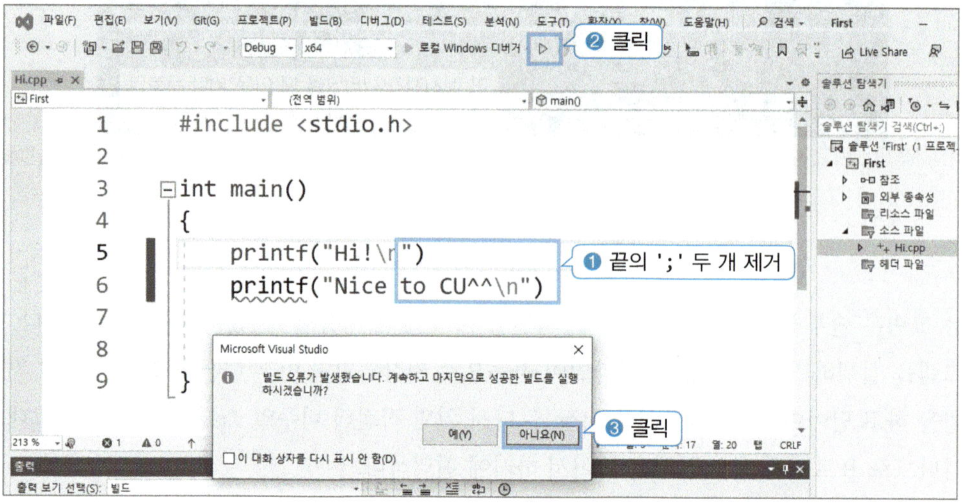

빌드는 소스 파일을 컴파일하고 링크하는 작업을 의미한다. 1.3.4에서 소개한 <Ctrl> + <F5> 실행 단축키는 사실 빌드 과정이 끝난 뒤 실행하기 위한 단축키이다. 제대로 빌드되지 않은 한 실행되지 않으므로 바로 실행을 시키더라도 빌드 오류가 있으면 위의 그림처럼 빌드 오류에 대한 대처를 묻는다. 프로그램에 무언가 수정을 하고 이를 실행한 결과를 확인하려고 하는데, 이전에 오류가 없던 빌드를 실행할 필요가 없으므로 [아니오]를 누른다.

2) [오류 목록] 창을 이용한 오류 수정

빌드 과정에서 오류가 발생하면 소스 편집 창 아래의 [오류 목록] 창에 오류에 관한 정보가 표시된다. 확인할 오류 메시지를 더블 클릭하면 오류 위치를 바로 찾을 수 있다. 오류를 찾아 수정한 후 다시 빌드하는 과정을 반복하여 프로그램을 완성한다.

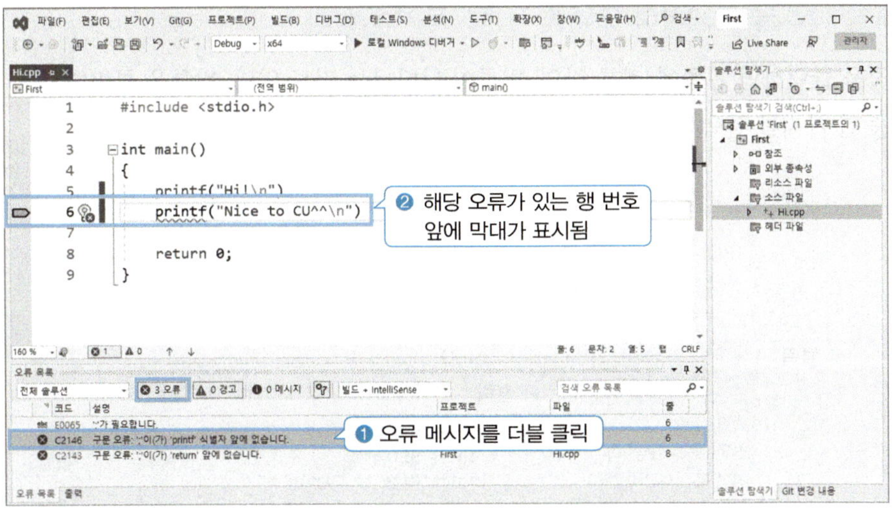

오류를 수정할 때는 다음 팁을 활용하도록 하자.

- 프로그래밍 입문 초기에는 오류를 한 개 수정했다면 소스 파일을 바로 다시 빌드하자. 컴파일러는 위에서 아래로 차례대로 소스 파일을 컴파일하므로, 위에 있는 오류로 인해 아래에 있는 부분이 오류가 아닌데도 오류로 처리될 수 있기 때문이다.
- 오류가 여러 개 있다면 가능한 앞에 있는 것부터 수정하자. 앞의 오류로 인해 뒷부분을 오류로 처리할 수 있으므로 앞의 오류를 수정해야 뒤에 있는 오류의 진위 여부를 알 수 있기 때문이다.
- 오류 메시지만으로 이 행의 어디가 문제인지 찾지 못한다면, 이 행 이전의 행들을 분석하자. 이 역시 앞의 이유와 같다.

3) 소스 편집 창에서 활성화된 오류 수정하기

비주얼 스튜디오는 소스 코드를 입력하는 순간 발견된 오류에 빨간 물결 줄을 표시한다. 물결 줄이 표시된 곳에 마우스 포인터를 두면 오류 메시지가 나타나므로 확인하고 수정할 수 있다.

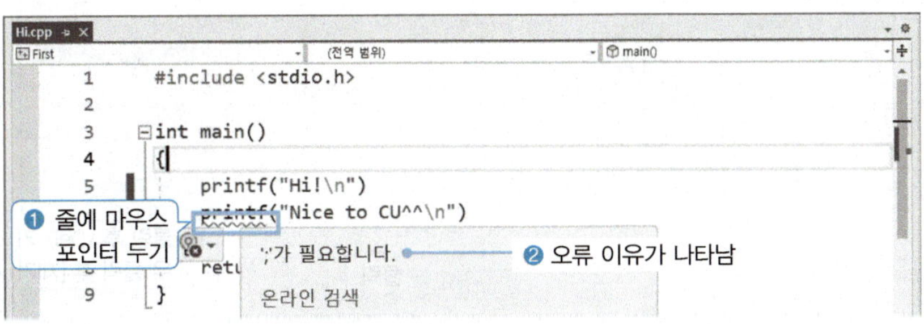

4) '빠른 작업'을 활용하여 오류를 자동으로 수정하기

물결 줄을 클릭하면 왼쪽에 '빠른 작업' 버튼이 나타나는 것도 있다. 버튼을 클릭해서 나타나는 방법 중 한 가지를 선택하면 소스 코드가 자동으로 수정된다.

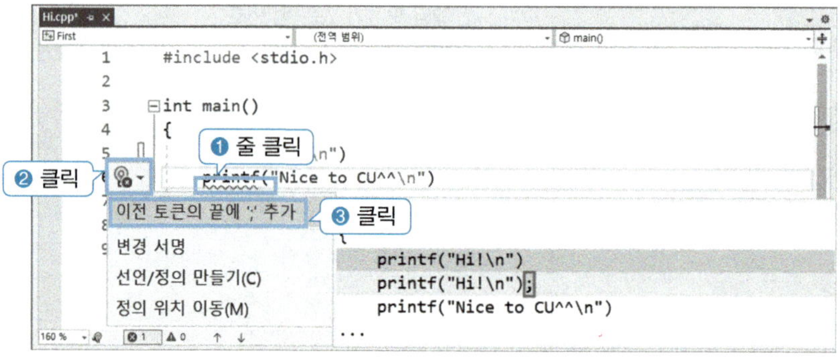

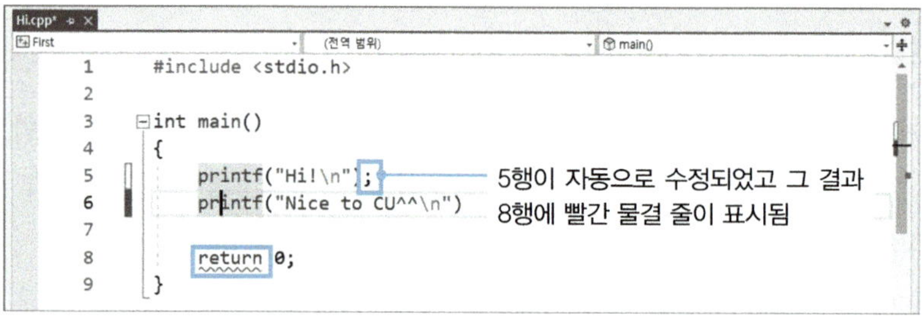

위의 그림 8행에서도 같은 방법으로 작업하여 오류를 수정한다.

1.3.7 프로젝트의 소스 파일 제거와 추가

프로젝트에서 소스 파일 제거하기

프로젝트에 추가된 소스 파일은 다음과 같이 제거할 수 있다.

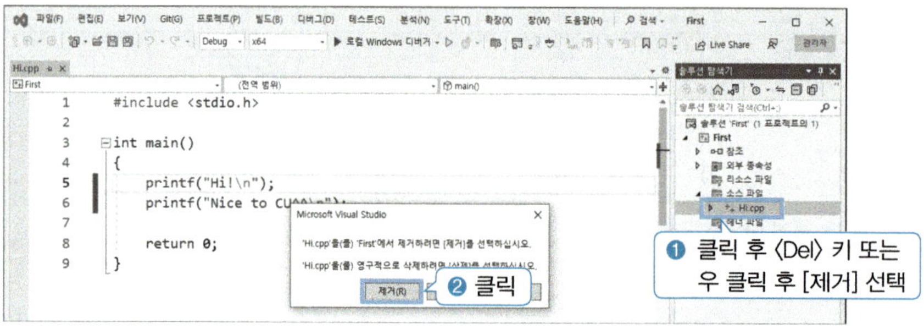

프로젝트에 기존의 소스 파일 추가하기

이전에 작성한 소스 파일을 다음과 같이 프로젝트에 추가한 후 실행할 수 있다. 단 소스 파일이 여러 개일 때 발생할 수 있는 링크 오류는 바로 뒤에서 소개하는 방법으로 해결한다.

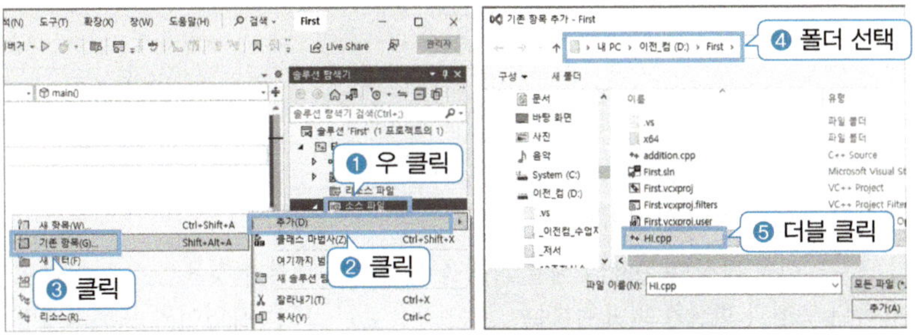

프로젝트에 두 개 이상의 소스 파일이 있어서 생긴 링크 오류 해결하기

프로젝트에 소스 파일을 여러 개 추가하여 프로그램을 개발할 수 있다. 하지만 'main'이란 이름의 함수는 하나만 정의되어 있어야 한다. 프로젝트에 추가된 각 소스 파일마다 main( ) 함수가 정의되어 있다면 다음 그림과 같이 링크 오류가 발생한다.

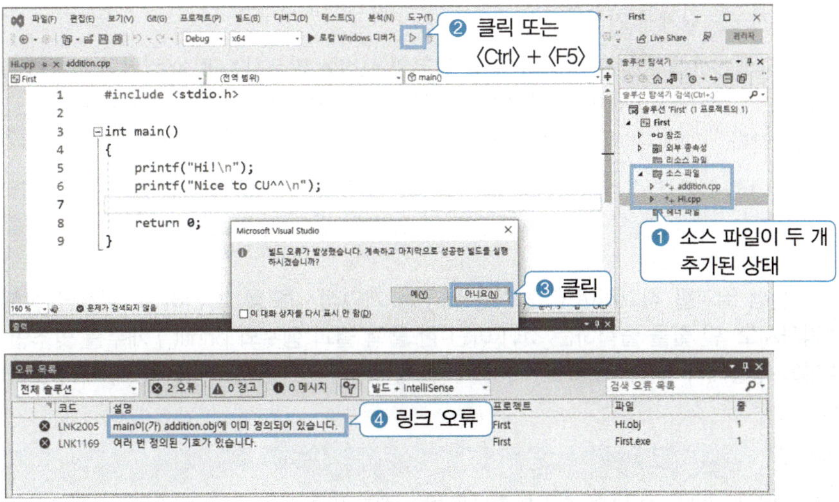

이런 경우 실행할 프로그램 외의 나머지 소스 파일은 프로젝트에서 제거하면 된다.

지금까지 소개한 소스 파일의 제거와 추가 방법을 이용하면 간단한 프로그램을 개발할 때는 일일이 프로젝트를 만들 필요 없이 소스 파일만 바꾸어가며 개발할 수 있다.

연습 · 실습 문제

01 다음 설명의 밑줄을 채우시오.

- 컴퓨터는 이미 알고 있는 값이나 사실에 해당하는 ________ 를 처리하여________ 를 얻기 위한 전자적 데이터 처리 장치이다.
- 컴퓨터 프로그램을 작성할 문제의 해결 과정을 순서대로 나열한 것을 ________ 이라고 하며, 이것은 약속된 도형과 화살표로 표현하는 ________ 또는 자연어와 프로그래밍 언어 중간 수준으로 코드를 표현하는 ________ 를 이용하여 표현할 수 있다. 이것을 특정 프로그래밍 언어의 코드로 표현하는 과정은 ________ 이라고 한다.
- 컴퓨터가 바로 이해할 수 있는 프로그래밍 언어는 모든 명령이 0과 1로 구성된 ________ 뿐이다. 이 언어는 사람이 작성하고 이해하기 어려우므로, C, C++, ________ 와 같이 자연어와 비슷하게 명령을 작성하는 ________ 들이 개발되었다.
- C 언어로 작성한 소스 프로그램을 컴퓨터가 바로 이해할 수 있는 언어로 번역하는 것은 ________ 가 담당한다.
- 프로그램 개발 과정은 일반적으로 ________ 분석, ________ , 구현, ________ , 배포 및 유지보수 단계를 거친다.
- 프로그램에서 발생할 수 있는 오류 중 컴파일 시점에 발생하는 것을 컴파일 시간 오류 또는 ________ 오류라고 하며, 알고리즘이 잘못되어 결과가 제대로 나오지 않는 것은 ________ 오류라고 한다.
- printf( ) 함수에서 줄 바꿈에 사용하는 특별한 탈출 문자는 '\n'과 '₩n' 중 ______이다.

02 다음 실행 결과를 참고하여 C 언어를 배우는 개인적 각오를 "C언어"를 이용한 삼행시로 만들어 출력하시오. 빈 줄을 출력하는 것이 아닌 한 출력 결과 행수와 printf( ) 개수를 맞추면 다음에 출력 부분을 수정해야 할 때 해당 printf( )를 빠르게 찾을 수 있으므로 가능한 세 개의 printf( )로 작성하시오.

Output

```
C 언어를 배운다고 시들시들 C나 D 학점을 받고 싶지 않습니다.
언행일치를 위해
어렵지만 열심히 공부해 꼭 A를 받겠습니다!
```

03 다음은 정사각형의 한 변의 길이를 입력받아 면적을 구해 출력하기 위한 C 프로그램이다. 오류를 찾아서 수정하여 올바른 실행 결과가 나오게 하시오.

- 오류는 4행, 6행, 10행, 13행, 15행, 19행에서 발생한다.
- 1행과 2행은 비주얼 스튜디오에서 scanf( ) 함수를 사용하는 데 필요한 지시자이다. 2행은 꼭 필요한 것은 아니지만, 소스 편집 창에 초록 물결 줄이 나타나지 않아 가독성이 더 좋아진다.

```
1   #pragma warning (disable:4996)          // scanf() 함수 오류를 없애고 사용할 수 있게 함
2   #pragma warning (disable:6031)          // scanf() 함수 아래에 초록 물결 줄이 표시되지 않음
3
4   #include <studio.h>                     // printf()와 scanf()를 사용하기 위한 헤더 파일 포함하기
5
6   int mian()                              // main() 함수 정의
7   {
8       int side, area;                     // 정사각형의 한 변의 길이, 면적 저장 변수 선언(정의)
9
10      printf("정사각형의 한 변의 길이 입력:);  // 화면에 입력 프롬프트 출력하기
11      scanf("%d", &side);                 // side의 값을 키보드에서 입력받기
12
13      area = side * side                  // 정사각형 면적을 계산하여 area에 저장하기
14
15      printf("/n");                       // 빈 줄 출력
16      printf("한 변이 %d인\n", side);      // side 값 출력
17      printf("정사각형의 면적은 %d\n", area); // area 값 출력
18
19      return;                             // main() 함수의 종료: 프로그램 종료
20  }
```

Output

정사각형의 한 변의 길이 입력: 7↵ — 실행 시 키보드에서 〈7〉키와 〈Enter〉키를 누른다

한 변이 7인
정사각형의 면적은 49

02 CHAPTER

C 프로그램 구성 요소

02

C 프로그램 구성 요소

2.1 C 프로그램의 구조

2.1.1 간단한 구조

다음은 간단한 소스 프로그램이다. 각 행의 의미를 살펴보자.

Code 02-1 간단한 C 프로그램

```
#include <stdio.h>

int main()
{

    printf("Hi~ Nice to C~U\n"); // 간단한 출력

    return 0;
}
```

Output

```
Hi~ Nice to C~U
```

Syntax 입출력 함수 사용(1행) : #include 〈stdio.h〉

C 프로그램의 문법(syntax)은 데이터를 기억장치에 저장하고 함수를 사용하기 위한 표준화된 방법을 정의한 것이다. 'stdio.h' 파일을 포함(include)하라는 문장이다. C 컴파일러를 설치하면 기본적인 함수(내장 함수)도 함께 설치된다. 수학에서 기하학을 배우려면 sin 함수 등과 같은 수학 삼각함수의 정의를 필수적으로 익혀야 한다. 프로그램 학습 또한 이러한 함수를 익히는 것이다. stdio.h를 포함하여 입력과 출력을 쉽게 할 수 있는 함수를 사용할 수 있다. 자세한 내용은 7장 함수에서 설명한다. 본 교재에서는 대부분 #include <stdio.h>를 1행에 적어야 한다.

Syntax 빈 행(2행) : 〈Enter〉 키

프로그램의 가독성을 위하여 빈 행을 추가한다. 글을 작성할 때 문단을 구분하는 이유와 같다.

Syntax main 함수(3, 5, 7행) : int main( ) 또는 void main( )

main 함수는 프로그램의 시작을 알리는 함수이다. 콘솔(console) 응용 프로그램은 반드시 하나의 main 함수를 정의해야 한다. 함수는 수학에서의 함수와 유사한 개념이다. C 언어에서의 함수는 '논리적 연산의 흐름을 묶은 단위'이다. C 프로그램은 문제를 해결하기 위한 함수를 나열한 것이라고 할 수 있다. 컴파일러는 main 함수를 시작으로 기계 코드로 변환한다. 참고로 윈도우 응용 프로그램은 WinMain 함수를 시작 함수로 사용한다.

int는 정수(integer)를 의미한다. main( ) 함수는 정수를 결과 값으로 가진다는 의미이다. 수학에서 $y = f(x)$는 f는 x를 입력받아 y 값을 구하는 함수이다. C 프로그램에서 y = *main*( ) 으로 정의할 수 있으며 y의 공변역이 정수(int)임을 나타낸다. void main( )을 사용해도 되지만 int main( )을 권장한다. void는 함수의 결과가 없음을 의미한다.

참고로 main(int argc, char* argv[ ])를 사용할 수 있다.

Syntax 블록의 시작(4행) : {

'{'(시작 중괄호)는 블록의 시작을 의미한다. '{'는 '}'(끝 중괄호)와 쌍을 이루어 사용된다.

Syntax 문장(6행) : printf("Hi~ Nice to C~U\n");

printf는 문자열로 변환하여 콘솔 화면(표준 출력)에 출력하는 함수이다. 첫 번째 (인수)는 반드시 " "(문자열)이 되어야 한다. 자세한 사용법은 3장 자료 입출력에서 설명한다. ' ; '(세미콜론 : semicolon)은 문장의 끝을 의미한다. 일반 문서 작성에서 문장을 마치기 위하여 ' . '(마침표)를 사용하는 것과 같다.

//는 주석을 표현하기 위한 것으로 실행에는 영향을 주지 않는다. 프로그램의 추가 설명을 적기 위한 것이다. 프로그램의 작성 날짜, 작성자 등을 적거나 문장의 의미를 설명하기 위하여 사용된다.

여러 줄에 걸쳐 주석을 작성하기 위하여 /* 로 시작으로 */로 끝낸다.

Syntax **함수의 결과 값 반환(8행): return 0;**

'return 0;'은 main 함수의 결괏값 0을 반환하는 문장이다. return은 단어의 의미와 같이 '되돌아 간다'는 의미로 main 함수를 호출한 곳으로 0을 가지고 돌아가라는 것이다. 실제로 main에서 반환 값은 의미가 없으며 형식적인 표현이다. 참고로 프로그램이 예기치 않은 오류로 종료해야 할 때 'return -1;'과 같이 음수 값을 반환하여 운영체제에 종료된 상태를 알리는 역할을 한다.

Syntax **블록의 끝(9행) : }**

'}'는 '{'와 쌍을 이루어 블록이 끝났음을 의미한다.

2.1.2 일반적인 구조

main 함수만 있는 일반적인 프로그램의 구조는 헤더 파일 include, main( ) 함수 정의, 변수 선언, 입력, 처리, 출력, 반환(main 함수 종료)이다. include는 사용하는 내장 함수(라이브러리:library)의 문법을 컴파일러에게 알려주는 역할을 한다. 자세한 사용법은 7장 전문 일꾼 함수에서 설명된다. 6장까지는 입출력 라이브러리 함수 printf, scanf를 사용하기 위하여 #include <stdio.h>를 명시한다.

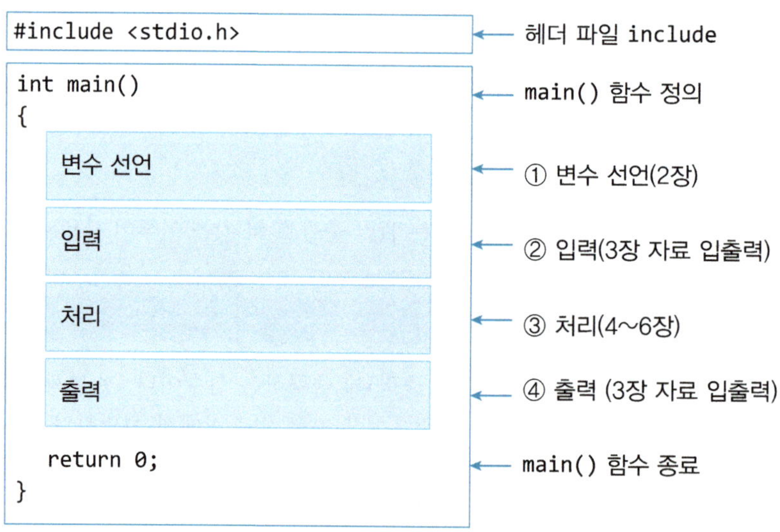

그림 2-1 6장까지 프로그램의 일반적인 구조

main 함수는 ① 변수 선언, ② 입력, ③ 처리, ④ 출력 과정을 문법에 맞게 작성되어야 한다. 변수 선언은 본 장에서 설명한다. 입력은 3장 자료 입출력에서 자세히 설명한다. 처리는 4장 연산자, 5, 6장 제어문에서 배우는 문법에 맞게 데이터를 처리하는 부분이다. 처리한 데이터의 결과를 화면에 출력하기 위한 문장을 문법에 맞게 작성한다.

2.1.3 복잡한 구조

[그림 2-2]에서 자동차를 생산하기 위하여 단가, 기능 등을 고려하여 설계도를 작성한다. 설계도는 기능을 세분화하여 부품으로 나누고, 부품과 부품 간의 연결(interface)을 정의한다. 세분화된 설계도를 바탕으로 협력업체에 부품 생산 요청을 한다. 자동차 생산 업체에서 모든 부품을 만드는 것 보다 협력업체와 협업을 하면 생산 단가와 공정을 단축할 수 있다. 부품을 조립하여 완성차가 만들어진다. 이러한 부품을 사용하면 새로운 자동차를 생산할 때 재사용할 수 있으며 자동차에 문제가 있을 때 문제가 되는 부품만 교체하면 된다. 모듈을 사용하면 이러한 유지보수가 용이하고 비용도 줄일 수 있다.

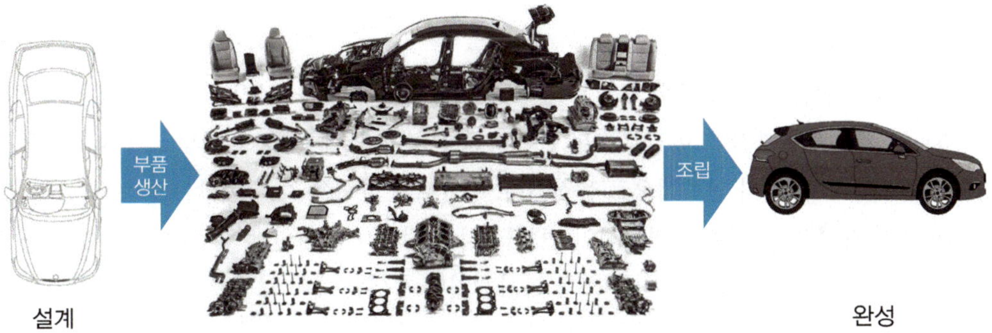

그림 2-2 부품화에 의한 자동차 생산

응용 프로그램(어플리케이션:application, 앱:app.)을 한사람이 개발할 때도 있지만 대부분은 여러 사람 또는 여러 팀이 모여 개발한다. 자동차를 생산할 때와 같이 응용 프로그램도 [그림 2-3]과 같이 각 개발자가 자신이 맡은 부분에 대한 함수를 구현하는 소스 파일(*.c)을 작성하고 컴파일하여 각자의 목적 파일(*.obj)을 생성한다. 모든 개발자의 목적 파일과 라이브러리(*.dll, *.lib)를 링크하여 실행 파일(*.exe)을 만든다.

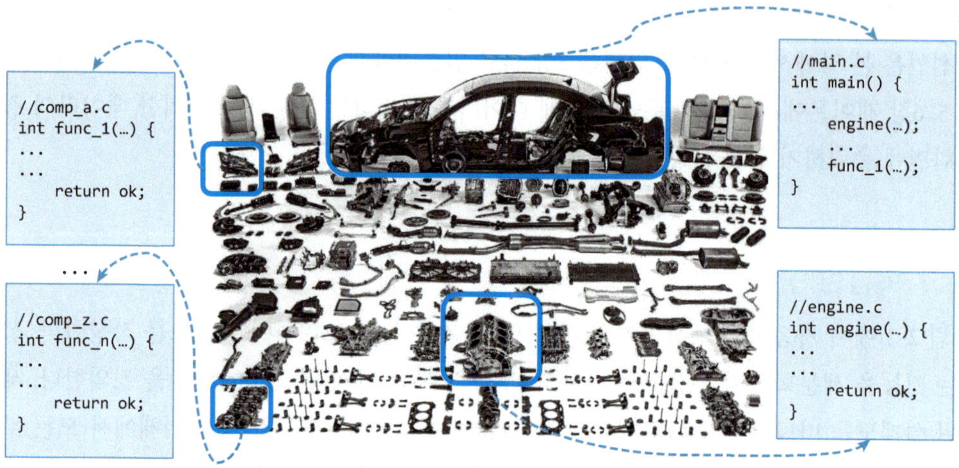

그림 2-3 함수를 사용한 프로그램의 구조

2.2 자료의 종류

2.2.1 아날로그와 디지털

사람은 감각 기관을 통하여 주위의 모든 것을 입력받아 인식한다. 이러한 주위의 자료는 아날로그(analog) 형태를 가진다. 아날로그는 연속적인 신호이다. 예를 들어, 아날로그 시계에서 바늘은 시간의 흐름에 따라 연속적으로 움직인다. 아날로그 방식은 자연 현상을 연속적인 파형으로 나타내기 때문에, 실세계의 연속적인 변화를 더 직접적으로 나타낼 수 있다. 하지만 아날로그 신호는 잡음과 왜곡에 민감하여 신호를 복사하거나 재생할 때 정보 손실이 발생하기 쉽다.

디지털(digital) 자료는 숫자로 표현한 데이터이다. 아날로그는 연속적인 신호로 정보를 나타내지만, 디지털은 이산적인 값을 사용하여 정보를 표현한다. 컴퓨터는 이진수(binary digit: bit)로 처리하기 때문에 아날로그 데이터를 인코딩(encoding: 코드화)하여야 한다. [그림 2-4]와 같이 아날로그 데이터를 인코딩하여 숫자로 변환하는 과정을 디지털화라고 한다. 디지털 기술은 정보를 수치 데이터로 처리하여 저장, 전송, 재생 등을 할 때 왜곡이나 손실을 최소화하고, 데이터 처리와 압축이 쉽다. 디지털 방식의 단점으로는 이산적인 방식으로 연속적인 신호를 모방하기 때문에, 필연적으로 아날로그 방식보다는 완전한 복원에 한계가 있다.

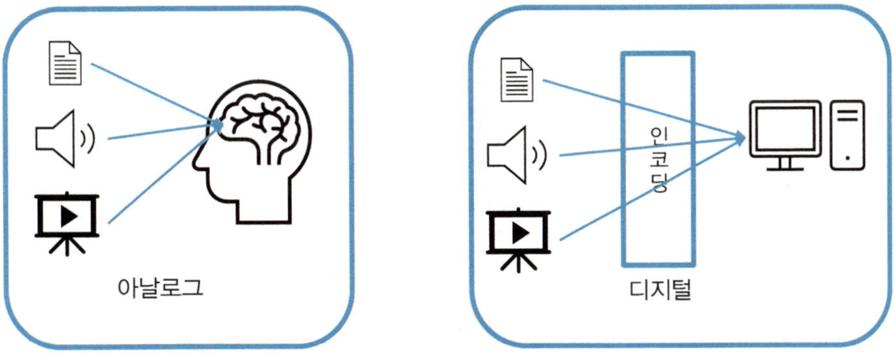

그림 2-4 아날로그와 디지털

컴퓨터는 디지털화된 데이터를 처리하기 때문에 아날로그 데이터를 숫자화 하는 인코딩 방식을 이해해야 올바른 프로그래밍을 할 수 있다. 모든 아날로그는 이진수로 디지털화되므로 모든 자료는 숫자(이진수)로 처리된다. 프로그래머의 시각에서는 자료는 정수와 실수로 나눠진다고 할 수 있다. C 프로그램에서 자료는 세분화하여 문자, 정수, 실수로 분류된다.

2.2.2 문자 자료의 코드화

문자를 사람의 두뇌에서 처리하듯이 컴퓨터에서 이미지로 저장하고 처리하는 것은 비효율적이다. 따라서 문자를 디지털화하기 위하여 미리 약속된(표준화) 숫자를 사용한다. [그림 2-5]와 같이 문자는 고유 번호를 부여한 숫자로 변환되어 코드화된다. 미리 약속된 문자 체계를 ASCII(American Standard Code for Information Interchange) 코드라고 한다. C 언어뿐만 아니라 대부분의 고급 프로그래밍 언어에서는 ASCII 코드 체계를 사용한다. ASCII 코드 체계는 256개의 문자를 숫자로 정의하였으며 이진수로는 1바이트(8비트)로 표현된다. 이러한 코드 체계를 프로그래머는 암기할 필요가 없다. 컴파일러가 코드 체계를 포함하고 있기 때문에 프로그래머는 'A'라고 표현하면 된다.

참고로 한글은 ASCII 코드에 정의되어 있지 않다. 국가마다 사용하는 모든 문자마다 표준화된 숫자로 정의한 코드 체계를 유니코드(unicode)라고 한다. 유니코드 문자 체계이전에는 국가마다 문자를 코드화하기 위한 자체 표준을 만들어 사용하였다. 한글은 국가 표준으로 완성형, 조합형 표준을 제정하여 코드화하였으나, 현재는 유니코드를 사용한다.

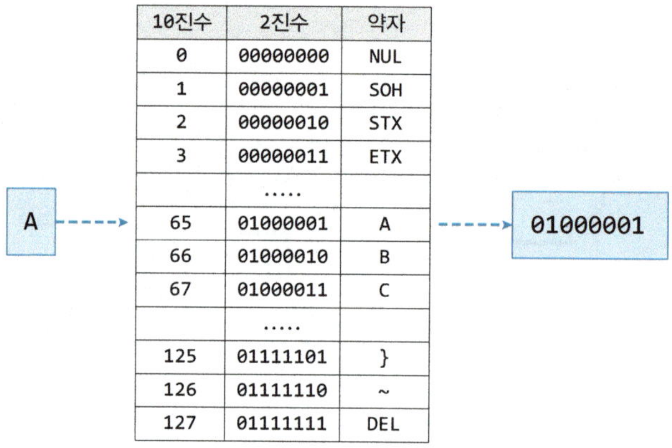

10진수	2진수	약자
0	00000000	NUL
1	00000001	SOH
2	00000010	STX
3	00000011	ETX
	.....	
65	01000001	A
66	01000010	B
67	01000011	C
	.....	
125	01111101	}
126	01111110	~
127	01111111	DEL

그림 2-5 문자 자료의 코드화

2.2.3 정수 자료의 코드화

정수 자료는 수학에서의 수 체계와 동일한 자료이다. 사람은 10진법의 숫자를 사용한다. 10진법은 한 자리의 숫자를 표현하는데 0부터 9까지 10개의 수를 사용한다. 컴퓨터는 모든 자료를 0과 1의 두 가지 수로 표현하는 2진법의 수를 사용한다. 이 밖에도, 2진법과 상호 변환을 쉽게 할 수 있는 8진법(0~7까지 사용), 16진법(0~9, A, B, C, D, E, F 사용) 등이 있다. 10진수를 컴퓨터가 이해할 수 있도록 하려면 10진수를 2진수, 8진수, 16진수로 변환(인코딩)해야 한다. 반대로, 컴퓨터의 수 체계를 사람이 이해할 수 있으려면 2진수, 8진수, 16진수를 10진수로 변환해야 한다.

[그림 2-6]과 같이 10진법의 양수는 2진법의 숫자로 코드화된다. 양의 정수 7을 이진법으로 변환하면 111이지만, 컴퓨터에서는 1바이트를 기본으로 사용하므로 앞에 0을 추가하여 00000111로 코드화된다. 만약 2바이트를 사용하면 0000000000000111로 코드화된다.

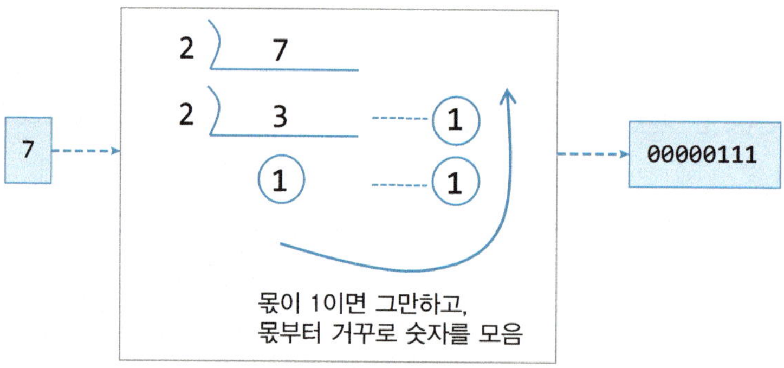

그림 2-6 양의 정수의 코드화

[그림 2-7]과 같이 10진법의 음수는 2의 보수로 코드화된다. 1의 보수는 2진수 각 자리의 '1'은 '0'으로, '0'은 '1'로 변환하여 구한다. 1의 보수를 구한 결과에 1을 더하면 2의 보수로 코드화된다. 2의 보수를 구하는 방법은 다음과 같다.

① 음수의 절댓값에 대한 이진수로 코드화한다.
② ①의 결과에서 각 비트를 반전하여 1의 보수를 구한다.
③ ②의 결과에서 이진수 1을 더한다.
−5를 8비트로 표현하는 과정은 다음과 같다.

-5 ----→

단계	표현	이진수
①	+5	0000 0101
②	5의 1의 보수	1111 1010
③	5의 2의 보수	1111 1011

----→ 11111011

그림 2-7 음의 정수의 코드화

[그림 2-8]과 같이 음의 정수를 2의 보수로 코드화하면 덧셈으로 뺄셈의 값을 구할 수 있다. 따라서 CPU는 정수의 뺄셈 연산을 위한 명령어가 없다.

```
     7 : 0000 0111
+   -5 : 1111 1011
------------------
     2 : 0000 0010
```

그림 2-8 덧셈으로 뺄셈의 결과값 구하기

8비트는 2^8(256)개의 정보를 표현할 수 있으며 양수와 음수를 모두 표현하면 $-(2^7)\sim(2^7-1)$까지 정수를 표현할 수 있다. n 비트로 일반화하면 $-(2^{n-1})\sim(2^{n-1}-1)$까지의 정수를 표현할 수 있다. 정수 표현에 한계가 있으므로 프로그래머는 범위를 인지하고 그 범위를 넘지 않도록 해야 한다.

[표 2-1] 정수의 표현 범위

비트	최소값	최대값
8	-2^{7} = -128	2^{7}-1 = 127
16	-2^{15} = -32,768	2^{15}-1 = 32,767
32	-2^{31} = -2,147,483,648	2^{31}-1 = 2,147,483,647
64	-2^{64} = -9,223,372,036,854,775,808	2^{63}-1 = 9,223,372,036,854,775,807

2.2.4 실수 자료의 코드화

실수를 표현하는 방법은 부동 소수점 방식과 고정 소수점 방식이 있다. 정수 자료는 고정 소수점 방식이다. 정수는 소수점 이하의 정보를 표시하지 못하지만, 소수점이 맨 오른쪽에 고정되어 있다. 예를 들어 12는 12.0이라고 할 수 있다. 12.0은 1.2*10 또는 0.12*10^2으로 표현할 수 있다. 이처럼 지수를 사용하면 소수점의 위치가 바뀌어 표현 된다. 이러한 표현 방식을 부동 소수점 방식이라고 한다. 실수는 부동 소수형 방식으로 코드화된다.

[그림 2-9]는 고정 소수점 방식으로 코드화하는 과정이다. 고정 소수형으로 실수를 이진수로 코드화하는 과정은 다음과 같다.

① 10진 소수에 2를 곱하여 1의 자리의 올림 값과 소수점 아래 값을 구한다.
② ①의 결과에서 소수점 아래 값이 0이면 ③으로 가고, 0이 아니면 소수점 아래 값만 가지고 ①로 간다.
③ ① 올림 값을 순서대로 나열한다.

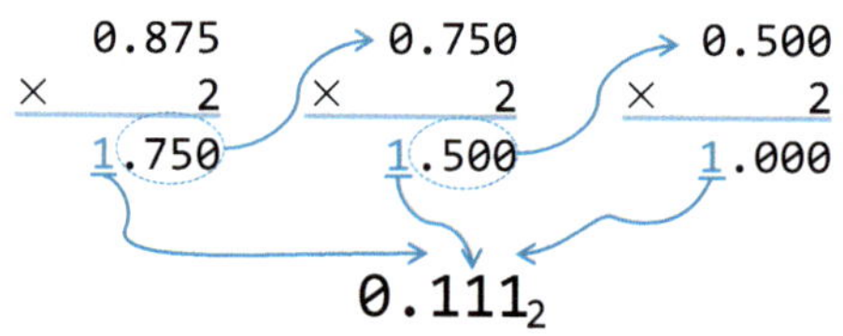

그림 2-9 고정 소수점 방식의 코드화

[그림 2-10]은 부동 소수점 방식으로 코드화하는 과정이다. 지수부와 가수부로 분리하여 이진수로 코드화하는 방식이다. 참고로 10진수 변환 식은 $(-1)^{부호부}$* (1+가수부)* $2^{지수부-127}$이다.

변환 식은 중요하지 않지만, 프로그래머가 반드시 알아야 하는 것은 10진 실수가 2진 실수로 변환될 때 근삿값으로 저장될 수 있으므로 실수 자료를 처리할 때 절삭된 값을 고려해야 한다는 것이다. 가수부 비트 수가 많을수록 소수 이하 자릿수를 더 세밀하게 표현할 수 있으며, 지수부 비트가 많을수록 큰 수를 표현할 수 있다. 32비트로 표현할 때 소수점 이하 7자리까지 절삭 없이 2진 소수로 변환된다. 즉 0.123456789를 2진수로 변환하여 다시 10진수로 환원하면 반올림되어 0.1234568이 되므로 오차가 발생함을 주의해야 한다. 64비트로 표현할 경우는 소수점 이하 15자리까지만 유효하다.

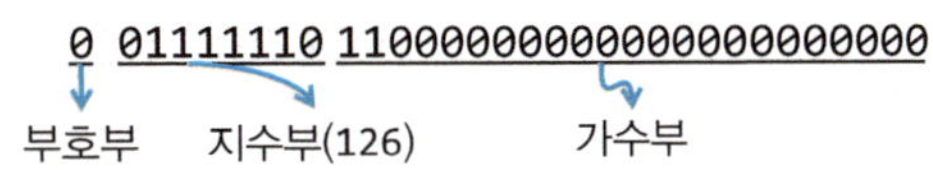

(a) 32비트로 표현될 경우

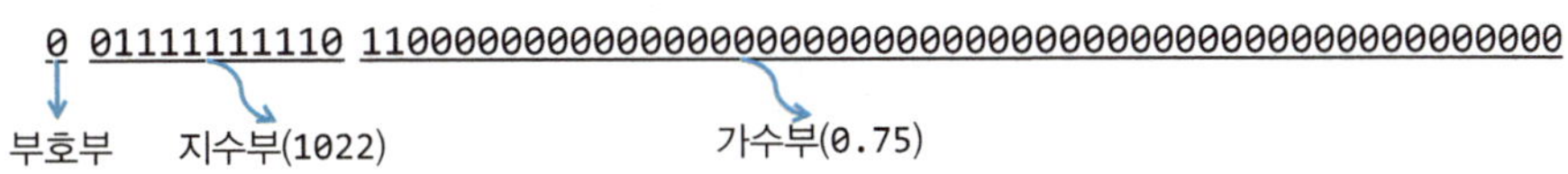

(b) 63비트로 표현될 경우

그림 2-10 0.875의 부동 소수점 방식의 코드화

2.3 상수

상수(constant)는 프로그램에서 자료의 값을 나타내는 데 사용되는 숫자나 문자이며 프로그램 전체에 걸쳐 그 의미가 변하지 않는 값이다. 예를 들어 123은 정수 '백이십삼'을 나타내는 상수로 이는 항상 정수 '백이십삼'을 나타내는 기호로 사용된다. 정수 '백이십삼'을 프로그램 내에서 사용하고 싶을 때는 123이라는 상수를 사용하여야 한다. 일반 문서에 문자, 숫자를 표현할 때는 표현법이 동일하다. 즉, "오늘의 온도는 22도이다."라는 문장이 있을 때 "오늘", "온도", "22"는 모두 문자열로 표현한다. 프로그래밍에서는 문자, 정수, 실수 상수의 표현 문법이 다르다.

상수는 문자 상수, 정수 상수, 실수 상수, 문자열 상수로 구분된다. 식 '1 + 2.0'에서 1과 2.0은 각각 정수 상수, 실수 상수이다. 문자는 코드 체계에 의해 숫자로 표현되므로 넓게는 정수에 포함된다.

2.3.1 문자, 문자열 상수 표현 문법

Syntax 문자 상수의 표현 : '문자'

Syntax 문자열 상수의 표현 : "문자열"

	일상에서의 문자 표현	C언어 문자 표현법
문자	A	`'A', 65, '\0x41'`
문자	↵ [엔터키]	`'\n'`
문자열	홍길동	`"홍길동" (O), '홍길동'(X)`

표현하고자 하는 문자 하나를 단일 따옴표 '와 '사이에 적는다.

많이 하는 실수

- '홍길동'과 같이 두 개 이상의 문자를 넣을 수 없으며 이 경우 컴파일할 때 문법 오류가 발생한다.
- C 문법에서 한글 한 문자 또한 단일 따옴표로 표현할 수 없다. "홍길동", "홍"과 같이 이중 따옴표를 사용(문자열)해야 한다.

문자 중에는 단일 따옴표 안에 나타내기 불가능한 문자들이 있다. 예를 들어 단일 따옴표 자체를 나타내고자 할 때 이를 '''로 나타내면 '' 다음에 '가 하나 더 붙은 것인지(이 경우 에러가 된다) 아니면 ' 자체를 나타낸 것인지 알 수 없게 된다. 또한 문자 가운데는 키보드로 입력이 곤란한 문자들이 있다. 각종 제어문자나 <Enter> 문자, <Tab> 문자, 그래픽 문자들은 키보드로 입력하기가 불가능하다.

이러한 문자 상수를 표현하기 위하여 '\'(백슬레시)로 시작하는 표현 방법을 사용한다. '\'를 탈출문자라고 하며 이러한 표현 기법을 탈출기법이라고 한다. [그림 2-11]은 특수문자 상수를 표현하기 위한 문법이다. '\0'는 ASCII 값이 0인 문자로 널(NULL) 문자라고 부르며 화면에 출력시켜도 아무것도 출력되지 않는다. 주로 문자열의 끝을 나타내는 문자로 사용된다.

탈출문자	ASCII 문자	의미
\0	NULL	NULL 문자
\a	BEL	beep 음
\b	BS	백스페이스
\t	TAB	탭
\n	LF	개행
\r	CR	열복귀
\"	"	이중 인용부호
\'	'	단일 인용부호
\\	\	백슬래쉬

그림 2-11 특수문자 상수의 표현 문법

다양한 문자 상수를 표현하는 프로그램을 작성해 보자.

- 문자는 ASCII 코드 체계로 코드화됨을 확인한다.
- 특수문자를 탈출기법으로 표현한다.

2.3.2 정수형 상수 표현 문법

Syntax 정수형 상수의 표현 : 10진수, 08진수, 0x16진수

	수학적 표현법	C언어의 정수 상수 표현법
정수	2024, +2024, -2024	같음
,(콤마)	1,000,000	1000000, 10E6, 10e6(실수)
2진수	11111101000(2) 11111101000_2	0b11111101000
8진수	3750(8), 3750_8	03750
16진수	7e8(16)	0x7e8

정수 상수를 나타낼 때는 수학에서 사용하듯이 2024, +2024, −2024과 같이 나타내고 +는 생략할 수 있다. 8진수로 정수 상수를 나타내고자 할 때는 시작 부분에 0을 적는다. 정수형 상수의 표현에서 03750은 8진수 3750으로 10진수 2024를 나타낸다. 16진수로 정수 상수를 나타낼 때는 앞에 0x나 0X를 붙이고 숫자를 16진수로 적는다. 예를 들어 0x7e8은 16진수 7e8로 10진수 2024

를 의미하며 0xff는 10진수 255를 의미한다. 0b로 시작하는 숫자는 2진수이다.

숫자 뒤에 u(U), l(L), ul(UL)을 붙일 수 있다. u(unsigned의 약자)는 2진수로 변환될 때 부호 비트를 사용하지 않음을 의미한다. 주로 양수임을 명시할 때 사용하며 음수일 때는 의미가 없다. l(long의 약자)은 더 큰 비트열로 변환하라는 의미지만 일반적으로 컴파일러에서는 l이 있으나 없으나 정수 표현에 4바이트를 사용하므로 동일한 값이다. 호환성을 위해서는 필요에 따라 붙여 주는 것이 올바른 프로그래밍 습관이다.

많이 하는 실수

- 정수 상수를 표현할 때 ,(콤마) 구분자를 사용할 수 없다. 2,024과 같이 ,를 포함하면 구문 오류가 발생함을 주의해야 한다.
- 숫자 앞에 0이 있으면 8진수로, 없으면 10진수로 간주하기 때문에 03750과 3750은 같은 수가 아니라는 것을 주의해야 한다. 0을 여러 개 적을 수 있으나 관습적으로 하나만 적는다.
- 지수형으로 숫자를 표현하면 정수형이 아니라 실수형 상수임을 주의해야 한다. 수학에서 1000000는 10^6과 같은 값이다. 그러나 10^6을 프로그램에서는 10E6으로 표현할 수 있으나 실수형으로 코드화됨을 주의해야 한다.

2.3.3 실수형 상수 표현 문법

Syntax 실수형 상수의 표현 : 소수점(.) 포함된 숫자 또는 숫자e숫자

	수학적 표현법	C언어의 실수 표현법
실수	3.141592	3.141592 또는 3.141592f
.	0.3141592	0.3141592, .3141592
지수	0.3141592×10^2	0.3141592E02, 0.3141592e02

실수형 상수의 표현은 수학에서의 표기와 같다. 3.14와 3.14f는 다름을 주의해야 한다. 즉, 3.14는 8바이트, 3.14f는 4바이트로 표현되므로 비트 크기도 다를 뿐만 아니라 비트열도 다르다. 실수를 처리할 때는 오차가 발생할 수 있으므로 주의해야 한다.

지수 형태의 표현은 가수와 지수 형태로 나타내는 것으로 가수*$10^{지수}$이다. 이때 가수는 소수점 형태의 실수이며 지수는 정수이고 E는 소문자 e를 사용해도 된다. 즉, 0.314e1은 0.314*10^1을 의미하므로 0.314e1, 0.314e+1, 31.4e−1은 같은 표현이다.

2.3.4 콘솔 화면에 결과를 문자열로 출력하기: printf

상수를 표현하고 결과를 콘솔 화면에 문자열로 출력하기 위하여 printf 라이브러리 함수를 사용해야 한다. 3장 입출력에서 자세히 설명한다.

Syntax printf : printf("형식문자열", 식, ...);

printf 함수는 결과를 문자열로 변환하여 표준 출력(콘솔 화면)으로 출력하기 위한 것이다. 다음과 같이 printf 함수의 첫 번째 인수에 문자열 "형식문자열"을 입력하고, %형식문자의 개수와 형식에 맞게 식을 두 번째 인수부터 입력한다. %d는 식의 결과가 정수인 것을 문자열로 변환하는 것이다. 아래 예에서 정수형 상수 280은 주기억장치에서 이진수로 표현되어 있으나 printf 함수에 의하여 %d 위치에 문자열 "280"이 출력된다. %f 위치에는 실수형 상수 93.3이 문자열로 변환되어 "93.300000"가 출력된다. '\n'은 개행문자(엔터키)를 표현한 것이다.

```
printf("총점:%d, 평균:%f\n", 280, 93.3);
```

```
[콘솔 화면 출력]
총점:280, 평균:93.300000
```

형식문자는 아래 표와 같다. 자세한 형식문자는 3장에서 설명한다.

형식문자	식의 결과와 의미
%d	정수를 문자열로 변환
%f	실수를 문자열로 변환
%c	문자를 문자열로 변환

Example 02-1 상수의 사용

5행에서 10진수로 표현된 2024는 %d 위치에 10진수 문자열 "2024"로 변환되어 출력된다. 6, 7행에서 03750, 0x7e8은 각각 8진수 3750, 16진수 7e8을 상수로 표현한 것으로 %d에 의하여 10진수 형식 문자열로 변환되므로 "2024"가 출력된다.

8행은 실수형 상수 3.14를 %f 형식문자에 의하여 "3.140000"의 문자열로 변환되어 출력된다. %f의 기본 형식은 소수점 이하 6자리를 출력한다. 9행에서 0.0314e2는 0.0314×10^2을 지수형으로 표현한 실수이므로 8행의 결과와 같이 "3.140000"가 출력된다. 10행에서 문자 상수 'a'는 %c에 의하여 문자가 그대로 출력된다. 그러나 11행에서 %d 형식으로 출력하면 문자 'a'의 코드 값(ASCII 코드 값)이 10진수로 변환되어 출력되므로 97이 출력된다.

```
1  #include <stdio.h>
2
3  int main()
4  {
5      printf("정수형 상수 표현(10진수) : %d\n", 2024);
6      printf("정수형 상수 표현(8진수) : %d\n", 03750);
7      printf("정수형 상수 표현(16진수) : %d\n", 0x7e8);
8      printf("실수형 상수 표현(소수점사용): %f\n", 3.14);
9      printf("실수형 상수 표현(지수사용): %f\n", 0.0314e2);
10     printf("문자형 상수 표현(문자) : %c\n", 'a');
11     printf("문자형 상수 표현(정수) : %d\n", 'a');
12
13     return 0;
14 }
```

Output

```
정수형 상수 표현(10진수) : 2024
정수형 상수 표현(8진수) : 2024
정수형 상수 표현(16진수) : 2024
실수형 상수 표현(소수점사용): 3.140000
실수형 상수 표현(지수사용): 3.140000
문자형 상수 표현(문자) : a
문자형 상수 표현(정수) : 97
```

많이 하는 실수

- [Example 02-1]의 5행에서 정수형 상수 2024를 %f 변환으로 잘못 지정하면 0.000000이 출력된다. 정수형 상수를 출력하기 위해서는 일반적으로 %d를 사용하여야 한다. 참고로 8진수, 16진수로 출력하는 변환 문자는 각각 %o, %x이다(3장에서 설명).
- 실수형 상수를 출력하기 위하여 %f 변환문자를 사용하여여 한다. 8행에서 %f 변환문자 대신 %d를 사용하면 이상한 숫자열(1374389535)이 출력된다.

2.4 변수

변수(variable)란 프로그램에서 데이터를 저장하기 위한 식별자이다. 주기억장치는 바이트 단위로 주소가 붙어 있고, 주소를 사용하여 데이터를 저장하고 읽을 수 있다. 변수란 프로그램 중간에 값이 변할 수 있다는 의미로 자료를 주기억장치에 저장하거나 읽어오기 위해 주기억장치 주소를 직접 사용하지 않고 메모리 공간에 적절한 이름(식별자)을 붙인 후 그 이름에 해당하는 메모리 공간에 자료를 저장하거나 자료를 읽어오기 위한 것이다. 즉 변수는 메모리에 붙여진 이름이다. 이러한 이름을 식별자라고 한다. 식별자는 임의로 만들 수 없으며 정확한 규칙에 따라 만들어야 한다.

2.4.1 식별자 생성 규칙

Syntax 식별자 생성 문법: 영문자와 숫자의 조합, 숫자로 시작할 수 없음

- 변수의 이름(식별자) 생성 규칙
  - 기본 규칙
    ① 영문자 소문자, 대문자, 숫자, 언더라인('_') 문자의 조합
    ② 첫 문자는 숫자로 시작할 수 없음
    ③ 예약어와 같은 이름을 사용할 수 없음
    ④ 내장 함수(printf, scanf 등)와 같은 이름의 사용을 권장하지 않음
  - 관습적 규칙(권장 규칙)
    ① 역할에 맞는 이름을 만들 것
    ② 길이에 제한이 없으나 31자 이하 권장

예약어(reserved word, keyword)는 미리 C 언어에서 기본적으로 사용하는 단어이다. ISO(International Organization for Standardization, 국제표준화기구) C(C18)에서 정의한 예약어와 Visual C++에서 사용하는 Microsoft C에서 사용하는 예약어는 다음과 같다.

ISO C(C18) 예약어	_Bool, _Complex, _Imaginary, auto, break, case, char, const, continue, default, do, double, else, enum, extern, float, for, goto, if, inline, int, long, register, restrict, return, short, signed, sizeof, static, struct, switch, typedef, union, unsigned, void, volatile, while
Microsoft C 예약어	__asm, __based, __cdecl, __declspec, __except, __fastcall, __finally, __inline, __int16, __int32, __int64, __int8, __leave, __stdcall, __try, dllexport, dllimport, naked, thread

그림 2-12 예약어

올바른 식별자	잘못된 식별자(잘못된 이유)
total num_of_student average univ100	101building (숫자로 시작) total acount (공백) int (예약어) printf (표준 함수 사용)

2.4.2 자료형

자료의 표현 방법에 따라 char, int, float 세 가지 자료형의 변수만 있어도 되지만 기억장소의 낭비를 없애기 위해 다양한 크기의 자료형을 제공한다. 예를 들어 1~31 중의 날짜를 저장하기 위해서는 최소 4비트만으로도 충분한데, 4바이트(32비트)를 사용한다면 28비트가 낭비된다. 이러한 낭비를 최소화하고 처리의 효율성을 위해 [그림 2-13]과 같이 세부적으로 자료형을 분류한다. ( ) 부분은 생략할 수 있다. 자료형에는 char, int float double이 있고 자료의 표현 크기에 따라 선택할 수 있다.

<table>
<tr><td rowspan="3">정수</td><td>문자</td><td>char</td><td>signed char</td><td>unsigned char</td></tr>
<tr><td rowspan="2">정수</td><td>(signed) short (int)</td><td>(signed) int</td><td>(signed) long (int)</td></tr>
<tr><td>unsigned short (int)</td><td>unsigned (int)</td><td>unsigned long (int)</td></tr>
<tr><td colspan="2">실수</td><td>float</td><td>double</td><td>long double</td></tr>
</table>

그림 2-13 기본 자료형

2.4.3 변수의 선언

변수는 자료형과 변수의 이름을 나열하여 선언한다. 변수의 이름은 식별자를 생성하는 규칙에 따라 만들어야 한다.

Syntax **변수의 선언 : 자료형 변수이름(식별자)**

변수를 선언하는 예는 다음과 같다. int는 정수를 저장하기 위한 기본 자료형이고 var은 식별자를 생성하는 규칙에 따라 만들어진 변수의 이름이다. [그림 2-14]와 같이 주기억장치에 정수 데이터를 저장하기 위하여 4바이트(컴파일러에 따라 다름)를 확보하고 var을 사용하여 정수 데이터를 저장하거나 읽어올 수 있다.

```
int var;
var = 10;
```

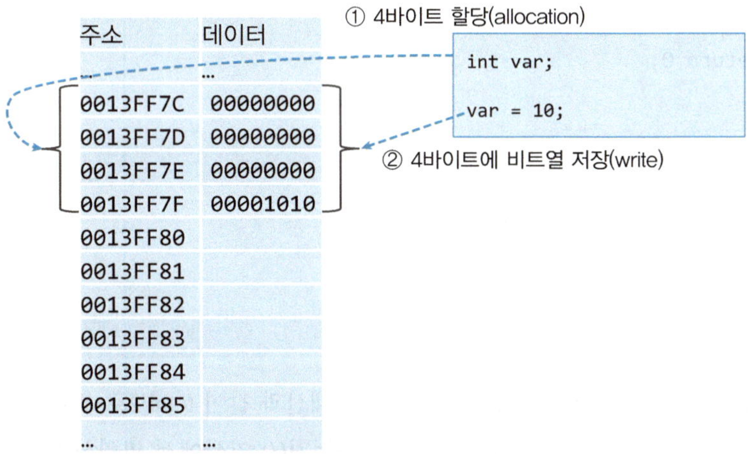

그림 2-14 변수 선언의 의미

Example 02-2 변수 선언 및 사용

5~7행에서 변수를 선언한다. 5행에서 char grade='A'와 같이 변수를 선언하고 대입 연산자(=)를 사용하여 초깃값을 설정할 수 있다. 6행에서와 같이 동일한 자료형의 변수는 콤마 연산자(,)를 사용하여 한 문장에서 선언할 수 있다. 9~10행은 kor과 eng 정수형 변수에 각각 정수형 상수 100, 95를 저장하는 문장이다. 11행은 kor, eng 변수를 주기억장치에서 중앙처리장치로 읽어 들이고 더한 값을 total 변수에 저장하는 문장이다. 15행에서 출력할 변수 total, average, grade의 자료형이 각각 정수형, 실수형, 문자형이므로 printf의 형식 문자열에서 순서대로 %d, %f, %c 변환문자를 지정해야 한다.

```
1  #include <stdio.h>
2
3  int main()
4  {
5      char grade;
6      int kor, eng, total;
7      float average;
8
9      kor = 100;
10     eng = 95;
11     total = kor + eng;
12     average = total/2.0;
13     grade = 'A';
14
15     printf("총점: %d점, 평균:%f점, 학점:%c\n", total, average, grade);
```

```
16
17      return 0;
18  }
```

Output

```
총점: 195점, 평균:97.500000점, 학점:A
```

많이 하는 실수

- [Example 02-2]의 12행에서 total/2.0을 일상의 계산과 같이 total/2로 표현하면 결과가 정수로 계산된다(4장 연산자에서 자세히 설명). 나누기(/) 연산에서 피연산자가 정수이면 결과는 소수점 이하 값을 절삭한 정수로 계산된다. 12행에서 2.0을 2로 수정하여 실행하면 평균이 97.000000로 출력된다. 나누기 연산에서 계산 결과를 실수로 구하기 위하여 피연산자 중 최소한 하나는 실수형이어야 한다.
- 13행에서 문자형 상수를 표현할 때 반드시 ' '사이에 반드시 문자 하나를 사용해야 한다. 'A' 대신 'A+'와 같이 두 개 이상의 문자를 표현할 수 없다.

2.5 상수, 변수를 사용한 간단한 코딩

변수를 선언하고 상수를 만드는 문법을 사용하여 실생활에서 사용하는 간단한 코딩을 해보자.

2.5.1 원의 둘레 및 면적 구하기

반지름, 원주율 변수에 상수를 대입하고, 원의 둘레 및 면적을 구하는 코딩을 해보자.

- 반지름, 원주율, 원의 둘레, 면적을 표현하기 위한 식별자를 만들고 변수를 선언한다. 실수를 표현하기 위한 자료형은 float와 double이 있다. double이 float보다 큰 값과 소수점 이하 자리수를 더 정밀하게 표현할 수 있으므로 실수를 표현할 때 double 자료형 사용을 권장한다. 단, double은 float보다 주기억장치의 공간을 일반적으로 2배 더 차지한다.
- 원의 둘레 및 면적을 구하기 위한 수식을 작성한다.
- 반지름, 원의 둘레 및 면적을 출력하는 printf 함수를 작성한다.

Code 02-2 원의 둘레 및 면적 구하기

```c
#include <stdio.h>

int main()
{
    int radius;
    double phi = 3.14;
    double circum, area;

    radius = 10;
    circum = 2 * phi * radius;
    area = phi * radius * radius;

    printf("반지름이 %d인 원의 둘레는 %f, 면적은 %f입니다.\n", radius, circum, area);

    return 0;
}
```

Output

```
반지름이 10인 원의 둘레는 62.800000, 면적은 314.000000입니다.
```

2.5.2 환전 금액 구하기

원화를 달러(USD), 유로(EUR), 위안(CNY)으로 환전하는 코딩을 해보자.

- 원화를 정수형 변수로 선언하고 달러당 유로 환율, 달러당 위안 환율을 검색하여 실수형 변수에 저장한다.
- 달러, 유로, 위안으로의 환전 금액을 계산하고 출력한다. 오천만원에 대한 상수를 표현하기 위하여 50000000과 같이 직접 표현하는 것보다 5e7과 같이 지수형으로 표현하는 것이 더 편리하다. 달러로의 환전 금액 exchange = won/won_per_usd을 구하고 유로, 위안의 달러당 환율을 곱하여 각 통화의 환전 금액을 구할 수 있다.

Code 02-3 환전 금액 구하기

```c
#include <stdio.h>

int main()
{
```

```c
    int won;
    double exchange;
    double won_per_usd = 1327.66;
    double eur_per_usd = 0.93;
    double cny_per_usd = 7.11;

    won = 5e7;
    exchange = won/won_per_usd;
    printf("%d원 --> %f달러\n", won, exchange);

    exchange = won/won_per_usd*eur_per_usd;
    printf("%d원 --> %f유로\n", won, exchange);

    exchange = won/won_per_usd*cny_per_usd;
    printf("%d원 --> %f위안\n", won, exchange);

    return 0;
}
```

Output

```
50000000원 --> 37660.244340달러
50000000원 --> 35024.027236유로
50000000원 --> 267764.337255위안
```

2.5.3 잔돈 계산하기

변수에 금액을 저장하고 오만원, 만원, 오천원권이 몇 장인지와 잔액을 출력하는 프로그램을 작성해보자. 단, 금액 변수의 값을 변경하지 않고 구해야 한다.

- 금액을 저장해야 하므로 정수형 변수를 선언한다. 금액, 오만원, 만원, 천원, 잔액을 저장하기 위한 변수를 선언한다(5, 6행).
- 앞에서 설명한 것과 같이 정수/정수 연산의 결과는 정수로 몫을 구한다(8행).
- 나머지를 구하는 연산자는 %이다(4장에서 설명). 5%2의 결과는 5를 2로 나눈 나머지 값인 1이다. 만원권의 장수를 구하기 위하여 금액을 50000으로 나눈 것의 나머지를 10000을 나눈 몫을 구한다(9~11행). 수식을 명확히 하기 위하여 ( )로 묶어 표현한다.

Code 02-4 잔돈 계산하기

```c
#include <stdio.h>

int main()
{
    int won  = 1599550;
    int count_50000, count_10000, count_5000, remain;

    count_50000 = won/50000;
    count_10000 = (won%50000)/10000;
    count_5000 = ((won%50000)%10000)/5000;
    remain = ((won%50000)%10000)%5000;


    printf("%d원은 오만원권 %d장, ", won, count_50000);
    printf("만원 %d장, ", count_10000);
    printf("오천원권 %d장, ", count_5000);
    printf("잔돈 %d원 \n", remain);

    return 0;
}
```

Output

```
1599550원은 오만원권 31장, 만원 4장, 오천원권 1장, 잔돈 4550원
```

연습 · 실습 문제

01 다음의 설명에 대해 O와 X를 ( ) 안에 적으시오.

- main 함수는 1개 이상 선언할 수 있다. ( )
- printf 함수는 반드시 main 함수의 마지막에 사용해야 한다. ( )
- C 프로그램에서 라이브러리는 다양한 함수들의 집합이다. ( )
- C 프로그램은 한 개 이상의 소스 파일로 구성된다. ( )
- 문자는 프로그래머가 임의로 숫자로 정의하여 코드화할 수 있다. ( )
- 정수와 실수는 컴파일러에 의하여 표준화된 방식으로 이진수로 변환된다. ( )
- 정수와 실수를 이진수로 변환(인코딩)하는 방식은 다르다. ( )
- 정수형 상수 5,000,000은 문법에 맞는 표현이다. ( )
- 변수의 이름은 식별자를 만드는 규칙으로 만들어야 하며 영문자 대소문자, 숫자, 언드 라인(_)의 조합으로 구성되며 숫자로 시작할 수 없다. ( )

02 다음 잘못된 변수 이름을 찾아내고 그 이유를 간단히 설명하시오.

① $COLOR ________	② My name ________
③ _Park ________	④ Tax_Rate ________
⑤ printf ________	⑥ index_1 ________
⑦ 2013Expo ________	⑧ weight_kg ________

03 25인치(inch)의 길이를 센티미터(cm)로 계산하여 출력하는 프로그램을 완성하시오.
참고: 1인치는 2.54cm다.

Output

```
25inch는 63.500000cm입니다.
```

```
#include <stdio.h>
int main()
{
 _________inch = 25;

 _________cm;
```

```
    cm = ____________;
    printf(" _______inch는 _______cm입니다.\n", inch, cm);

    return 0;
}
```

04 다음 프로그램의 밑줄친 부분에서 잘못된 부분을 올바르게 수정하시오.

```
#include "studio.h"

int Main()
[
    char name = "홍 길동"
    int score <-- 100
    float 5th = 0.999

    print("It's Fun^^\n")

    return;
}
```

05 다음은 8진수 2025를 변수에 할당하고 이를 8진수와 10진수의 형태로 출력하는 실행결과와 프로그램이다. 빈 곳을 채우시오.

Output

```
num(8진수) = 2025
num(10진수) =
```

```
#include <stdio.h>
int main()
{
    ____________;
    num =           ;
    printf("num(8진수) = ___________\n", num);
    printf("num(10진수) = ___________\n", num);

    return 0;
}
```

06 다음은 화씨온도를 섭씨온도로 변환하는 프로그램으로 잘못된 결과가 출력된다. 올바른 결과가 출력되도록 프로그램을 수정하시오.

Output(잘못된 결과)

```
화씨온도 72도는 섭씨온도 0도입니다.
```

Output(올바른 결과)

```
화씨온도 72.000000도는 섭씨온도 22.222222도입니다.
```

```
#include <stdio.h>

int main()
{
  int fahrenheit, celsius;

  fahrenheit = 72;
  celsius = (5/9) * (fahrenheit - 32);

  printf("화씨온도 %d도는 섭씨온도 %d도입니다.\n", fahrenheit, celsius);

  return 0;
}
```

- 섭씨온도(C)와 화씨온도(F)와의 관계식은 C = (5/9)*(F-32)다.
- 실행 결과를 분석해 보면 화씨온도와 섭씨온도가 실수형으로 출력된다. 따라서 화씨온도, 섭씨온도 변수를 double형 또는 float형으로 선언해야 한다. 문장 printf("1/2 = %d\n", 1/2);를 실행하면 결과가 '0'이 나온다. 그 이유는 '정수/정수'의 결과는 '정수'이기 때문이다. 올바른 결과가 나오려면 printf("1/2 = %lf\n", 1.0/2.0);이 되어야 한다.

07 [Code 02-2]에서 반지름 변수(radius)에 실수형 상수를 저장할 수 있도록 프로그램을 수정하시오. 반지름이 10.5일 경우의 결괏값은 다음과 같다.

Output

```
반지름이 10.500000인 원의 둘레는 65.940000, 면적은 346.185000입니다.
```

08 [Code 02-3]에서 6~9행의 변수를 삭제하고 환율 상수만을 사용하여 프로그램을 수정하시오.

Output

```
50000000원 --> 37660.244340달러
50000000원 --> 35024.027236유로
50000000원 --> 267764.337255위안
```

03 CHAPTER

자료의 입출력

03 자료의 입출력

프로그램에서 입출력은 프로그램이 데이터를 받아들이고 결과를 생성하는 과정을 의미하는 것으로 C언어에서의 입출력은 주로 표준입출력 함수를 사용하여 처리되며, <stdio.h> 헤더파일에 정의되어 있다. 이 장에서는 프로그램을 실행하는 동안 프로그램 외부 즉 키보드를 통해 사용자로부터 필요한 값을 입력받는 입력 함수와, 프로그램의 실행을 통해 구한 결과값이나 실행 중간에 사용자에게 필요한 정보 또는 메시지를 모니터 화면에 표시하는 출력 함수에 대하여 소개한다. 자료의 입력과 출력은 C 언어에서 제공하는 라이브러리 함수의 일부인 입출력 함수를 이용하여 편리하게 코딩할 수 있는데 입력을 위해서는 scanf 함수가, 출력을 위해서는 printf 함수가 가장 많이 사용된다.

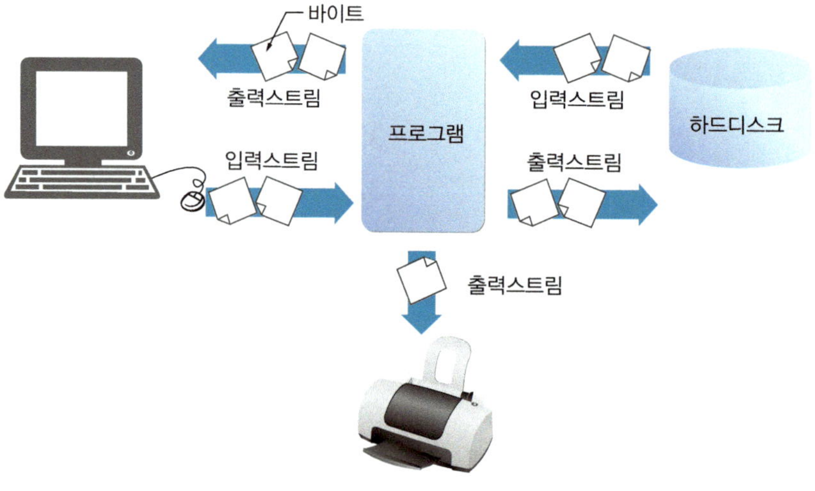

그림 3-1 입출력 스트림

3.1 입출력 개요

입출력에서 스트림이란 입력과 출력을 바이트들의 흐름으로 판단한 것이다. 파일, 프린터, 네트워크 등의 입출력은 이러한 스트림을 생성하여 이루어진다. 운영체제에서 기본적으로 제공하는 입출력 스트림을 표준 입출력 스트림이라 하고 그림 3-1에서와 같이 키보드, 모니터가 각각 입력, 출력 스트림에 해당된다.

스트림을 통하여 입출력 요청을 운영체제에 하는 것은 간단한 프로그래밍으로 할 수 없다. 따라서 라이브러리를 사용하여 입출력을 간단히 수행할 수 있다. 건축물을 지을 때 건축 현장에서 기본 골격을 만든 후에는 나머지 소재(창문, 타일, 조명 기구 등)들은 직접 만들어서 사용하는 것이 아니라 외부의 생산 공장에서 납품을 받아 조립하여 완성한다(그림 3-2). 이와 마찬가지로 C 언어도 프로그램에서 많이 사용되는 기능들을 미리 함수 프로그램으로 작성해두어 프로그래머가 필요할 때마다 이용할 수 있도록 하고 있다. 만일 프로그래머가 입출력, 삼각 함수(sin, cos) 등과 같은 기능을 직접 프로그램으로 작성해야 한다면 프로그래밍은 매우 비효율적이게 될 것이다.

C 프로그램은 함수들의 집합으로 이루어져 있으므로 main 함수와 같이 프로그래머가 직접 필요한 함수를 작성해야 한다. 그러나 표준 라이브러리에 포함된 함수라면 직접 작성할 필요 없이 단순히 필요한 함수를 호출하여 이용할 수 있으므로 프로그래밍이 훨씬 수월해진다. C 표준 라이브러리 외에 상용화된 라이브러리들도 있다. 예를 들면 Visual C++에서는 MFC(Microsoft Foundation Class)라고 하는 라이브러리를 제공하는데 여기에는 윈도우 화면을 생성하거나 자료를 처리하는 알고리즘들이 구현되어 있다. C 언어를 배운다는 것은 문법만이 아니라 C 언어가 제공하는 표준 라이브러리에 어떤 함수가 있으며 이 함수를 어떤 경우에 사용하는 지를 배우는 것도 포함된다는 것을 기억해두기 바란다. 이 장에서는 표준 라이브러리에 포함된 대표적인 함수인 입출력 함수를 배운다.

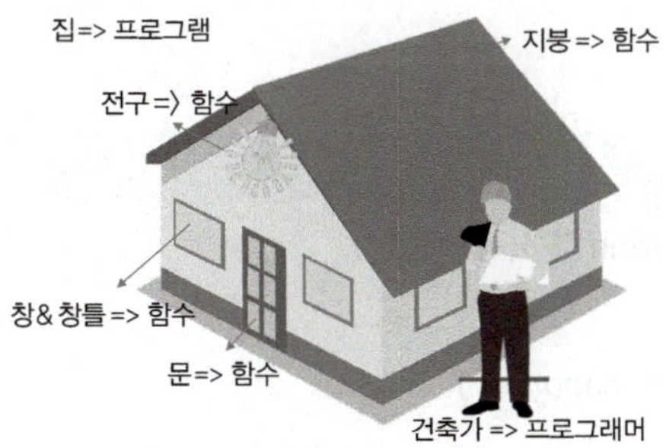

그림 3-2 함수

3.2 자료 출력하기

C 언어는 입력과 출력을 위하여 라이브러리 함수를 제공한다. 출력을 위해서는 printf( ) 함수를 사용하며, 모니터에 출력하기에 표준출력함수 라고 한다. 만일 출력을 위한 라이브러리 함수가 제공되지 않는다면 프로그래머들은 출력을 위한 코드를 직접 작성하여야 하며 이는 번거로운 일이고 아주 힘든 일이다. printf 함수를 사용하면 형식화된 출력이 가능하다.

printf 함수와 같은 라이브러리 함수를 사용하는 방법은 아주 간단하다. 함수를 호출하면 된다. 즉, printf( ) 함수를 적어주고 출력할 내용을 ( )안에 넣으면 된다. 만약 내용을 주지 않으면 무엇을 출력하라는 건지 알 수가 없어서 빈줄 한줄이 추가된다. 따라서 함수 호출 시에 함수 이름을 적은 후에 괄호를 붙이고 괄호 안에 " "(이중따옴표)를 붙여서 출력할 내용을 나열하면 된다. 이런 식으로 함수에게 전달하는 내용을 인수(argument)라고 한다. 따옴표로 둘러싸인 문자열이 함수의 인수가 되고, 인수는 함수를 호출할 때 함수에게 제공하는 데이터가 된다. printf 함수는 이 문자열을 받아서 모니터에 출력한다.

3.2.1 출력함수 printf( )

printf 함수의 사용형식에 대해서 알아보도록 한다.

Syntax 단순 문자열을 출력하기 위한 형식

```
printf("문자열");
```

– " "(이중따옴표) 안에 있는 문자열을 모니터 화면에 그대로 표시한다.

수식을 계산한 결과값이나 현재 변수에 저장된 값이 아닌 모니터 화면에 특정 메시지를 표시한다거나 특정 글자들을 그대로 출력하려면 문자열 형태의 인수 한 개만 포함한 printf 함수를 사용한다.

Example 03-1 printf( )

단순 문자열만을 출력하는 printf의 사용 예이다.

```
...
printf("Don't worry, be happy~")
printf("Hi! KNU");
...
```

Output : 예상결과

```
Don't worry, be happy~
Hi! KNU
```

Output: 실행결과

```
Don't worry, be happy~Hi! KNU
```

printf 함수는 콘솔(console) 장치인 모니터 화면상에서 이전 출력이 끝난 위치에 이어서 출력을 한다. 그러므로 화면상의 줄 끝까지 출력을 하지 않는 한 자동으로 줄을 바꾸지 않는다. 출력 결과를 보기 좋게 하기 위해 줄을 바꾸고 싶다면 어떻게 해야 할까? 강제로 줄을 바꾸는 특별한 문자를 사용해야 한다. C 언어에서는 일반적으로 알고 있는 문자의 의미를 벗어나 특별한 의미를 가진 문자를 표시하기 위해 '\'로 시작하는 탈출 문자(escape sequence)를 제공한다. 예를 들면 'n'은 알파벳의 n을 의미하지만 '\n'은 단순한 알파벳 n이 아닌 줄을 바꾸어 주는 개행(line feed) 문자를 의미한다. [표 3-1]은 C 언어에서 자주 사용하는 탈출 문자를 보여준다.

[표 3-1] 자주 사용되는 탈출 문자

표현 방식	문자 이름	의미
\r	캐리지 리턴 (carriage return)	알파벳 r이 아니라 커서를 현재 줄의 처음으로 이동시키는 문자
\n	개행 문자 (line feed)	알파벳 n이 아니라 커서를 현재 줄의 처음으로 이동한 후 한 줄 뒤로 커서를 옮기는 문자로 편집기에서 키보드의 엔터키를 눌렀을 때와 같은 효과가 나타난다.
\t	탭(Tab) 문자	알파벳 t가 아니라 키보드의 탭키를 눌렀을 때와 같이 커서를 다음 탭 위치로 옮기는 문자
\'	작은따옴표	문자 상수의 시작과 끝을 의미하는 '가 아니라 작은따옴표
\"	큰따옴표	문자열의 시작과 끝을 의미하는 "가 아니라 큰따옴표 문자
\\	백슬래쉬 (back slash)	탈출 문자의 시작을 의미하는 \가 아닌 백슬래쉬 문자
\b	백스페이스	알파벳 b가 아니라 키보드의 백스페이스키를 눌렀을 때와 같이 직전 출력 문자를 지우는 문자

다음의 코드를 통하여 탈출문자가 어떻게 출력에 영향을 주는지 확인하여 보자.

Code 03-1 printf 함수: 탈출문자

```c
#include <stdio.h>

int main()
{
    printf("Don't worry, be happy~\n");
    printf("Hi! KNU\n");
    printf("12345678910\n");
    printf("My\tDear\tFriend\n");
    printf("Goot\bd\tLuck!\n");
    printf("yes\rY\n");

    return 0;
}
```

Output

```
Don't worry, be happy~
Hi! KNU
12345678910
My      Dear    Friend
Good    Luck!
Yes
```

Syntax 변환명세를 사용하여 출력하는 형식

printf 함수는 기본적으로 문자열을 출력한다. 따라서 숫자를 출력하거나, 변수가 가지고 있는 값을 출력하기 위해서는 변환문자인 변환 명세를 사용해서 숫자로 변환하는 과정과 변수가 가지고 있는 값을 전달하여 출력하도록 하는 과정이 필요하다. 변환 명세는 데이터의 형태에 따라 다르다. 정수는 %d, 실수는 %lf(엘에프)를 사용하며 변환 명세의 위치에 출력하라는 것을 의미한다. 사용형식은 다음과 같다.

```
printf("변환 명세를 n개 포함한 형식 문자열", 인수1, 인수2, ..., 인수n )
```

이 자리에는 인수의 값을 10진수 정수 형태로 출력하라는 뜻

```
printf("...%d...%lf...%c...", 정수형 인수, 실수형 인수, 문자형 인수)
```

이 자리에는 인수의 값을 소숫점 6째 짜리까지 실수로 출력하라는 뜻

이 자리에는 인수의 값을 한 개의 문자로 출력하라는 뜻

– "형식 문자열" 안에 있는 내용을 그대로 모니터 화면에 표시하되 변환 명세를 만나면 순서대로 "형식 문자열" 뒤에 나타나는 인수의 값을 변환 명세의 형식에 맞게 출력한다.
– 인수는 상수, 변수, 식, 대입문이 될 수 있으며 최종 결과값이 변환 명세에 지정된 형식에 맞추어 출력된다. 이때 인수의 개수와 변환 명세의 개수는 반드시 같아야 한다.
– 변환 명세는 [표 3-2]와 같이 자료형에 따라 사용할 것이 정해져 있으므로 인수의 결과값에 따라 정확히 사용해야 한다. 만약 정수형 변수를 "%lf"를 지정하여 출력하면 잘못된 값이 출력된다.

Example 03-2 변환명세가 잘못 지정된 경우

```
...
int sum = 100;
printf("%lf \n", sum);
...
```

Output

```
0.000000
```

다음의 표는 자료형에 따른 변환 명세이다. 자료형에 대응되는 변환 명세를 정확하게 사용하여야 한다.

[표 3-2] 출력할 값의 자료 형에 따른 대표적인 변환 명세

출력값	변환 명세	자료형	출력 형식
정수	%d, %i	정수형	정수를 10진수 형태로 출력
	%u	unsigned int 형	부호가 없는 정수를 10진수 형태로 출력
	%o	정수형	정수를 8진수 형태로 출력
	%x	정수형	정수를 16진수 형태로 출력
실수	%f	float 형	실수를 소수점 아래 6자리까지 출력
	%lf	double 형	실수를 소수점 아래 6자리까지 출력
	%e	float 형	'가수×10지수'에 해당하는 float 형 실수를 '가수e지수'와 같이 지수 형식(또는 과학적 표기 형식)으로 출력
	%le	double 형	double 형 실수를 '가수e지수' 형식으로 출력
문자	%c	char 형	문자 한 개만 출력
문자열	%s	문자열	문자열 출력

3.2.2 필드폭과 정밀도 지정

printf( ) 함수를 사용하여 출력할 때 데이터가 출력되는 필드의 크기를 지정할 수 있다. 필드 폭은 %와 형식 문자열 사이에 작성한다. 다음은 자료형에 따른 필드폭과 정밀도를 작성하는 형식과 작성한 예이다.

// %d를 사용한 정수 출력

"%필드폭d"

- d: 자료를 정수 형식으로 출력하라는 의미
- 필드폭: 자료를 출력하는데 사용할 전체 칸을 의미

정수형 자료를 출력하기 위해 필드폭 만큼의 칸을 확보한 후 출력 자료를 오른쪽 정렬 방식에 맞추어 출력한다.

"%+필드폭d"

- 필드폭: 자료를 출력하는데 사용할 전체 칸을 의미, 오른쪽 정렬
- +: 부호 출력을 지정하는 것으로 출력하는 값이 양수라면 숫자 앞에 '+'를 음수라면 '−'를 출력한다.

"%−필드폭d"

- 필드폭: 자료를 출력하는데 사용할 전체 칸을 의미
- −: 왼쪽 정렬을 지정하는 것으로 출력할 값의 첫 숫자와 왼쪽 첫 칸을 맞추어 출력

Example 03-3 printf 함수: 정수 필드폭과 정밀도

```
...
int n = 123;
                                        
printf("n=%d\n", n);
printf("n=%5d\n", n);
printf("n=%+5d\n", n);
printf("n=%-5d\n", n);
printf("n=%-+5d\n", n);

...
```

- %d: 출력할 글자의 수에 맞추어 칸이 지정
- %5d: 5칸을 차지하여 출력하되 칸의 끝과 출력값의 오른쪽 끝을 맞춤 왼쪽에 남는 빈칸이 생길 수 있다.
- %-+5d: - 왼쪽 정렬, + 부호 출력

Output

n	=	1	2	3			↵
n	=			1	2	3	↵
n	=		+	1	2	3	↵
n	=	1	2	3			↵
n	=	+	1	2	3		↵

```
n=123  ↵
n=  123↵
n= +123↵
n=123  ↵
n=+123 ↵
```

// %lf를 사용한 실수 출력

"%필드폭.정밀도lf"

- lf: 자료를 실수 형식으로 출력하라는 의미
- 정밀도: 소수점 아래 몇 자리까지 출력할지를 지정
- 필드폭: 소수점 위의 자리, 소수점, 소수점 아래 자리 수를 포함한 전체 출력 칸을 의미

"%.정밀도lf"

소수점 아래 몇 자리까지 출력할지를 지정한다.
소수점 위의 값은 꼭 필요한 만큼만 칸을 확보하여 출력한다.
출력할 값에 포함된 소수점 아래 값의 자리가 지정한 정밀도보다 크다면 (정밀도+1)번째 자리에서 반올림하여 출력한다.

"%.필드폭lf"

소수점과 소수점 아래 자리 수를 포함한 전체 출력 칸을 의미
소수점 아래 값은 무조건 6자리까지 출력하고
나머지 왼쪽 칸에 소수점 위의 값과 소수점을 출력한다.

"%.필드폭.lf"

필드폭만큼의 칸을 확보하여 출력하지만
출력값을 소수점 아래 첫 자리에서 반올림한 후 소수점 위의 값만 출력하라는 의미로 "%전체폭.0lf"와 동일한 결과가 출력된다.

Example 03-4 printf 함수: 실수 필드폭과 정밀도

```
...
double ave = 83.768;

printf("ave=%7.3lf\n", ave);
printf("ave=%6.2lf\n", ave);
printf("ave=%.2lf\n", ave);
printf("ave=%10lf\n", ave);
printf("ave=%5.1lf\n", ave);
...
```

Output

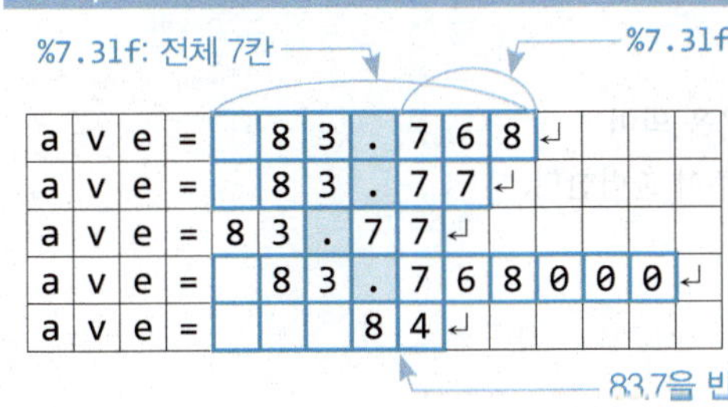


```
ave= 83.768
ave= 83.77
ave=83.77
ave= 83.768000
ave=    84
```

– "%3.1lf"에서 3은 소수점 위의 값을 출력하는 데 사용할 칸이 아니라 전체 출력 칸을 의미한다.
– 시험 점수의 평균 점수를 소수점 아래 한 자리까지 출력하도록 필드폭을 지정할 때 "%3.1lf"로 잘못 지정하는 경우가 많다. '3.1'을 소수점 위로 3자리, 소수점 아래로 1자리로 해석하기 때문이다. ' . ' 앞의 3은 전체 출력칸을 의미하는 것이므로 평균 점수 100.0까지 출력하려면 필드폭을 최소 5로 지정해서 %5.1lf를 사용해야 한다. 5보다 작게 지정한다면 오른쪽으로 칸을 더 확보하므로 여러 줄에 여러 명의 평균 점수를 출력할 때 세로로 소수점의 위치를 맞출 수가 없다.

// %c를 사용한 문자 출력

문자 1개를 출력할 때는 변환 명세 %c를 사용한다. 출력할 내용이 문자이더라도 기본 정렬 방식은 오른쪽 정렬이므로 왼쪽 정렬을 하고 싶다면 '-'를 사용한다.

"%필드폭c"
- 자료를 문자 형식으로 출력하라는 의미
- 문자를 출력하는 데 사용할 전체 칸을 의미하며 출력할 문자를 맨 오른쪽 칸에 맞추어 출력한다.

"%-필드폭c"
- 문자를 출력하는 데 사용할 전체 칸을 의미
- 문자를 맨 왼쪽 칸에 맞추어 출력한다.

// %s를 사용한 문자열 출력

여러 문자로 구성된 문자열을 출력할 때는 변환 명세 %s를 이용한다. 출력할 내용이 문자열이더라도 기본 정렬 방식은 오른쪽 정렬이므로 왼쪽 정렬을 하고 싶다면 '-'를 사용한다. C언어에서는 문자 상수를 저장하기 위한 char란 자료형은 제공하지만, 문자열을 저장하기 위한 별도의 자료형은 제공하지 않는다. 그러므로 문자열을 변수에 저장하려면 7장에서 소개하는 배열을 이용해야 하므로 여기서는 printf 함수에서 문자열 상수를 직접 사용하여 출력하는 방법만 소개한다.

"%필드폭s"
- 출력값을 문자열 형식으로 출력하라는 의미
- 문자열을 출력하는 데 사용할 전체 칸을 의미 출력할 문자열의 마지막 문자를 맨 오른쪽 칸에 맞추어 출력한다.

"%-필드폭s"
- 문자열을 출력하는 데 사용할 전체 칸을 의미
- 문자열의 첫 문자를 맨 왼쪽 칸에 맞추어 출력한다.

3.2.3 문자열 전용 출력함수 putchar, puts( )

putchar는 문자 전용 출력 함수이다. printf 함수는 문자, 정수, 실수, 문자열 등 범용으로 사용되는 출력 함수이지만 처리 속도가 느리다. 그래서 C 언어 표준 출력 함수에서는 문자와 문자열을 출력하는 경우 편리하게 사용할 수 있도록 변환 명세를 사용하지 않는 문자, 문자열 전용함수를 제공한다.

Syntax putchar( ) 출력 형식

```
putchar('문자' 또는 문자형 변수);
```

– '문자' 안의 문자 1개 또는 문자형 변수에 저장된 1개의 문자를 출력한다.

Code 03-2 문자열 전용 출력함수: putchar( )

```c
#include <stdio.h>

int main()
{
    char grade = 'A';

    putchar(grade);
    putchar('+');
    putchar('\n');

    return 0;
}
```

Output

```
A+
```

Syntax puts( ) 출력 형식

puts 함수는 문자열만 출력하기 위한 함수이므로 printf와 달리 변환 명세가 필요 없다. printf 함수에서 문자열을 %s로 출력하면 문자열만 출력되는 것에 반해 puts 함수는 문자열을 출력한 후 무조건 개행 문자('\n')를 자동으로 출력한다.

```
puts("문자열" 또는 문자열을 저장한 변수);
```

– "문자열" 안의 문자열을 그대로 출력하거나 문자열 변수에 저장된 문자열을 출력한 후 줄을 바꾼다.

Code 03-3 문자열 전용 출력함수: puts( )

```c
#include <stdio.h>

int main()
{
    puts("Hello!");
    puts("My name is Hong GilDong.");
    puts("Nice to meet you.");

    return 0;
}
```

printf("Hello!₩n"); 또는 printf("%s₩n", "Hello!");와 동일

Output

```
Hello!↵
My name is Hong GilDong.↵
Nice to meet you.↵
```

문자열을 출력한 후 무조건 개행 문자를 출력하므로 줄이 바뀐다.

3.2.4 코딩: 환전금액 구하기

해외여행을 떠나기 위해 환전을 하고자 한다. 다음과 같이 주어진 금액으로 달러로 환전했을 때의 환전금액을 구하는 프로그램을 작성하여 보자. 환전할 금액은 50만원, 달러의 환율은 매매기준율 1달러당 1,357.00이며, 환율우대는 없다고 가정한다.

Code 03-4 환전 금액 구하기

```c
#include <stdio.h>
int main()
{
    int won;
    double dollar, change_m;

    won = 500000;
    dollar = 1357.00;

    change_m = won / dollar;

    puts("환전내역입니다 ==> ");
    puts("--------------------");
    printf("%-10s %7d원\n%-10s %7.2lf\n", "원화", won, "달러환율", dollar);
```

```
15      printf("%-10s %7.2lf\n", "환전금액", change_m);
16      puts("---------------------");
17
18      return 0;
19  }
```

Output

```
환전내역입니다 ==>
------------------
원화       500000원
달러환율  1357.00
환전금액   368.46
------------------
```

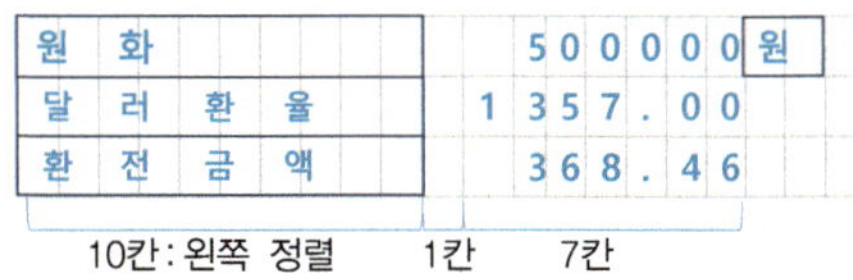

문자열 10칸이 지정되고 왼쪽 정렬로 출력,
이어서 숫자값들이 7칸 지정되고 변환명세에 맞추어 출력된다.

12~13행: puts 함수를 사용하여 개행문자를 사용하지 않아도 자동으로 줄분리가 되어 출력된다.
14~15행: 출력 때 문자열 부분과 숫자 부분을 간격을 맞추어 정돈되게 출력결과가 나오도록 하기 위해 다음과 같이 제어문자와 필드폭, 소숫점이하 정밀도를 지정한다. 정밀도는 소수이하 둘째사리까시 출력되노록 한나.
문자열 출력 시 %-10s를 지정하여 왼쪽 정렬이 되었으며, 필드폭을 지정하여 문자열과 숫자 사이 띄우기가 동일하게 출력된다.

소스코드를 다음과 같이 변경하였을때의 실행결과는 다음과 같다. 위의 [Output 1]과 [Output 2]를 비교하여 보자. %10s를 통해 오른쪽정렬로 출력이 된다.

```
printf("%10s %7d원\n%10s %7.2lf\n", "원화", won, "달러환율", dollar);
printf("%10s %7.2lf\n", "환전금액", change_m);
```

Output 2

```
환전내역입니다 ==>
------------------
      원화  500000원
  달러환율 1357.00
  환전금액  368.46
------------------
```

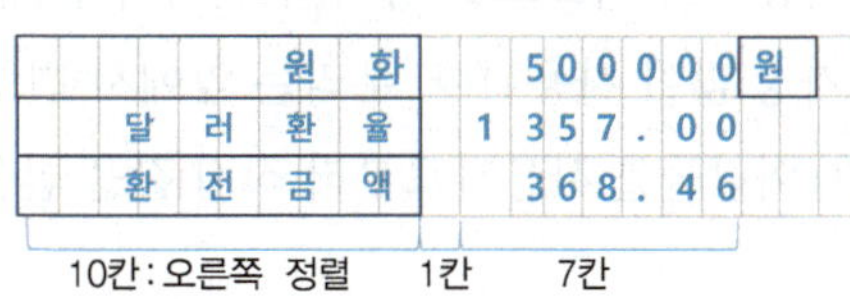

문자열 10칸이 지정되고 오른쪽 정렬로 출력,
이어서 숫자값들이 변환명세에 맞추어 출력된다.

다음의 [Output 3]에서는 문자열 변환명세를 사용하지 않고 바로 출력함수에서 바로 문자열을 작성한 경우이다. 필드폭이 지정되지 않아서 문자열이 첫 칸부터 출력되고, 바로 이어 숫자 값이 출력된다.

```
printf("원화 %7d원\n달러환율 %7.1lf\n", won, dollar);
printf("환전금액 %7.1lf\n", change_m);
```

Output 3

```
환전내역입니다 ==>
--------------------
원화  500000원
달러환율  1357.0
환전금액  368.5
--------------------
```

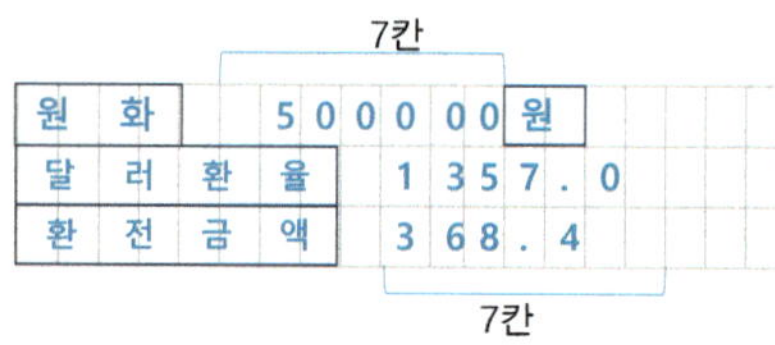

3.3 자료 입력하기

프로그램을 작성하는 과정에서 대입문을 통해 주어진 데이터를 지정하였다면 그 프로그램은 지정한 데이터에 대해서만 사용할 수 있어 실효성이 전혀 없다. 프로그램을 유연성있게 사용하려면 프로그램을 실행하는 단계에서 키보드로부터를 데이터를 입력할 수 있도록 하는 것이 유용하다.

스트림을 통하여 입력이 이루어지는 것은 운영체제가 하는 것으로 간단한 프로그래밍으로 할 수 없다. 따라서 출력에서와 같이 라이브러리를 사용하여 입력을 수행하여야 한다. 우리는 앞서 출력함수에서 C 언어 프로그램에서는 많이 사용되는 기능들을 미리 함수 프로그램으로 작성해두어 프로그래머가 필요할 때마다 이용할 수 있도록 하고 있다는 것을 학습하였다. 만일 프로그래머가 입력과 같은 복잡한 기능을 직접 프로그램으로 작성해야 한다면 프로그래밍은 매우 비효율적이게 될 것이다. 자료의 입력은 C 언어에서 제공하는 라이브러리 함수의 일부인 입력 함수를 이용하여 키보드를 통하여 편리하게 데이터를 입력할 수 있다. 입력을 위해서는 scanf 함수가 가장 많이 사용된다. 우리는 앞에서 변수에 들어 있는 값들을 이용하여 환전금액을 계산하였다. 이값들을 사용자로부터 직접 값을 받을 수 있다면 더 유용할 것이다.

3.3.1 입력의 필요성

프로그램을 이용해 원하는 결과를 얻으려면 그 결과 처리에 필요한 데이터를 실행과정에서 입력하고 결과를 확인할 수 있도록 하는 것이 좋다.

아래의 프로그램은 앞 단원 [Code 03-4]에서 작성한 환전금액을 구하는 프로그램이다. 코드에서와 같이 데이터가 프로그램 안에서 지정되어 있고 입력이 없다면 어떻게 될까 코드를 살펴보자.

Example 03-5

```
1    ...
2    int won;
3    double dollar, change_m;
4
5    won = 500000;
6    dollar = 1357.00;
7
8    change_m = won / dollar;
9
10   puts("환전내역입니다 ==> ");
11   puts("--------------------");
12   printf("%-10s %7d원\n%-10s %7.2lf\n", "원화", won, "달러환율", dollar);
13   printf("%-10s %7.2lf\n", "환전금액", change_m);
14   puts("--------------------");
15   ...
```

Output

```
환전내역입니다 ==>
------------------
원화         500000원
달러환율    1357.00
환전금액     368.46
------------------
```

환전할 금액과 환율이 5~6행과 같이 변수 won, dollar의 대입문을 통해 저장되면 다른 금액에 대한 환전금액을 구하기 위해서는 프로그램 편집기에서 프로그램 파일을 열어서 won과 dollar 변수에 새로운 자료값을 대입하도록 수정한 후 다시 컴파일하고 실행해야 할 것이다. 환율은 늘 변동이 되고 환전할 금액도 상황에 따라 달라지게 된다. 이때마다 프로그램을 변경한다는 것은 어려운 일이다. 사실 이미 개발을 완료하여 배포하는 실행형 프로그램이라면 소스 코드를 볼 수 없을뿐더러 수정도 할 수가 없다. 그러므로 대입문으로 직접 값을 지정한 프로그램은 특정 자료에 대해서만 사용될 수 있는 프로그램이 되므로 프로그램으로서의 가치가 없다.

그렇다면 이 프로그램이 어떤 금액과 환율에 대해서도 사용할 수 있는 일반적인 프로그램이 되려면 어떻게 해야 할까? 대입문을 이용하여 변수에 저장할 값을 프로그램에서 직접 지정하는 것이 아니라 프로그램이 실행되는 과정에서 사용자에게 변수에 저장할 값을 물어서 사용자가 직접 입력한 값으로 저장되게 한다면 이 프로그램은 모든 금액과 환율에 사용할 수 있는 프로그램이 될 것이다. 이와 같이 프로그램에서 직접 값을 지정하는 것이 아니라 프로그램 외부에서 값을 지정하는 것을 프로그램에 자료를 입력한다고 하며 키보드로부터의 입력을 받아서 편리하게 코딩할 수 있도록 C 언어의 표준 입력함수 scanf, getchar, gets_s를 제공한다.

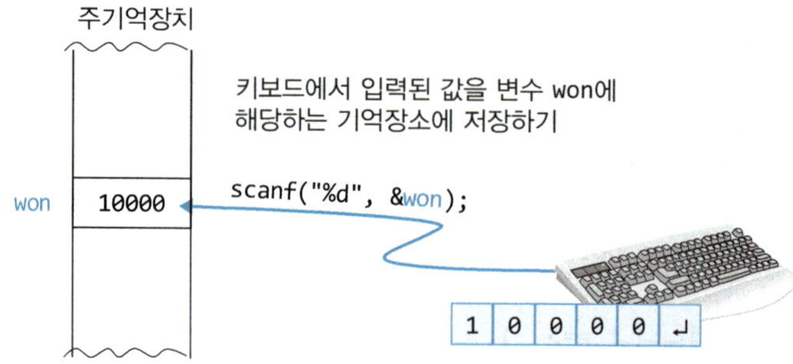

3.3.2 입력함수 scanf( )

키보드에서 입력되는 모든 내용은 문자로 인식된다. 따라서 입력한 데이터를 연산이 가능한 정수나 실수로 사용하려면 변환과정이 필요하다. 이때 사용하는 것이 바로 scanf이다. scan formatted라는 뜻으로 '스캔에프'라고 읽는다. 이 함수는 입력문자들을 스캔하여 원하는 형태의 데이터로 바꿔준다. 어떤 데이터로 변환할 것인지는 변환문자를 통해 결정된다. scanf 함수에서 자료형에 따라 사용하는 변환문자는 앞 단원에서 배운 printf 함수로 출력할 때 사용하는 변환문자와 거의 같다.

scanf 의 사용형식은 다음과 같다.

Syntax **입력함수: scanf**

```
scanf("변환 명세", &변수명)
```

- &변수명
  scanf에서는 입력된 값을 저장할 기억장소의 주소를 명시해야 하므로 변수명 앞에 반드시 '&'(ampersand, 앰퍼샌드라고 읽는다)를 붙여야 한다. 문자열의 경우에는 &를 붙이지 않는다.
- scanf 함수의 실행 과정

scanf 함수를 만나면 모니터 화면에 커서가 깜박거리며 사용자가 키보드에서 자료를 입력하기를 기다린다. 사용자가 키보드에서 자료를 입력하고 엔터키를 누르면 입력이 완료되고 입력된 자료는 변환 명세에 맞게 변환된 후 변수에 해당하는 기억장소에 저장된다.

변환 명세는 printf 함수와 거의 유사하며 입력값을 어떤 종류로 읽을 지를 지정하는 변환 지시자만 포함한다. 변환 명세는 [표 3-3]과 같다.

표 3-3 입력되는 값의 종류에 따른 변환 명세
(%d, %lf, %c는 정수형, 실수형, 문자형 중 기본 자료형의 변환 명세)

변환 명세		입력 변수의 자료형	입력 과정
정수	**%d**	**정수형**	**10진수 정수를 입력받아 정수형 변수에 저장**
	%u	unsigned int 형	입력 값을 부호 없는 정수형 변수에 저장
	%o	정수형	입력값을 8진수로 인식하여 입력받은 후 10진수로 변환하여 정수형 변수에 저장
	%x	정수형	입력값을 16진수로 인식하여 입력받은 후 10진수로 변환하여 정수형 변수에 저장
실수	%f	float 형	입력값을 float형 변수에 저장
	%lf	**double 형**	**입력값을 double형 변수에 저장**
	%e	float 형	'가수e지수' 형식으로 또는 실수값으로 입력받은 후 '가수×10지수'에 해당하는 실수값을 float 형 변수에 저장
	%le	double 형	'가수e지수' 형식으로 또는 실수값으로 입력받은 후 '가수×10지수'에 해당하는 실수값을 double 형 변수에 저장
문자	**%c**	**char 형**	**입력된 문자 한 개를 문자형 변수에 저장**
	%s	문자열	입력된 문자들을 문자열을 저장하기 위한 변수나 배열에 저장

다음은 키 데이터를 height 변수에 입력받기 위한 scanf 함수를 사용한 프로그램 예와 실행과정을 나타낸 그림이다.

Code 03-5 입력함수 scanf

```
#include <stdio.h>
int main()
{
    int height;
```

```
    printf("키를 입력하세요: ");
    scanf("%d", &height);

    printf("입력한 키 : %dcm\n", height);

    return 0;
}
```

Output

```
키를 입력하세요: 175↵
입력한 키 : 175cm
```

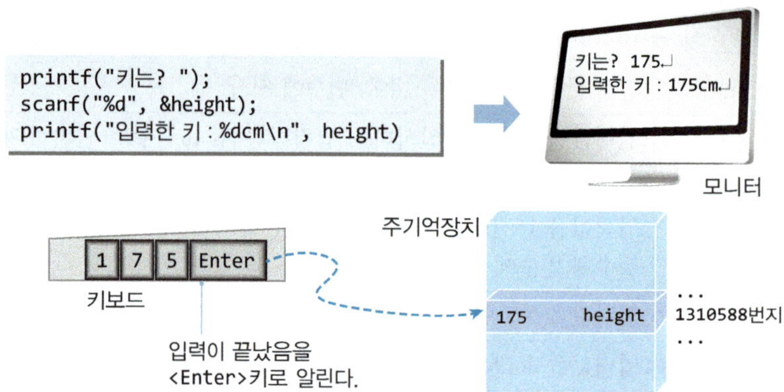

scanf 함수를 사용할 때는 반드시 변수이름 앞에 & 기호가 있음을 유의하여야 한다. 변수는 메모리에 생성되고 따라서 주소를 가지고 있다. 키보드에서 입력되는 값을 실제로 주기억장치 몇 번지에 저장할지를 즉 입력된 값을 저장할 변수의 실제 주소를 명시해야 한다는 것이다. 그러나 프로그래머가 특정 변수의 실제 기억장소 주소를 미리 알 수는 없다. 그래서 C 언어에서는 변수의 기억장소 주소를 구해주는 연산자 '&'를 제공하므로 변수명 앞에 &를 붙여주면 된다. 변수이름 앞에 &를 붙이면 변수의 주소를 의미한다. &height라고 쓰면 이것은 변수 height의 주소이다. scanf 함수는 printf 함수와는 달리 단순이 변수의 값을 받는 것이 아니라 변수의 주소를 받는다.

scanf 함수가 호출되면 컴퓨터는 사용자가 숫자 입력을 마칠때까지 기다리고 있다가 사용자가 정수를 입력하고 <Enter>키를 누르면 비로소 정수가 변수에 저장되어서 scanf 함수의 호출이 끝나게 된다.

scanf 함수를 사용할 때는 몇 가지 주의사항이 있는데 다음과 같다.

① "변환 명세" 안에 변환 명세가 아닌 다른 문자는 사용하지 않는다.

printf 함수와 같이 변환 명세 외에 단순히 화면에 출력할 글자를 표시하기 위해 " " 안에 일반 문자를 사용하면 안 된다. 즉 5행을 제거하고 7행을 scanf("키를 입력하세요 : %d", &height)와 같이 사용하면 될 것 같지만 이런 경우 컴파일 에러는 발생하지 않지만 실행할 때 자료를 입력해도 height에 자료가 입력되지 않는다. 그러므로 필요하다면 scanf를 사용하기 전에 printf를 사용하여 표시하고 싶은 내용을 미리 출력한다.

```
// 출력할 내용은 printf 함수를 이용한다.
scanf("키를 입력하세요: %d", &height); (X)
printf("키를 입력하세요: ")
scanf("%d", &height);
```

② 6행의 "변환 명세"에서 큰따옴표로 닫기 전에 공백 문자를 사용하지 않는다.

C 언어에서 공백 문자(white character)란 스페이스바, 탭키, 엔터키를 눌러서 나타나는 문자로서 입력을 할 때 자료 간 구분에 주로 사용되고, 특히 엔터키는 입력의 끝을 의미하는 데 사용된다. 그런데 scanf( )의 첫 " " 안에 공백 문자를 사용하면 키보드에서 입력되는 모든 공백 문자를 무시하라는 의미가 된다. 즉 공백 문자가 아닌 값이 입력되어야 다음 입력이 진행된다. 이런 공백 문자는 [Example 03-7]의 5행과 같이 두 입력 값 사이에 빈칸을 사용하기 위해서 "%d %d"와 같이 사용하는 경우가 많다.

하지만 아래와 같이 큰따옴표로 닫기 전에 '\n', ' ', '\t'와 같은 공백 문자를 사용한다면, 키보드에서 입력된 정수는 변수에 저장되지만, '%d' 이후의 빈칸 때문에 입력된 정수 뒤의 엔터키가 무시되므로 입력이 종료되지 않고 계속해서 커서가 깜빡이게 된다. 키보드에서 공백 문자가 아닌 다른 값을 입력해야 현재의 scanf( )가 종료되며, 이후의 입력문 내용에 따라 제대로 입력이 되거나 문제가 발생할 수 있다. 그러므로 "로 닫기 전에 공백 문자를 사용하지 않는 것이 좋다.

```
/* "(닫는 이중따옴표)로 닫기 전에 이곳에 빈칸, 탭(\t), 개행문자(\n)를 입력하지 않는다. 이 경우 정
   수 입력 후 엔터키를 눌러도 %d 뒤의 공백문자 때문에 공백 문자가 아닌 데이터를 추가로 입력하여야
   scanf()가 완료된다. */
scanf("%d  ", &height); (×)
scanf("%d\t", &height); (×)
scanf("%d\n", &height); (×)
scanf("%d", &height); (○)
```

③ 변환 명세에서 필드폭은 꼭 필요할 때만 사용한다.

scanf("%3d", &height)와 같이 변환 명세에 필드폭 3을 지정하면 공백 문자가 없다면 최대 3자리의 정수를 입력받겠다는 의미가 된다. 그러므로 입력을 받을 때 1↵ , 123↵ 는 문제가 되지 않지만 아래와 같이 1234↵ 를 누르게 되면 height에는 123만 저장이 된다. 뿐만 아니라 뒤에 또 다른 scanf 함수 호출이 있다면 나머지 4가 다음 변수에 저장된다.

```
/* 입력 자릿수를 제한하지 않는 한 필드폭을 지정하지 않는다. %3d는 최대 세자리 정수만을 입력받는다는
   뜻이므로 네자리 정수는 입력할 수 없다. */
```

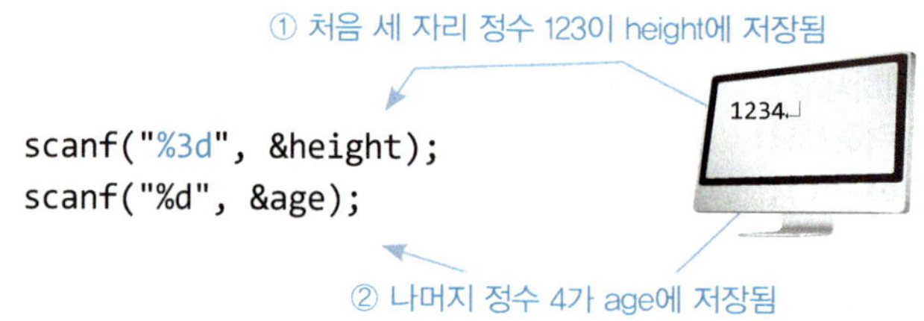

그러므로 주민등록번호나 학번과 같이 자료의 자릿수가 고정적으로 정해져 있어서 정확하게 입력받기를 원하거나 scanf 함수의 입력 원리를 완전하게 알고 있지 않다면 필드폭을 사용하지 않는 것이 바람직하다. scanf 함수의 다른 세부적인 내용은 초급 프로그래밍 과정에서는 필요하지 않으므로 여기서는 생략한다.

④ 자료형에 맞는 변환 지시자(d, lf, c, s 등)를 사용해야 한다.

printf 함수에서는 double 형 변수를 출력하기 위해 %lf가 아닌 %f를 사용해도 결과가 출력되지만 scanf 함수에서는 정확한 변환 지시자를 사용해야 한다. [Code 03-5] 7행에서 int 형 변수인 height에 대해 변환 명세로 %lf를 사용하거나 double 형 변수에 변환 명세로 %d 또는 %f를 사용하면 실행 결과를 예측할 수 없게 된다. 즉 프로그램이 입력을 받을 때 무조건 중단되거나, 에러는 발생하지 않지만 엉뚱한 값이 입력되므로 반드시 정확한 변환 지시자를 사용해야 한다.

%s를 사용한 문자열 입력

문자열을 저장하려면 배열에서 소개하는 char형 1차원 배열을 이용해야 한다. 여기서는 간단한 사용법만 이해한 후 배열을 이용한 문자열의 처리는 배열단원에서 자세히 익히도록 한다. 지금까지의 기본 입력용 변수에는 입력된 값을 저장할 주소를 명시하기 위해 변수명 앞에 &를 반드시 붙여야 했다. 그러나 문자열을 저장하는 변수명이나 배열명은 그 자체가 문자열을 저장할 주기억장치의 시작 주소이므로 절대로 &를 붙이지 않아야 함을 미리 기억해두는 것이 좋다.

문자열을 저장할 char 형 포인터 또는 char 형 1차원 배열명
일반 변수와 달리 포인터와 배열명이 주소이므로 앞에 '&'를 붙이지 않아야 한다.

```
scanf("%s", 문자열을 저장할 인수);
```

Example 03-6

```
...
char name[10];                      // 최대 10개의 문자를 저장할 수 있는 1차원 배열 선언

printf("이름은? ");
scanf("%s", name);                  // 입력된 문자열을 name 배열에 저장
printf("입력한 이름: %s", name); // name 배열에 저장된 문자열을 출력
...
```

Output

```
이름은? 홍길동↵
입력한 이름: 홍길동↵
```

엔터키를 입력하기 전까지의 문자가 name에 저장된다. 주의할 것은 '홍 길동'과 같이 중간에 빈칸을 입력하면 "홍"이란 문자열로 저장된다는 것이다.

여러 개의 자료를 한꺼번에 입력하기

하나의 scanf 함수 호출문으로 여러 변수의 값을 입력받을 수 있다. 그러나 한 번에 한 개의 변수로 입력하는 것에 비해 주의할 점이 많으므로 스스로 판단하여 편한 방법을 사용하는 것이 좋다.

Syntax 여러개의 자료를 한꺼번에 입력

```
scanf("변환 명세를 n개 포함한 형식 문자열", &변수명1, &변수명2, ..., &변수명n )
```

```
scanf("%d%d", &변수명1, &변수명2)
```

- "%d %d"와 같이 변환 명세 사이에 빈칸을 넣어도 된다.
- 자료를 입력할 때 자료간 구분을 하기 위해 C언어의 공백 문자(빈칸, 탭, 엔터)를 사용하며 입력의 끝을 표시하기 위해 엔터키를 누른다.
  - 입력 방법 1: 10 20↵
  - 입력 방법 2: 10<Tab> 20↵
  - 입력 방법 3: 10↵
- "%d%d\n", "%d%d "와 같이 큰따옴표로 닫기 전에 '\n'이나 빈칸을 넣지 않는다.

```
scanf("%d, %d", &변수명1, &변수명2)
```

– 변환 명세 사이에 ','를 사용했다면 ','를 반드시 포함하여야 하므로 두 정수 사이에 ','를 입력하여야 한다.
  자료 입력 방법: 10, 20↵

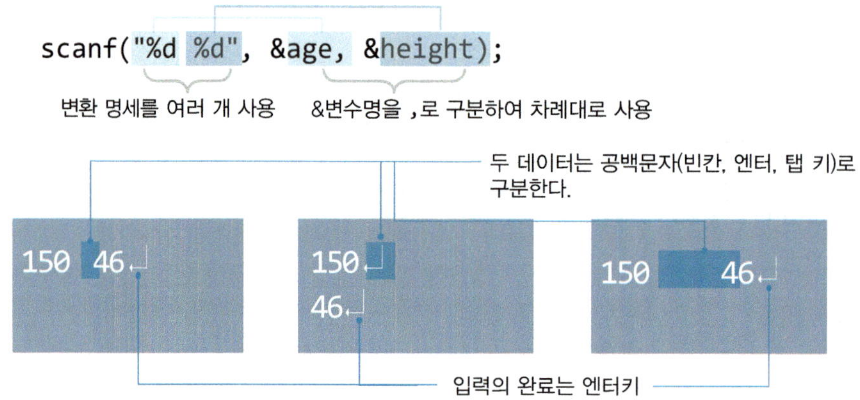

Example 03-7

```
1   ...
2   int n1, n2, n3, n4;
3
4   printf("곱셈을 하고 싶은 두 개의 정수는? ");
5   scanf("%d %d", &n1, &n2);
6   printf("\n덧셈을 하고 싶은 두 개의 정수는? ");
7   scanf("%d, %d", &n3, &n4);
8   ...
```

Output

```
곱셈을 하고 싶은 두 개의 정수는? 72 81↵
덧셈을 하고 싶은 두 개의 정수는? 123, 456↵
```

자료간의 구분은 공백 문자를 이용하며 입력을 끝내기 위해 엔터키를 누른다.

7행의 변환 명세 사이에 ','가 있으므로 첫 번째 입력 값 다음에 반드시 ,를 입력해야 한다.

– 변환 명세와 입력 변수의 개수는 같아야 한다.

scanf의 "형식 문자열" 안의 변환 명세의 개수와 입력 변수의 개수는 당연히 같아야 프로그래머가 원하는 대로 결과를 얻을 수 있지만 실수로 개수를 다르게 작성한다면 결과값이 이상하거나 입력을 한번 더 하거나 하는 현상이 발생한다. 그러므로 언제나 개수를 맞추도록 한다.

Visual Studio에서의 scanf_s 함수

Visual Studio 에서 scanf 함수를 사용하면 scanf 함수가 안전하지 않다는 그림 3-3의 화면과 같이 컴파일 에러가 발생한다. 오류를 보면 scanf( ) 함수는 안전하지 않으니 scanf_s( ) 함수를 사용하라는 오류 경고를 보여준다. scanf 함수는 입력의 크기를 검사하지 않고 변수의 주소를 받아서 변수에 값을 저장하는 함수여서 잘못된 주소가 전달되면 엉뚱한 곳에 값을 저장할 수 있기때문에 보안에 취약하다. 하지만 C언어는 리눅스, 임베디드 프로그래밍 등 다양한 환경에서 사용되는데 그곳에서는 scanf 함수가 사용되고 있다. 사실 scanf_s 함수를 요구하는 곳은 Visual Studio 에서만 유일하다. 하지만 Visual Studio에서 작성한 코드를 유연성있게 사용하려면 scanf 함수를 사용하는 것이 유리하다. 그래서 이 문제를 해결하기 위하여 Visual Studio 에서는 몇가지 해결책을 제공하는데 다음의 해결방법 중에서 한가지를 선택하여 사용할 수 있다.

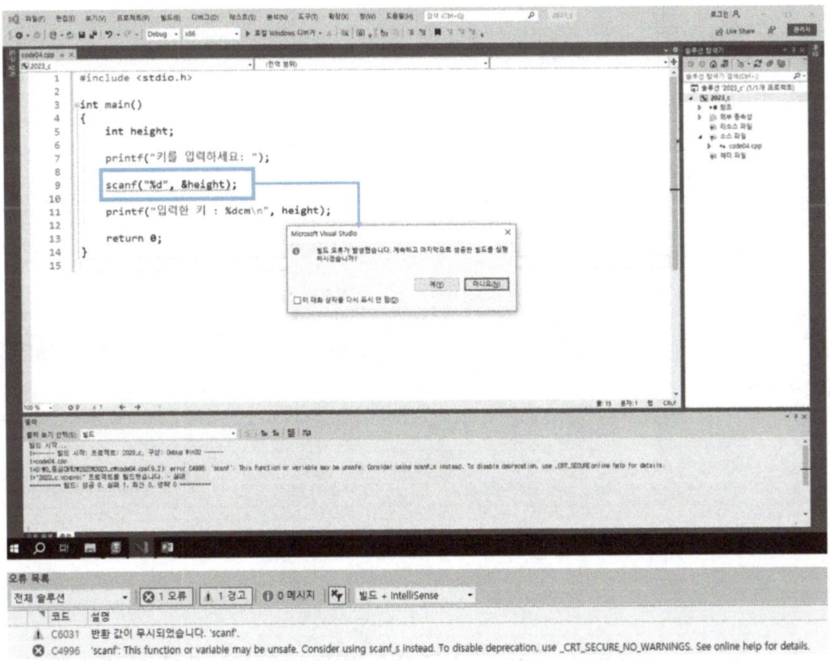

그림 3-3 scanf( ) 함수 사용 후 오류화면

방법 1 오류경고에 나오는 메시지를 유심히 보면 _CRT_SECURE_NO_WARNINGS를 사용하라고 안내한다. 그래서 소스코드 제일 위에 다음과 같이 정의해 둔다.

```
#define _CRT_SECURE_NO_WARNINGS
```

이 문장을 헤더파일 위에 작성하도록 한다. scanf 함수를 올바르게 사용할 것이니 에러메세지를 내보내지 말고 컴파일러하라는 의미이다. #define 선언은 scanf, gets_s, strcpy 함수 등 메모리에 저장하는 함수를 사용할 때마다 항상 소스코드에 포함하여야 한다.

방법 2 프로젝트를 만든 후 메뉴에서 [프로젝트]-[프로젝트 속성]을 선택하거나 솔루션 탐색기 화면에서 프로젝트 이름에서 마우스 우클릭하여 [속성]을 선택한 후 대화창에서 [C/C++]-[일반]-[SDL검사]를 선택한 후 "아니요"를 선택한다.

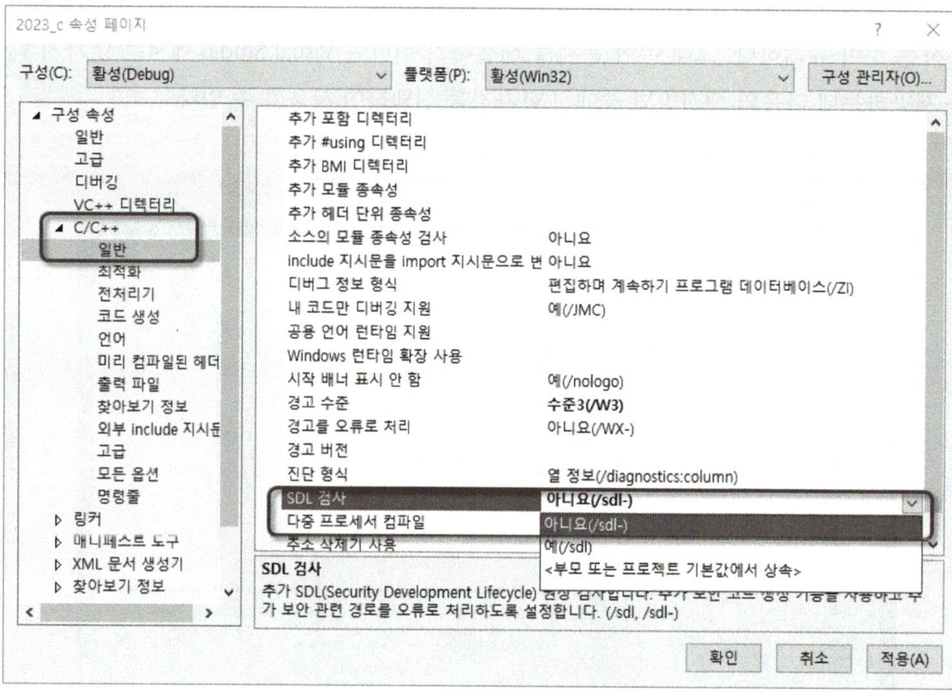

그림 3-4 프로젝트 속성 화면

방법 3 #pragma warning(disable:4996) 이 문장을 '방법1'에서와 같이 프로그램 시작 부분에 작성한다. pragma는 컴파일의 기능을 제어하는 지시문으로 C4996 경고를 해제한다. 해당 지시문을 사용하면 프로젝트 설정 여하에 상관없이 SDL 대상 함수(scanf 등)를 사용할 수 있다.

방법 4 위의 방법들이 번거롭다면 scanf 함수 대신 scanf_s 함수를 사용하는 것도 방법 중에 하나이다. scanf_s는 문자, 정수, 실수와 같이 기본 자료형을 입력받을 경우는 scanf 함수와 동일하게 사용하면 된다.

3.3.3 문자, 문자열 입력함수 getchar, gets_s 함수

getchar 함수

getchar 함수는 문자만을 입력받기 위한 함수이므로 변환 명세가 필요 없을 뿐만 아니라 인수도 사용하지 않는다. 즉 getchar 함수의 호출은 언제나 'getchar( )'이다. 함수를 호출하면 반환값이라는 한 개의 값을 구해주는데 getchar는 사용자가 키보드에서 누른 한 개의 문자를 반환값으로 구해준다. 그러므로 키보드에서 입력된 문자를 변수에 저장하려면 다음과 같이 대입문을 사용해야 한다.

Syntax getchar 함수

```
변수 = getchar();
```

키보드에서 입력한 문자가 함수의 결과값이 되어 변수에 저장된다.

getchar 함수의 특별한 역할

scanf와 getchar 함수는 버퍼링 개념을 이용하므로 사용자가 입력한 자료를 변수에 즉시 저장하지 않고 엔터키가 입력된 후에 한꺼번에 변수에 저장한다. 그리고 숫자 자료를 입력받을 때는 <Enter>키를 변수에 저장하지 않지만, 문자 자료를 입력받을 때는 모든 키가 문자로 입력되므로 <Enter>키도 문자 하나로 저장되어 입력 문자로 사용된다.

아래의 [Code 03-6]에서 13행은 숫자를 먼저 입력받은 후 문자를 입력받았을 때 발생하는 문제를 잘 보여준다. 15행의 getchar 함수를 실행할 순서에서 키보드 입력을 기다리지 않고 곧바로 16행부터의 출력 결과가 나타난다. 이유는 무엇일까?

다음의 프로그램과 설명을 읽어보면 버퍼링 개념을 사용하는 입력 과정을 이해할 수 있으며 이때 발생할 수 있는 문제점을 해결하는 방법을 알 수 있다.

Code 03-6 입력함수 getchar

```
1  #include <stdio.h>
2
3  int main()
4  {
5      int age;
6      char gender;
```

```
7       double height;
8
9       // 자료 입력 받기
10      printf("나이는? ");
11      scanf("%d", &age);
12      printf("키는? ");
13      scanf("%lf", &height);
14      printf("성별은? (남자라면 M 여자라면 F) ");
15      gender = getchar();                      // scanf("%c", &gender);
16
17      // 결과 출력하기
18      printf("\n============\n");
19      printf("성별: %c\n", gender);
20      printf("나이: %d세\n", age);
21      printf("키: %.1lfcm\n", height);
22
23      return 0;
24  }
```

Output

```
나이는? 21↵
키는? 165.7↵
성별은? (남자라면 M 여자라면 F)
============
성별: ↵
↵
나이: 21세↵
키: 165.7cm↵
```

165.7을 입력한 후 [Enter] 키를 누른다.

14행의 출력 후 15행이 입력문이므로 이곳에서 커서가 나타나고 사용자의 입력을 기다려야 하는데 입력을 받지 않고 곧바로 아래와 같이 실행 결과가 나타난다.

실행 결과를 확인해 보면 gender가 출력될 곳에 개행 문자가 출력되어 있다.

19행에서 %c 뒤의 '\n'을 출력한 결과다.

15행을 scanf("%c", &gender);로 수정해도 결과는 같다. 이와 같은 예상치 못한 결과는 입력 과정에서 사용하는 버퍼링 개념과 키보드의 모든 키를 문자 자료로 입력받는 문자 입력 방법 때문이다. 윈도우와 같이 운영체제(Operating System)는 컴퓨터 시스템을 보다 최적으로 사용하기 위해 많은 일을 하는데 그중 하나가 속도가 느린 입출력 장치와 속도가 빠른 다른 장치와의 속도 차이를 보완하기 위해 버퍼링 개념을 사용한다는 것이다. 간단히 설명하면, 입력문을 사용했을 때 키보드에서 입력하는 내용을 곧바로 읽어 변수에 저장하는 것이 아니라 버퍼(buffer)라는 곳에 먼저 보관했다가 [Enter] 키가 입력되면 버퍼에 저장된 내용을 실제 변수에 저장하는 것이다. 사용자가 입력하는 내용은 일단 버퍼라는 곳에 저장되며, [Enter] 키가 입력되면 버퍼에 있는 내용을 꺼내서 실제로 변수에 자료를 저장하며, 버퍼에 내용이 남아 있다면 다음 입력문을 실행할 때 키보드에서 자료가 입력되기를 기다리지 않고 버퍼에서 곧바로 읽어온다. 프로그램이 실행되면서 입력이 진행되는 과정은 다음과 같다.

- 10행을 실행한 후 입력문을 실행할 때 버퍼는 비어있는 상태다. 그러므로 빈 버퍼에 입력 자료가 저장되도록 화면에 커서가 깜박이면서 입력을 대기한다.
- 이때 사용자가 키보드에서 21 <Enter>키를 누르면 이 내용은 차례로 버퍼에 저장된다.

21↵

- 버퍼링 입력 방식에서는 <Enter>키가 입력되기까지는 키보드에서 입력된 내용을 버퍼에 저장하고 <Enter>키가 입력되면 실제 변수로의 입력을 처리한다. 방금 <Enter>키가 입력되었으므로 버퍼의 내용을 꺼내서 변수 age에 저장한다. %d 변환 명세를 사용했으므로 버퍼에 저장된 정수 21 하나가 꺼내져 age 변수에 저장된다. 그리고 버퍼에는 다음과 같이 <Enter> 키에 해당하는 개행 문자만 남는다.

↵

- 13행이 입력문이다. 이때 버퍼에 아직 자료가 남아 있으므로 버퍼의 자료를 꺼내와 %lf 변환 명세로 변환하여 변수 height에 저장하려고 한다. 그런데 버퍼에서 꺼내온 자료가 개행 문자 즉 공백 문자다. 숫자 자료를 입력받는 경우 공백 문자는 무시되므로 이 개행 문자는 단순히 제거된다. 이제 버퍼의 내용은 다음과 같이 빈다.

- 버퍼가 비면 변수에 저장할 값이 없으므로 키보드에서 자료가 입력되어 버퍼에 그 내용이 저장될 때까지 기다려야 하므로 화면에 커서가 깜박이며 입력 대기 상태가 된다.
- 이제 사용자가 키보드에서 165,7 <Enter>키를 누르면 버퍼의 내용은 다음과 같다.

165.7↵	표준 입력용 버퍼의 내용

- 방금 <Enter> 키가 입력되었으므로 버퍼의 내용을 꺼내 입력 변수에 저장한다. 13행에서 %lf 변환 명세를 사용했으므로 실수값 165.7이 꺼내져 변수 height에 저장된다. 이후 버퍼의 내용은 다음과 같다.

↵

- 예상치 못한 결과는 여기서 발생한다. 14행을 실행한 후 이제 15행을 실행할 차례인데 변환 명세가 %c므로 문자를 한 개 읽어야 한다. 현재 버퍼에는 13행 입력에서 입력된 개행 문자가 남아 있는 상태다. 버퍼링 입력을 하는 경우 일단 버퍼에서 입력 자료를 꺼내오려고 시도하므로 현재 버퍼에 있는 개행 문자가 곧바로 gender에 저장된다.
- 15행의 입력문이 완료되었으므로 프로그램이 계속 실행되어 18행을 실행하고 이에 따라

화면에 결과가 출력된다. 그렇다면 이러한 문제를 해결하는 방법은 무엇일까? 15행 앞에 getchar( );를 추가해 버퍼에 남은 개행문자를 읽어 들여 버퍼를 빈 상태로 만드는 것이다. 이렇게 되면 15행을 실행할 때 버퍼에서 읽어 올 문자가 없으므로 키보드에서 새로운 자료가 입력될 때까지 기다리게 된다.

지금까지 설명한 버퍼링 개념이 잘 이해되지 않는다면 숫자 자료는 <Enter>키가 입력되지 않지만, 문자 자료는 <Enter>키 또한 한 개의 문자로 입력되므로 문자형 자료를 입력받고자 할 때는 숫자형 자료형 앞에 두거나, 숫자 자료형 다음에 문자형 자료를 입력할 때는 반드시 남은 개행문자 ↵ 를 지우기 위해 getchar( );을 문자 입력문 이전에 추가해야 한다고 기억해두자.

Code 03-7 입력함수 getchar

```
1  // 정상적으로 성별을 입력받도록 프로그램 수정하기
2  #include <stdio.h>
3
4  int main()
5  {
6      int age;
7      char gender;
8      double height;
9
10     // 자료 입력 받기
11     printf("나이는? ");
12     scanf("%d", &age);
13     printf("키는? ");
14     scanf("%lf", &height);
15     getchar();
16     gender = getchar();
17
18     // 결과 출력하기
19     printf("\n============\n");
20     printf("성별: %c\n", gender);
21     printf("나이: %d세\n", age);
22     printf("키: %.1lfcm\n", height);
23
24     return 0;
25 }
```

(15행) 다음 getchar에 의해 현재 버퍼에 남아 있는 문자를 읽지 않도록 현재 버퍼에 있는 개행 문자 ↵ 을 제거함
결국 다음에 나오는 입력문을 실행하면 언제나 새로운 입력을 기다리게 된다.

Output

```
나이는? 21↵
키는? 165.7↵
성별은? (남자라면 M 여자라면 F) F↵

============
성별: F↵
나이: 21세↵
키: 165.7cm↵
```

버퍼에 저장된 이 개행 문자는 15행의 getchar(); 에 의해 버퍼에서 제거되므로

다음 문자 입력문이 실행될 때 사용자로부터 입력을 받을 수 있도록 대기하게 된다.

gets_s 함수

scanf 함수에서 변환 명세 %s를 사용하여 문자열을 입력받을 때는 빈칸이나 탭키를 입력하게 되면 이전까지의 문자들만 문자열에 저장된다. 즉 "Hong GilDong"과 같이 중간에 빈칸이나 탭키가 들어있는 문자열을 입력받을 수 없다. 빈칸이나 탭키를 포함한 문자열을 입력받고 싶다면 줄 단위로 입력할 수 있는 gets_s 함수를 사용한다. gets_s 함수는 문자열만 입력받기 위한 함수이므로 변환 명세가 필요 없으며 엔터키를 입력하기 전까지의 모든 문자가 문자열로 저장된다.

Syntax gets_s 함수

```
gets_s(문자열을 저장할 변수);
```

엔터키를 입력하기 전까지의 모든 문자가 변수에 저장된다.
문자열을 저장할 변수는 char 형 포인터, char 형 1차원 배열명

Example 03-8

```
...
char address[30];                        // 30개의 문자를 저장할 수 있는 1차원 배열 선언

printf("주소입력: ");
gets_s(address);                         // 입력된 문자열을 address 배열에 저장
printf("입력한 주소: %s", address);      // address 배열에 저장된 주소 출력
...
```

Output

```
주소는? 대한민국 대한특별시 대한구↵
입력한 주소: 대한민국 대한특별시 대한구↵
```

3.3.4 코딩: 환전할 금액과 환율을 입력받아 달러 환전 금액구하기

[Code 03-6] 환전 문제를 변경하여 이번에는 환전할 금액과 환율을 입력받아 주어진 금액을 달러로 환전했을 때의 환전금액을 구하는 프로그램을 작성하여 보자. 환율우대는 없다고 가정한다.

Code 03-8 환전금액 구하기

```
#include <stdio.h>
int main()
{
    int won;
    double dollar, change_m;

    printf("환전할 금액은? ");
    scanf("%d", &won);
    printf("환율은? ");
    scanf("%lf", &dollar);

    change_m = won / dollar;

    puts("환전내역입니다 ==> ");
    puts("--------------------");
    printf("%-10s %7d원\n%-10s %7.2lf\n", "원화", won, "달러환율", dollar);
    printf("%-10s %7.2lf\n", "환전금액", change_m);
    puts("--------------------");

    return 0;
}
```

Output

```
환전할 금액은? 500000↵
환율은? 1367↵
환전내역입니다 ==>
--------------------
원화        500000원
달러환율    1367.00
환전금액     365.76
--------------------
```

3.3.5 코딩: 반지름을 입력받아 원의 둘레와 넓이를 계산하여 출력하기

- 원의 둘레 = 2 * 3.14 * 반지름
- 원의 면적 = 3.14 * 반지름 * 반지름

Code 03-9 원의 둘레와 넓이 구하기

```
#include<stdio.h>
int main()
{
    int ban;
    float dul, area;

    printf("반지름을 입력하세요.");
    scanf("%d",&ban);
    dul=(ban*2)*3.14;
    area=ban*ban*3.14;
    printf("원의 둘레는? %f \n", dul);
    printf("원의 넓이는? %f \n", area);

    return 0;
}
```

Output

```
반지름을 입력하세요: 15↵
-----------------------------
원의 둘레는? 94.20
원의 넓이는? 706.50
```

3.3.6 코딩: 이름, 키, 혈액형 순으로 자료를 입력한 뒤 표준체중 구하기

학생의 이름과 키, 혈액형 순으로 키보드로부터 입력받은 후, 표준체중을 구하고 결과를 출력(소수는 2자리)하는 프로그램을 작성하시오.

- 학생의 이름을 입력받을 때는 문자열사이에 빈 공백이 들어가는 것을 허용하도록 한다.
- 표준체중 공식 : (키−100) * 0.9

Code 03-10 표준 체중 구하기

```
#include <stdio.h>
int main()
{
    int height;
    char name[30], blood;
    float weight;

    puts("이름을 입력하세요");
    gets_s(name);
    printf("키를 입력하세요: ");
    scanf("%d",&height);
    printf("혈액형을 입력 하세요: ");
    getchar();

    scanf("%c", &blood);
    weight=(height-100)*0.9;

    printf("%s님의 혈액형은 %c형이며\n표준 몸무게는 %.2f형입니다.\n",
        name, blood, weight);

    return 0;
}
```

Output

```
이름을 입력하세요
Hong Kil↵
키를 입력하세요: 180↵
혈액형을 입력 하세요: a↵

-----------------------------
Hong Kil님의 혈액형은 a형이며
표준 몸무게는 72.00kg입니다.
-----------------------------
```

3.3.7 코딩: 동전의 개수를 입력받아 총액 구하기

500원, 100원, 50원, 10원에 해당하는 각 동전의 개수를 입력받아 금액의 합을 구하는 프로그램을 작성하시오.

Code 03-11 **동전 개수 구하기**

```c
#include<stdio.h>
int main()
{
    int a, b, c, d, sum;
    printf("500원의 개수 :");
    scanf("%d",&a);
    printf("100원의 개수 :");
    scanf("%d",&b);
    printf("50원의 개수 :");
    scanf("%d",&c);
    printf("10원의 개수 :");
    scanf("%d",&d);
    sum=500*a+100*b+50*c+10*d;
    printf("합계는 %d원입니다 = 500원*%d+100원*%d+50원*%d+10원
           *%d\n",sum,a,b,c,d);
    return 0;
}
```

Output

```
500원의 개수 : 5↵
100원의 개수 : 3↵
50원의 개수 : 2↵
10원의 개수 : 5↵
-----------------------------
합계는 2950원입니다 = 500원*5+100원*3+50원*2+10원*5
```

연습 · 실습 문제

01 다음 괄호 부분을 채우시오.

- 표준 출력 함수로 printf( )를 사용하듯이, 표준 입력 함수로는 (   )(을)를 사용한다.
- 함수 scanf( )에서 값을 입력받아 변수에 저장하려면 변수 앞에는 반드시 주소를 구하는 연산자 (   )(이)가 와야 한다.
- 함수 scanf()에서 double형 자료를 소수 형태로 입력받으려면 변환명세를 (   )(이)라고 기술한다.
- 문자 하나를 입력하는 데 사용하는 함수는 (   )(이)다.
- 출력하려는 정수값의 필드 폭을 지정하려면 "%d"의 중간에 폭을 나타내는 정수를 기술한다. 마찬가지로 출력값의 정렬 방식은 필드 폭 앞에 (   ) 기호를 넣어서 왼쪽 정렬로 지정할 수 있다.

02 다음 코드에서 각 행이 하는 일에 대해서 주석을 작성하시오.

```
#include <stdio.h>          //________________________________

int main()                  //________________________________
{
    int num1, num2;         //________________________________

    scanf("%d %d", &num1, &num2);           //____________________

    printf("덧셈: %d\n", num1+num2);        //____________________
    printf("뺄셈: %d\n", num1-num2);        //____________________
    printf("곱셈: %d\n", num1*num2);        //____________________
    printf("나눗셈 몫: %d\n", num1/num2);   //____________________

     return 0;              //________________________________
}
```

03 다음 프로그램을 실행한 결과를 아래의 칸에 맞춰 쓰시오.

[힌트] 이스케이프 문자를 제대로 구분하여 출력한다.

```c
#include <stdio.h>
int main()
{
    int age = 20;
    double gpa = 4.19, weight = 72.3;

    printf("Result \nage=%3d \nGPA=%4.1lf \n", age, gpa);
    printf("weight=%5.1lf\"kg\" \n", weight);

    return 0;
}
```

04 다음 프로그램을 실행했을 때의 결과를 아래의 칸에 맞춰 쓰시오.

```c
#include <stdio.h>
int main()
{
    int op1 = 10, op2 = -20, sum;

    sum = op1 + op2;

    printf("%d+%d = %d\n", op1, op2, sum);
    printf("%3d + %3d = %3d\n", op1, op2, sum);
    printf("%3d%-+3d = %3d\n\n", op1, op2, sum);
    printf("%2d %% 2d = %2d\n", op1, 3, op1 % 3);      // %%는 % 기호 출력

    return 0;
}
```

05 다음은 국어와 수학 점수를 입력받아 평균을 구한 후 출력하는 프로그램이다. 이 프로그램에는 밑줄이 그어진 곳에 모두 6가지의 잘못이 있다. 잘못된 곳을 찾아 이유를 설명하고 수정하시오.

```c
#include <stdio.h>

int main()
{
    int kor, math;

    printf('국어 수학 점수는? ');
    scanf("%d %d ", kor, math);

    double avg;
    avg = kor + math / 2.0;

    printf("====================\n");
    printf("국어      수학      평균 \n");
    printf("--------------------\n");
    printf("%3d      %3d        %d \n", kor, math, ave);
    printf("====================\n");

    return 0;
}
```

- 컴파일과 실행 시간 에러를 수정한 후에도 다음과 같은 오류가 생긴다.

Output

```
국어 수학 점수는? 78 89↵
===================
국어      수학      평균
-------------------
 78        89        0
===================
```

06 다음 프로그램을 실행하면 결과가 다음과 같이 이상하게 나온다. 그 이유를 설명하고 올바른 결과가 나오도록 어떻게 수정해야 하는지 쓰시오. [힌트] 실행 순서를 추적해보기

```c
#include <stdio.h>

int main()
{
    int r;
    double length;

    length = 2 * 3.14 * r;

    printf("둘레를 구할 원의 반지름은? ");
    scanf("%d", &r);
    printf("반지름이 %d인 원의 둘레는 %.2lf \n", r, length);

    return 0;
}
```

Output

```
둘레를 구할 원의 반지름은? 3↵
반지름이 3인 원의 둘레는 -5394478928.80
```

07 삼각형의 밑변과 높이를 입력받아 넓이를 구한 후 다음과 같이 출력하는 프로그램을 작성하시오.

Output

```
밑변, 높이 : 3 5↵
밑변=3.00cm, 높이=5.00cm인 삼각형의 면적=7.50cm²
```

- 위첨자인 2는 한글 자음 <ㅊ>을 입력한 직후 <한자> 키를 눌러서 찾을 수 있다.

08 화씨 단위의 온도를 입력받아 섭씨 단위의 온도를 구하는 프로그램을 작성하시오.

Output

```
화씨온도(F)를 입력하세요. : 72↵
화씨온도 72.0의 섭씨온도는 22.2입니다.
```

- 화씨 온도(F)를 섭씨 온도(C)로 변환하는 식은 C = (5/9)*(F-32)이다.

09 키보드에서 문자를 한 개 입력받은 후, 그 문자에 해당하는 ASCII 코드 값을 구하는 프로그램을 작성하시오.

Output

```
문자를 입력하세요. : a↵
a의 ASCII코드 값은 97입니다.
```

- 문자를 출력할 때 %c를 사용한 경우와 %d를 사용한 경우의 차이점

10 키보드에서 8진수 정수와 16진수 정수를 하나씩 입력받은 후, 이 입력 값들과 두 정수의 합을 10진 정수로 출력하는 프로그램을 작성하시오.

Output

```
8진수 16진수를 순서대로 입력하세요. : 16 ff↵
16(8) + ff(16) = 269
```

- 입력받을 때 8진수나 16진수의 형태로 입력받도록 적절한 변환 명세를 사용하면 변수에 저장될 때는 10진수로 저장되므로 입력받은 변수를 더하면 10진 정수의 합을 곧바로 얻을 수 있다.

11 반지름을 입력받아 원의 둘레와 면적, 그리고 구의 부피를 구한 후 결과 값 세 개의 소수 자리를 세로로 맞추어 출력하시오.

Output

```
반지름(cm)을 입력하세요. 10↵
둘레 =   62.83cm
면적 =  314.16cm³
부피 = 4188.79cm³
```

세 값의 소수점이 같은 칸에 위치하도록 조정하기

- π는 변수명으로 사용할 수 없으므로 변수명 pi에 3.141592를 저장하여 사용한다.

12 키와 몸무게를 입력받아 키에 맞는 표준체중을 구한 후 자신의 몸무게와 표준 체중과의 차이를 다음과 같이 출력하는 프로그램을 작성하시오.

Output

```
키(cm)를 입력하세요. 175.7↵
몸무게(kg)를 입력하세요. 75↵

당신의 키는 175.7cm (5.8feet)입니다.
당신의 체중은 75.0kg (165.3lb)입니다.
표준 체중 68.1과의 차이는 +6.9kg입니다.
```

수치를 출력할 때 음수는 자동으로 부호 '–'가 붙지만, 양수는 '+' 부호가 붙지 않는다. 표준 체중보다 작은 사람이라면 –4.4로, 많은 사람이라면 +4.4로 무조건 부호가 출력되도록 한다.

- 표준체중 = (키 - 100) * 0.9, 표준체중과의 차이 = 몸무게 - 표준체중
- 1kg = 2.20459lb(파운드), 1feet = 30.48cm

13 사용자로부터 키와 몸무게를 입력받아, BMI(Body Mass Index)를 계산하여 출력하는 코드를 작성하시오.

Output

```
키(cm)와 몸무게(kg)를 입력하세요: 160 52↵
당신의 BMI는 20.31입니다.
```

- BMI (kg/m^2)를 구하는 방법은 (몸무게) / $(키)^2$
- BMI 단위에서 알 수 있듯이 몸무게는 kg, 키는 m 단위여야 함

14 승수와 패수를 입력받아 경기의 승률을 계산하는 프로그램을 작성하시오. 승률은 승수/(승수+패수)×100으로 계산하고 소수 셋째 자리까지 출력하시오.

Output

```
승리한 경기 수를 입력하세요: 23↵
패배한 경기 수를 입력하세요: 12↵

승률: 65.714%
```

Output

```
승리한 경기 수를 입력하세요: 12↵
패배한 경기 수를 입력하세요: 23↵

승률: 34.286%
```

15 다음은 커피 종류와 함께 가격을 출력한 뒤 커피 주문을 받아 총 주문 수량과 총금액을 출력하는 프로그램을 작성하시오.

Output

```
커피 종류입니다.
1. 아메리카노 (4,500원)
2. 라떼 (5,000원)
3. 카푸치노 (5,500원)

아메리카노 (4,500원) 수량을 입력하세요: 1↵
라떼 (5,000원) 수량을 입력하세요: 2↵
카푸치노 (5,500원) 수량을 입력하세요: 2↵

총 수량: 5잔
총 가격: 25500원
```

Output

```
커피 종류입니다.
1. 아메리카노 (4,500원)
2. 라떼 (5,000원)
3. 카푸치노 (5,500원)

아메리카노 (4,500원) 수량을 입력하세요: 0↵
라떼 (5,000원) 수량을 입력하세요: 2↵
카푸치노 (5,500원) 수량을 입력하세요: 2↵

총 수량: 4잔
총 가격: 21000원
```

CHAPTER 04

다양한 연산

04 다양한 연산

4.1 수식이란?

프로그램에서의 수식이란 문제 해결을 위한 표현식으로 상수, 변수 등과 같은 피연산자들과 연산자의 조합을 말하며 수치값으로 계산되는 모든 것은 수식이라고 할 수 있다. 모든 수식은 반드시 하나의 결과값을 가지며 수식의 결과값을 계산하는 것을 '평가(evaluate)한다'라고 한다.

수학의 수식은 수학적 표기법과 기호를 이용하여 수학적 개념을 표현하는 것이다. 수식을 통하여 우리는 수식 내의 기호들이 표현하는 수학적 대상들의 관계를 파악할 수 있다. 컴퓨터 과학 분야의 프로그래밍에서 사용하는 수식은 수학적 관계를 나타내는 것이 아니라 하나의 값으로 평가되어 문제 해결의 결과가 된다. 예를 들어 5*7+10라는 수식은 45라는 결과값이 나옴으로써 문제 해결이 이루어지고 결과값을 통해 평가될 수 있는 수식이 된다. 그러므로 올바르게 수식을 이해하고 잘 작성하여 계산의 효율도 높이고 문제도 해결하도록 한다.

수식은 연산자(operator)와 하나 이상의 피연산자(operand)로 구성된다. 연산자는 연산의 기능을 나타내는 기호를 말하며 피연산자는 연산의 대상이 되는 변수나 값, 또 다른 수식 등을 말한

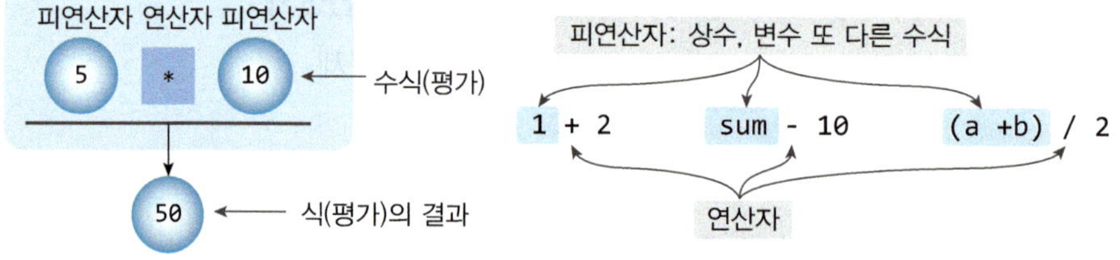

그림 4-1 수식의 형태

다. 그림 4-1의 수식에서 '+'는 연산자이고, '5'과 '10'은 피연산자이며 수식의 결과값은 평가 값으로 50이다.

피연산자는 연산자의 종류에 따라서 1~3개의 피연산자를 사용한다. 피연산자의 개수에 따라 연산자를 분류할 수 있는데, 피연산자가 하나인 경우를 단항 연산자(unary operator)라고 하고, 피연산자가 두 개인 경우를 이항 연산자(binary operator), 피연산자가 세 개인 경우를 삼항 연산자(ternary operator)라고 한다.

C언어는 많은 종류의 연산자를 제공함으로써 복잡한 연산을 간단하게 처리할 수 있을 뿐 아니라 데이터를 가공할 수 있는 능력 또한 탁월하다. 다음의 표는 기능에 따라 연산자를 분류한 것이다.

[표 4-1] 연산자의 종류

종류	연산자
산술 연산자	+ - * / %
증감 연산자	++ --
관계 연산자	> < >= <= == !=
논리 연산자	&& || !
대입 연산자	= += -= *= /= %= >>= <<= &= |= ^=
비트 연산자	& | ^ ~ << >>
조건 연산자	?:
형변환 연산자	(type)
sizeof 연산자	sizeof(형)
콤마 연산자	,

대입 연산자

대입(assignment) 연산자는 연산자의 좌측에 있는 변수에 우측에 있는 수식의 값을 저장하는 연산자이며 치환 연산자라고도 한다. 가장 대표적인 대입 연산자는 변수의 값을 저장하는 '=' 연산자이다. 대입 연산자의 왼쪽에 위치하는 피연산자를 l-value(left value), 오른쪽에 위치하는 피연산자를 r-value(right value)라 한다. r-value에는 상수, 변수, 어떤 수식이든 사용할 수 있으나, l-value에는 반드시 변수만 사용해야 한다.

Syntax 대입연산자

변수명 = 값;

[예]

```
x = 100;
ch = 'a';
```

[잘못된 예]

```
// 변수가 아니므로 l-value로 사용할 수 없다.
100 = x;
x + 1 = 101;
```

대입연산자가 사용된 수식은 변수의 값을 변화시키는 대입문(assignment statement)이 된다. 다음 문장에서 연산식의 결과값인 5가 변수 x에 대입되고 출력된다.

```
printf("%d", x = 2 + 3);
```

Code 04-1 대입 연산자

```
#include <stdio.h>

int main()
{
    int x, y;

    x = 1;
    printf("x+1의 결과 : %d\n", x+1);
    printf("y=x+1의 결과 : %d\n", y=x+1);
    printf("y=1+(x=2+3)의 결과 : %d\n", y=1+(x=2+3));
    printf("y=x=5의 결과 : %d\n", y=x=5);

    return 0;
}
```

Output

```
x+1의 결과 : 2
y=x+1의 결과 : 2
y=1+(x=2+3)의 결과 : 6
y=x=5의 결과 : 5
```

설명

11: (x=2+3)에서 2+3의 결과값 5가 x에 대입된 후, y값을 계산한다. y=1+(x=2+3)=1+5=6
12: 먼저 x=5가 수행되고 그 결과값인 5가 다시 y에 대입된다.

4.2 계산을 위한 연산자

4.2.1 산술 연산자

산술 연산자는 기본적인 사칙연산(더하기, 빼기, 곱하기, 나누기)을 할 수 있도록 제공되는 연산자를 말한다. 일반적인 수학과 달리 몫과 나머지를 구하는 연산이 분리되어 있음에 유의하자. [표 4-2]는 산술 연산자의 종류를 보여준다.

[표 4-2] 산술 연산자의 종류

산술 연산자	기능	사용 예	연산의 결과
+	더하기	5+3	8
–	빼기	5-3	2
*	곱하기	5*3	15
/	몫 구하기	5/3	1
%	나머지 구하기	5%3	2

나머지 연산자를 제외한 모든 산술 연산자는 피연산자로 정수형이나 부동소수형 모두 사용할 수 있다. 단, 첫 번째 피연산자를 두 번째 피연산자로 나눌 때의 나머지를 구하는 나머지 연산자(%)의 피연산자는 항상 정수형이어야 된다.

```
5 / 2 = 2                  // 5 ÷ 2의 몫을 구함
5 % 2 =1                   // 5 ÷ 2의 나머지를 구함
```

c언어에서의 나눗셈 연산

프로그램에서 정수와 실수는 서로 다른 자료형으로 분류되어 컴퓨터내에서 다른 장치를 사용하여 연산된다. 정수연산은 정수 계산장치를 사용하여 결과도 반드시 정수로 나오게 된다. 소숫점이하는 버려지고 정수부문만 남게 된다. 그러나 피연산자 중에서 하나라도 실수가 있으면 실수 계산장치를 사용하여 계산을 하기에 나눗셈 연산의 결과도 실수가 된다. 따라서 구하고자 하는 결과값에 따라 정확한 변환명세를 사용하여야 한다. 몫만 구하고자 한다면 %d를, 소숫점

이하까지 구하고자 한다면 %f를 사용하도록 한다.

Code 04-2 산술 연산자

```
1  #include <stdio.h>
2
3  int main()
4  {
5      int x,y;
6
7      printf("정수1 >> ");      scanf("%d", &x);
8      printf("정수2 >> ");      scanf("%d", &y);
9      printf("\n");
10
11     printf("%d + %d = %d\n", x, y, x+y);
12     printf("%d - %d = %d\n", x, y, x-y);
13     printf("%d * %d = %d\n", x, y, x*y);
14     printf("%d / %d = %d\n", x, y, x/y);
15     printf("%d %% %d = %d\n", x, y, x%y);
16
17     return 0;
18 }
```

Output

```
정수1 >> 20↵
정수2 >> 7↵

20 + 7 = 27
20 - 7 = 13
20 * 7 = 140
20 / 7 = 2
20 % 7 = 6
```

설명

15 : printf( ) 함수를 이용하여 기호 '%'를 출력하려면 일반적인 제어문자들("%d", "%f", ...)의 '%'와 구별하기 위하여 " "안의 제어 문자열에 "%%"로 지정해야 한다.

4.2.2 증감 연산자

증감 연산자는 변수의 값을 1만큼 증가시키거나 감소시킬 때 사용하며, 피연산자는 연산자의 앞이나 뒤에 올 수 있다. 증감 연산자에는 변수의 값을 1만큼 증가시키는 증가 연산자(++)와 변수의 값을 1만큼 감소시키는 감소 연산자(--)가 있다. 증감 연산자를 사용할 때 주의할 점은 반드시 변수에만 사용해야 한다는 것이다. 즉, 변수가 아닌 상수나 수식에 대해서는 증감 연산자를 사용할 수 없다.

Syntax 증감 연산자

```
x++;
--x;
```

[잘못된 예]

```
100++;  상수는 증가될 수 없으므로 컴파일 에러
--(x + 2); 수식 (x + 2)의 결과값도 상수이므로 에러
```

증감 연산자는 전위형(prefix)과 후위형(postfix) 두 가지 방식으로 사용할 수 있다.
전위형은 ++나 -- 연산자가 변수 이름 앞에 오는 것을 말하고, 후위형은 ++나 -- 연산자가 변수 이름 다음에 오는 것을 말한다.

[표 4-3] 증감 연산자의 종류

종류	증감 연산자	연산의 결과
전위형(prefix)	++x	x값을 먼저 1증가시킨 후 연산에 사용되며 결과값은 1 증가한 x값이다.
	--x	x값을 먼저 1감소시킨 후 연산에 사용되며 결과값은 1 감소한 x값이다.
후위형(postfix)	x++	x값을 먼저 연산에 사용한 후, 값을 1증가시키며 결과값은 증가하지않은 원래의 x값이다.
	x--	x값을 먼저 연산에 사용한 후, 값을 1감소시키며 결과값은 감소하지않은 원래의 x값이다.

증감 연산자는 전위형으로 사용될 때와 후위형으로 사용될 때의 수식의 결과값이 달라진다. 증감 연산자를 전위형으로 사용하면 증감 처리된 변수의 값이 수식의 결과값이 되고, 후위형으로 사용하면 증감처리되기 전의 변수의 값이 수식의 결과값이 된다.

```
int x = 5;
printf("%d", x++);          // 증가되기 이전의 값인 5가 출력된 후, 변수 x 값이 1증가
printf("%d", x);            // 변수 x의 값인 6이 출력
```

```
...
printf("%d", ++x);          // 변수 x 값이 1증가되어 7이 출력
printf("%d", x);            // 변수 x의 값인 7이 출력
```

그러나 증감연산자를 포함한 수식의 값이 다른 수식에 이용되지 않고 단독으로 사용될 때에는 전위형과 후위형의 결과값이 같다.

```
++x;          // x를 1만큼 증가시킨다.
x++;          // x를 1만큼 증가시킨다.
```

증감연산자는 정수형 뿐 아니라 실수형 변수에 대해서도 사용가능하다. 예를 들어 값이 3.14인 float형 변수 pi에 대하여 pi++; 연산을 수행하면 pi는 4.14가 된다.

```
float pi=3.14f;
pi++;
```

Code 04-3 증감 연산자

```
#include <stdio.h>

int main()
{
    int x = 10, y = 20, z = 30;

    x = ++x * 5;
    y = y++ * 5;
    z = 5 - --z;

    printf("x = %d\n", x);
    printf("y = %d\n", y);
    printf("z = %d\n", z);

    return 0;
}
```

Output

```
x = 33
y = 61
z = -26
```

설명

7: x값이 먼저 1 증가하여 11 * 3의 연산을 수행하고 결과값 33이 x에 대입된다.

8 : 증가하기 전 y 값으로 20 * 3 연산을 수행한 다음, 그 결과값 60에서 y가 1 증가한다.

9 : z 값이 먼저 1 감소한 다음 3 - 29 연산을 수행한다.

4.2.3 복합대입 연산자

대입 연산자는 산술 연산자나 비트 연산자와 결합해서 복합 대입 연산자로 사용된다. 복합대입 연산자는 긴 연산식보다 효율적인 코드를 작성할 수 있게 해주며, 대입 연산자와 마찬가지로 왼쪽의 피연산자 부분에는 변수만이 올 수 있다. 복합대입 연산자는 왼쪽의 변수를 이용해 오른쪽에 있는 식을 계산한 뒤, 그 결과를 다시 왼쪽의 변수에 대입하여 자기 자신의 값을 갱신한다.

[표 4-4]은 C언어에서 제공하는 10가지의 복합 대입 연산자들을 보여주고 있다.

[표 4-4] 복합 대입 연산자의 종류와 의미

복합 대입 연산자	의미
a += b	a = a + b
a −= b	a = a − b
a *= b	a = a * b
a /= b	a = a / b
a %= b	a = a % b
a &= b	a = a & b
a |= b	a = a | b
a ^= b	a = a ^ b
a <<= b	a = a << b
a >>= b	a = a >> b

주의

복합 대입 연산자를 다른 연산자와 함께 사용할 때는 주의해야 한다. 복합 대입 연산자는 다른 연산자에 비해 우선 순위가 낮으므로 생각지 못한 결과가 발생 할 수 있다.

```
int x = 2;
x = x * 3 + 2;          // 결과 : x = (x * 3) + 2 = 6 + 2 = 8
x *= 3 + 2;             // 결과 : x = x * (3 + 2) = 2 * 5 =10
```

Code 04-4 복합대입 연산자

```
1  #include <stdio.h>
2  
3  int main()
4  {
5      int x,y;
6  
7      x = y = 5;
8  
9      printf("x = %d, y = %d\n", x, y);
10     printf("x += y 의 결과는 %d\n\n", x += y);
11     printf("x = %d, y = %d\n", x, y);
12     printf("x -= y 의 결과는 %d\n\n",  x -= y);
13     printf("x = %d, y = %d\n", x, y);
14     printf("x *= y 의 결과는 %d\n\n", x *= y);
15     printf("x = %d, y = %d\n", x, y);
16     printf("x /= y 의 결과는 %d\n\n", x /= y);
17     printf("x = %d, y = %d\n", x, y);
18     printf("x %%= y 의 결과는 %d\n", x %= y);
19 
20     return 0;
21 }
```

Output

```
x = 5, y = 5
x += y 의 결과는 10

x = 10, y = 5
x -= y 의 결과는 5

x = 5, y = 5
x *= y 의 결과는 25
x = 25, y = 5
x /= y 의 결과는 5

x = 5, y = 5
x %= y 의 결과는 0
```

설명

7 : 한 문장에 두 개 이상의 대입연산자를 사용할 수 있다. 변수 y에 5가 대입된 후, 변수 y에 저장된 값인 5가 다시 변수 x에 대입된다.

10 : x += y : x = x + y = 5 + 5 = 10

12 : x -= y : x = x - y = 10 - 5 = 5

14 : x *= y : x = x * y = 5 * 5 = 25

16 : x /= y : x = x / y = 25 / 5 = 5

18 : x %= y : x = x % y = 5 % 5 = 0

4.2.4 코딩 : BMI 구하기

신체질량지수 BMI는 체중과 키로 자신의 비만도를 측정할 수 있는 지표로서 체중보다는 체지방을 비교적 정확하게 반영할 수 있으면서도 매우 간단히 계산 할 수 있어 유용하게 사용된다. 키와 몸무게를 입력받아 BMI(체질량 지수: Body Mass Index)을 구하는 프로그램을 작성하시오.

- BMI 를 구하는 공식 : 몸무게/(키2), 키 단위는 m, 몸무게 단위는 kg

Code 04-5 BMI 구하기

```
#include <stdio.h>
#include <math.h>

int main()
{
    // 입력 데이터
    double height, weight;

    // 출력 데이터
    double bmi;

    printf("몸무게(kg) : ");
    scanf("%lf", &weight);

    printf("키(cm) : ");
    scanf("%lf", &height);

    // BMI 구하기
    bmi = weight / pow(height/100,2.);

    printf("BMI = %.2lf \n", bmi);

    return 0;
}
```

Output

```
몸무게(kg) : 76.5↵
키(cm) : 175.5↵
BMI = 24.84
```

4.2.5 코딩: 성적처리 프로그램

학생의 이름과 국어, 영어, 수학 점수를 키보드로부터 입력받은 후, 점수의 합계와 평균을 구하고 결과를 출력(소수는 1자리)하는 프로그램을 작성하시오.

- 학생의 이름을 입력받을 때는 문자열사이에 빈 공백이 들어가는 것을 허용하도록 한다.

Code 04-6 성적처리 프로그램

```c
#include <stdio.h>

int main()
{
    char name[20];
    int kor, eng, math, sum=0;
    double avr;

    printf("학생의 이름 : "); gets_s(name);
    printf("국어 : "); scanf("%d", &kor);
    printf("영어 : "); scanf("%d", &eng);
    printf("수학 : "); scanf("%d", &math);

    sum = kor + eng + math;
    avr=(double)sum/3.0;

    printf("\n----------------------------------\n");
    printf("\t[%s]학생의 성적\n", name);
    printf("----------------------------------\n");
    printf("\t>> 합계 : %d\n", sum);
    printf("\t>> 평균 : %.1f\n", avr);
    printf("----------------------------------\n");

    return 0;
}
```

Output

```
학생의 이름 : 한 라산↵
국어 : 95↵
영어 : 70↵
수학 : 80↵

----------------------------------
        [한 라산]학생의 성적
----------------------------------
        >> 합계 : 245
        >> 평균 : 81.7
----------------------------------
```

4.3 판단을 위한 연산자

4.3.1 관계 연산자

관계 연산자란 두 개의 피연산자를 비교하기 위한 연산자를 말하며, 결과 값은 참 또는 거짓이다. C언어에서 참(true)이란 0이 아닌 값인 1을 의미하고, 거짓(false)이란 0을 의미한다. 관계 연산자는 주로 단독으로 사용되기 보다는 뒤에 나오는 논리연산자와 함께 사용되거나 if문이나 while문의 조건식을 만드는 데 사용된다. C에서는 6가지의 관계 연산자를 사용한다. [표 4-5]는 x = 1, y = 2일 때 관계 연산자와 연산의 결과를 보여준다.

[표 4-5] 관계 연산자의 종류

관계 연산자	의미	연산의 결과
x > y	x가 y보다 큰가?	0
x >= y	x가 y보다 크거나 같은가?	0
x < y	x가 y보다 작은가?	1
x <= y	x가 y보다 작거나 같은가?	1
x == y	x가 y와 같은가?	0
x != y	x가 y와 같지 않은가?	1

">=", "<=", "!="와 같은 두 개의 문자로 구성되는 관계 연산자를 사용할 때는 관계 연산자 사이에는 공백문자가 없어야 하고 연산 기호의 순서가 명확해야 한다는 것에 주의해야 한다.

[잘못된 예]

```
x =< y;          // 연산 기호의 순서가 바뀌었다.
x < = y          // 연산 기호 사이에 공백이 있으면 안된다.
```

또한 두 값이 같은지 비교하는 관계 연산자(==)를 사용할 때는 대입 연산자(=)와 혼동하지 않도록 특히 주의하자. 아래와 같은 식에 대입 연산자(=)를 잘못사용하면 수식의 값이 1이 되어 조건이 항상 참이 되어버린다. 따라서 값을 비교할 때는 반드시 ==연산자를 사용해야 한다.

(x == 1)로 수정해야 한다.

```
if (x = 1)     // x에 값1을 대입한다.
{
    printf("x = %d",x);
}
```

잠깐

C언어에서 참과 거짓!

어떤 조건식의 값을 확인해보면 참(true)일 때는 1, 거짓(false)일 때는 0을 가진다.
반대로 조건식의 값이 참인지 거짓인지 판단할 때는 0이 아닌 값은 모두 참으로 간주하고, 0은 거짓으로 간주한다. 즉, 1만 참이 아니라 0.1, 100, −200 등은 모두 참에 해당하고 오직 0만이 거짓에 해당한다.

- 논리값을 수치로 변환하는 규칙

논리값	수치
참	1
거짓	0

- 수치를 논리값으로 변환하는 규칙

수치	논리값
0이외의 값	참
0	거짓

Code 04-7 관계 연산자

```c
#include <stdio.h>

int main()
{
    int x, y;

    printf("두 정수를 입력하세요 >> ");
    scanf("%d %d", &x, &y);

    printf("(%d > %d) 의 결과는 %d입니다.\n", x, y, x > y);
    printf("(%d < %d) 의 결과는 %d입니다.\n", x, y, x < y);
    printf("(%d >= %d) 의 결과는 %d입니다.\n", x, y, x >= y);
    printf("(%d <= %d) 의 결과는 %d입니다.\n", x, y, x <= y);
    printf("(%d == %d) 의 결과는 %d입니다.\n", x, y, x == y);
    printf("(%d != %d) 의 결과는 %d입니다.\n", x, y, x != y);
}
```

Output

```
두 정수를 입력하세요 >> 15 25↵
(15 > 25) 의 결과는 0입니다.
(15 < 25) 의 결과는 1입니다.
(15 >= 25) 의 결과는 0입니다.
(15 <= 25) 의 결과는 1입니다.
(15 == 25) 의 결과는 0입니다.
(15 != 25) 의 결과는 1입니다.
```

4.3.2 논리 연산자

논리 연산자는 참과 거짓을 이용한 논리 연산 기능을 제공하며, 여러 가지 조건을 함께 검사할 때 주로 사용된다. C언어에서는 세 가지의 논리 연산자(&&(and), ||(or), !(not))를 제공한다. 또한 C언어에서 논리값이라는 유형이 없으며, 0은 거짓, 0이 아닌 값(1)은 참을 의미하는 것으로 논리값을 대신한다. [표 4-6]은 각 경우의 수를 고려한 논리 연산자의 연산결과를 보여주고 있다.

[표 4-6] 논리 연산자의 종류와 연산 결과

x	y	논리곱(xND)	논리합(OR)	논리부정(NOT)
		x && y	x || y	!x
0	0	0	0	1
0	1	0	1	1
1	0	0	1	0
1	1	1	1	0

x가 5보다 크고 10보다 작으면 참이고 아니면 거짓이라는 수식을 처리하기 위해 다음과 같은 일반적인 수식을 만들면 예상치못한 결과가 나타난다.

```
5 < x < 10
```

C에서는 위의 식을 관계 연산자가 두 개 있는 경우로 인식하여 아래와 같이 왼쪽에서 오른쪽으로 연산을 진행한다.

```
(5 < x) < 10
```

만약 x가 10이라면 (5 < x)의 결과는 참이 되어 값이 1이 된다. 따라서 전체 수식은 1 < 10이 되고 결과는 참이 되어 잘못된 조건식임을 알 수 있다. 이 때 논리 연산자가 필요하며 올바른 수식은 다음과 같다. 논리 연산자는 관계 연산자보다 우선순위가 낮으므로 관계 연산자와 함께 사용하면 항상 관계 연산자부터 수행한다.

```
(5 < x) && (x < 10)
```

Code 04-8 논리 연산자

```c
#include <stdio.h>

int main()
{
    printf("참 && 참의 결과는 %d입니다.\n",(100 == 100) && (100 != 10));
    printf("참 && 거짓의 결과는 %d입니다.\n",(100 == 100) && (100 != 100));
    printf("참 || 거짓의 결과는 %d입니다.\n",(100 == 100) || (100 == 10));
    printf("거짓 || 거짓의 결과는 %d입니다.\n",(100 != 100) || (100 == 10));
    printf("!참의 결과는 %d입니다.\n",!(100 == 100));
```

```c
    printf("!거짓의 결과는 %d입니다.\n",!(100 != 100));

    return 0;
}
```

Output

```
참 && 참의 결과는 1입니다.
참 && 거짓의 결과는 0입니다.
참 || 거짓의 결과는 1입니다.
거짓 || 거짓의 결과는 0입니다.
!참의 결과는 0입니다.
!거짓의 결과는 1입니다.
```

잠깐

논리 연산자의 단축 평가(short circuit evaluation)!

논리 연산자를 포함한 수식을 처리할 때 수식의 값을 아예 확인조차 않는 경우가 있다. 논리 연산자 &&와 ||의 피연산자 두 개 중에서 앞에 나오는 피연산자만으로 결과가 결정되면 뒤에 나오는 연산자는 평가하지 않는다. 예를 들어 '수식1 && 수식2'을 평가할 때 수식1의 결과가 거짓일 경우에는 수식2의 결과에 관계없이 전체 수식의 결과가 거짓이 되므로 수식2는 아예 평가할 필요가 없다. 이와 같이 논리 연산자의 특성을 보고 특정 수식에 대한 평가를 생략하는 것을 **단축 계산(short circuit evaluation)**이라고 한다.

(2 > 5) && (x < 3) ....①

수식 ①에서 && 앞의 논리값 (2 > 5)이 거짓이므로 뒤에 어떤 논리값이 나타나더라도 전체 연산의 결과는 거짓이다. 따라서 더 이상 뒤의 논리값(x < 3)을 평가하지 않는다.

(2 < 5) || (x < 3) ....②

수식 ②에서 || 앞의 논리값 (2 < 5)이 참이므로 뒤에 어떤 논리값이 나타나더라도 전체 연산의 결과는 거짓이다. 따라서 더 이상 뒤의 논리값(x < 3)을 평가하지 않는다.

Code 04-9 논리 연산자의 단축평가

```
1  #include <stdio.h>
2
3  int main()
4  {
5      int x=5, y=10, z=20;
6
7      if ((x<y) || (y>z) || (x>z))
8          printf("TRUE!\n");
9      else
10         printf("FALSE!\n");
11
12     if ((x==y) && (y<z) && (x<z))
13         printf("TRUE!\n");
14     else
15         printf("FALSE!\n");
16
17     return 0;
18 }
```

Output

```
TRUE!
FALSE!
```

설명

7 : 연산자 || 앞에 나오는 첫 번째 수식 (x<y) 의 결과값이 참이므로 뒤에 나오는 수식의 결과에 관계없이 전체 연산의 결과는 참이다. 따라서 더 이상 뒤에 나오는 수식을 평가하지 않는다.

12 : 연산자 && 앞에 나오는 첫 번째 수식 (x==y)의 결과값이 거짓이므로 뒤에 나오는 수식의 결과에 관계없이 전체 연산의 결과는 거짓이다. 따라서 더 이상 뒤에 나오는 수식을 평가하지 않는다.

4.3.3 조건 연산자

조건 연산자는 C언어에서 유일하게 세 개의 피연산자를 갖는 삼항 연산자이다. ? 연산자 앞에 있는 수식1의 결과가 참이면 : 앞에 있는 수식2의 결과가 전체 연산의 결과가 되고, 거짓이면 : 다음에 있는 수식3의 결과가 전체 연산의 결과가 된다.

Syntax 조건 연산자

```
수식1 ? 수식2 : 수식3;
```

[예]

```
max = a > b ? a : b;
```

조건식

조건식 a > b가 참일 때의 결과

조건식 a > b가 거짓일 때의 결과

다음은 키보드를 통하여 10진 정수 한 개를 입력받은 후, 이 값이 짝수인지 홀수인지를 판별하고 결과를 화면에 출력하는 프로그램을 조건 연산자를 이용하여 작성한 것이다.

Code 04-10 조건 연산자

```
1  #include <stdio.h>
2
3  int main()
4  {
5      int x;
6
7      printf("정수 입력 >> ");
8      scanf("%d", &x);
9
10     (x % 2 == 0) ? printf("%d는 짝수입니다.\n", x) :
11         printf("%d는 홀수입니다.\n", x);
12
13     return 0;
14 }
```

Output

```
정수 입력 >> 99↵
99는 홀수입니다.
```

설명

11 : 문장의 길이가 긴 경우에는 여러 행에 나누어 표현하는 것이 가능하다. 조건식을 판단하여 그 결과가 참(입력한 수가 짝수)이면 10행을, 그렇지 않으면 11행을 실행한다.

4.4 특별한 연산자

4.4.1 형변환 연산자

C언어에서는 피연산자의 자료형이 서로 다른 연산을 수행할 때 하나의 자료형으로 통일하여 연산을 수행하는데 이를 형변환(type conversion)이라 한다. 형변환은 크게 자동 형변환과 강제 형변환이 있다. 자동 형변환은 컴파일러에 의해 자동으로 처리되는 형변환을 말하고, 강제 형변환은 형변환 연산자에 의해 강제로 처리되는 형변환을 말한다.

자동 형변환

자동 형변환은 프로그래머가 따로 지정하지 않아도 컴파일러에 의해서 자동으로 처리되는 형변환으로 서로 다른 형의 값을 혼합 연산하는 경우에 발생한다. 예를 들어 '정수+실수'와 같이 피연산자의 데이터 형이 다르면 자동으로 형변환이 일어나서 피연산자의 데이터형을 같게 만든 다음 필요한 연산을 수행한다. 이 때, 정수형 연산은 char, short형은 int형으로, 실수형 연산은 float형을 double형으로 자동변환해서 처리한다. 이처럼 작은 크기(1byte, 2byte)의 데이터형을 큰 크기(4byte)의 데이터형으로 변환하는 것을 형넓힘(promotion)변환이라고 한다.

```
int i = 100;
float j =1.23;
printf("%.2f", i + j);        // i는 float로 자동 변환되어 float+float 연산을 수행한다.
```

자동 형변환이 일어나는 또 다른 경우는 변수에 값을 대입하는 경우이다. 대입 연산자의 우측에 있는 값과 좌측에 있는 변수의 데이터 형이 다르면 좌측 변수의 데이터 형에 맞추도록 형변환이 일어난다. 대입 연산의 경우 아래와 같이 형좁힘(demotion)이 발생할 수 있다. 형좁힘 변환이 발생하는 경우에는 데이터의 손실이 발생할 수 있으므로 주의하여야 한다.

```
int i;
i = 3.14;          // 3.14를 int형으로 변환하면서 소수점이하를 잘라 버리고 변수 i에 저장한다.
                   // 이와 같이 형변환 시 값의 일부가 사라질 때는 컴파일러가 경고(warning)
                   // 메시지를 보여준다.
```

강제 형변환

자동 형변환과 달리 프로그래머가 직접 형변환을 하고 싶을 때는 형변환 연산자(type casting operator)를 이용한다. 형변환 연산자는 피연산자의 값을 괄호안에서 지정한 자료형으로 변환시키며, 형넓힘이나 형좁힘 변환 모두 가능하다.

Syntax 강제 형변환

(자료형) 피연산자

[예]

```
(int) 3.14
(float) sum
```

Code 04-11 형변환 연산자

```
1  #include <stdio.h>
2  
3  int main()
4  {
5      int x = 7, y = 2;
6      printf("(float)x / y = %.1f\n", (float)x / y);
7  
8      x = 5.4 + 1.7;
9      y = (int)5.4 + (int)1.2;
10     printf("x = 5.4 + 1.2 = %d\n", x);
11     printf("y = (int)5.4 + (int)1.2 = %d\n", y);
12 
13     return 0;
14 }
```

Output

```
(float)x / y = 3.5
x = 5.4 + 1.2 = 7
y = (int)5.4 + (int)1.2 = 6
```

설명

6 : 형변환 연산자가 우선순위가 높으므로 먼저 실행되어 x값인 정수 7은 실수 7.0으로 변환된다. 7.0 / y는 피연산자중의 하나가 float이므로 y도 float로 자동 형변환되고 7.0 / 2.0으로 계산되어 수식의 결과는 3.5가 된다.

8 : 수식 5.4 + 1.7에서 두 개의 피연산자가 모두 실수이므로 수식의 결과는 실수 7.1이 된다. 7.1이 정수형 변수 x에 대입되면 형좁힘 변환이 발생하여 7이 x에 저장된다. 형좁힘 변환이 발생할 때 컴파일러는 다음과 같은 경고 메시지를 보여준다.

warning C4244: '=' : conversion from 'const double' to 'int', possible loss of data

11 : 수식 (int)5.4 + (int)1.2에서는 5.4와 1.2 모두 정수형으로 강제 형변환이 일어나고 5 + 1의 결과인 6이 y값에 저장된다.

4.4.2 콤마 연산자

우선 순위가 가장 낮은 연산자이다. ,(콤마)를 중심으로 왼쪽과 오른쪽에 수식이 올 수 있는데, 왼쪽부터 수식을 계산해서 마지막으로 계산한 오른쪽 수식의 값이 연산의 결과가 된다.

Syntax 콤마 연산자

```
int i, j;
j = (i = 2 + 3, i - 3);
printf("%d", j);            // 출력값 = 2
```

4.4.3 sizeof 연산자

sizeof 연산자는 자료가 저장된 공간의 크기를 구하는 연산자이며, 결과값은 바이트 단위의 정수이다. C언어는 컴파일러마다 자료형의 저장 공간이 다르므로 sizeof 연산자의 값은 실행환경에 따라 달라질 수 있다.

Syntax sizeof 연산자

sizeof 변수명
sizeof (자료형)

[예]

```
int i=10;
printf("%d\n", sizeof i);           // 결과 4가 출력
printf("%d\n", sizeof(short));  // 결과 2가 출력 : 자료형의 크기를 구할 때는 반드시 괄호 필요
```

sizeof 연산자는 단항연산자로서 어떤 이항연산자보다 우선순위가 높다.

```
int i=10;
printf("%d", sizeof i + 5);     // 결과 9가 출력
```

Code 04-12 sizeof 연산자

```
#include <stdio.h>

int main()
{
    char x = 'a';
```

```
6          int y = 1;
7          double z = 1.234;
8
9          printf("char형 변수 x의 크기 = %d\n", sizeof x);
10         printf("int형 변수 y의 크기 = %d\n", sizeof y);
11         printf("double형 변수 z의 크기 = %d\n", sizeof (z));
12         printf("float형의 크기 = %d\n\n", sizeof(float));
13
14         y = (y = 3, y + 5);
15         printf("y = %d\n", y);
16
17         return 0;
18     }
```

Output

```
char형 변수 x의 크기 = 1
int형 변수 y의 크기 = 4
double형 변수 z의 크기 = 8
float형의 크기 = 4

y = 8
```

설명

15 : 연산자의 왼쪽 수식부터 계산하여 y값으로 3이 저장된 후, 수식 y + 5의 결과 8이 최종적인 y 값이 된다.

4.4.4 비트 연산자

컴퓨터는 우리가 사용하는 모든 데이터들을 이진(binary) 값으로 처리하며, 비트(bit)는 컴퓨터에서 정보를 처리하는 최소 단위를 말한다. 비트 연산자를 사용하여 비트 연산을 수행할 수 있으며 비트 논리 연산자(&, |, ^, ~)와 비트 이동 연산자(<<, >>) 가 있다. 이 때, 연산의 대상이 되는 피연산자의 자료형은 반드시 정수형이어야 한다.

비트 논리 연산자

비트 논리 연산자는 0과 1로 구성된 이진수 각 자리에 대하여 연산을 수행하며 비트 AND(&), 비트 OR(|), 비트 EOR(^), 비트 NOT(~) 연산자가 있다. 아래의 표는 각 비트 논리 연산자의 연산 결과를 보여주고 있다.

[표 4-7] 비트 연산자의 종류와 연산 결과

x	y	비트 AND 연산자	비트 OR 연산자	비트 XOR 연산자	비트 NOT 연산자
		x & y	x | y	x ^ y	~x
0	0	0	0	0	1
0	1	0	1	1	1
1	0	0	1	1	0
1	1	1	1	0	0

비트 AND(&) 연산자는 각 비트 단위로 AND 연산을 수행하며, 피연산자의 각 비트 단위로 해당 비트의 값이 모두 1일 때 연산결과의 해당 비트가 1이 된다.

비트 OR(|) 연산자는 피연산자의 같은 위치에 있는 비트에 대하여 OR연산을 수행하며, 피연산자의 각 비트 단위로 해당 비트의 값 중 하나라도 1이 있으면 연산결과의 해당 비트가 1이 된다.

비트 XOR(^) 연산자는 피연산자의 같은 위치에 있는 비트에 대하여 XOR연산을 수행한다. XOR은 배타적 논리합(exclusive OR)을 의미하며, 피연산자의 각 비트 단위로 해당 비트의 값이 서로 다른 값이면 연산결과의 해당 비트가 1이 된다.

비트 NOT(~) 연산자는 단항 연산자이며 피연산자의 각 비트를 0은 1로, 1은 0으로 반전시킨다.

Code 04-13 비트 논리 연산자

```
#include <stdio.h>

int main()
{
    int x = 5, y = 12;

    printf("%d & %d = %d\n", x, y, x & y);
    printf("%d | %d = %d\n", x, y, x | y);
    printf("%d ^ %d = %d\n", x, y, x ^ y);
    printf("~%d = %d\n", x, ~x);

    return 0;
}
```

Output

```
5 & 12 = 4
5 | 12 = 13
5 ^ 12 = 9
~5 = -6
```

설명

피연산자인 5와 12를 각각 2진수로 표현한 각각의 비트를 비트 논리 연산한 결과는 다음과 같다.

```
(5)10    :  00000000 00000000 00000000 00000101
(12)10   :  00000000 00000000 00000000 00001100
-----------------------------------------------------------
5 & 12   :  00000000 00000000 00000000 00000100 = (4)10
5 | 12   :  00000000 00000000 00000000 00001101 = (13)10
5 ^ 12   :  00000000 00000000 00000000 00001001 = (9)10
~5       :  11111111 11111111 11111111 11111010 = (-6)10
```

비트 이동 연산자(<<, >>)

비트 이동 연산자는 좌측 피연산자의 각 비트를 우측 피연산자가 지정하는 만큼 이동시키는 연산자이며, 왼쪽 이동 연산자(<<)와 오른쪽 이동 연산자(>>)가 있다.

비트를 왼쪽으로 이동(<<)할 때는 왼쪽으로 밀려난 비트는 사라지고, 오른쪽 빈자리에는 0이 채워진다.

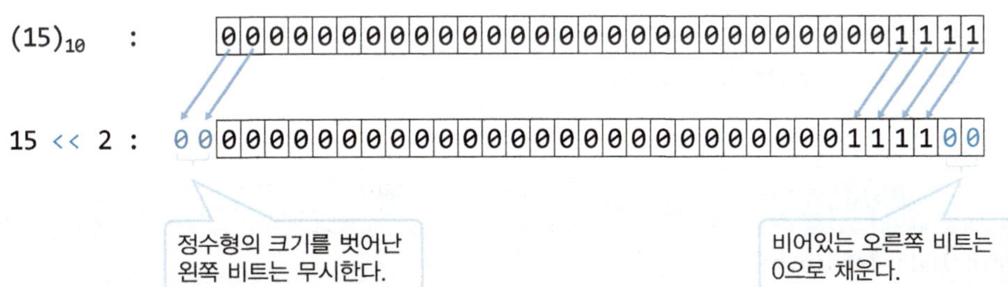

비트들을 왼쪽으로 한 비트씩 이동할 때마다 값은 두 배가 된다. 즉, 왼쪽으로 N비트 이동한 결과는 2N을 곱하는 것과 같은 결과가 된다. 위의 예에서는 10진 정수 5를 2비트 이동하였으므로 5 << 2의 결과는 5 * 22 = 20이다. 비트 이동 연산은 곱하기 연산보다 빠르므로 좀 더 빠른 연산을 원하는 경우 유용하게 사용할 수 있다. 즉 변수 x의 값을 4배로 하고 싶으면 (x * 4) 보다 (x << 2)하는 것이 더 빠른 연산을 하는 방법이다.

왼쪽 이동 연산은 가능하면 부호가 없는 자료형에 사용해야 한다. 부호가 있는 자료형에 왼쪽 이동 연산을 적용하면 부호가 뒤바뀔 수 있기 때문이다.

비트를 오른쪽으로 이동(>>)할 때는 오른쪽으로 밀려난 비트는 사라지고, 왼쪽 빈 자리에는 부호 비트(양수 : 0, 음수 : 1)가 채워진다. 오른쪽으로 N비트 이동한 결과는 2N을 나누는 것과 같은 결과가 된다.

```
x << n의 결과 : x * 2n
x >> n의 결과 : x / 2n (x : 양수)
```

Code 04-14 비트 이동 연산자

```c
#include <stdio.h>

int main()
{
    int x = 15, n = 1;

    printf("%d >> %d = %d\n", x, n, x >> n);
    printf("%d >> %d = %d\n", x, n+1, x >> n+1);
    printf("%d >> %d = %d\n", x, n+2, x >> n+2);
```

```
    printf("%d << %d = %d\n", x, n, x << n);
    printf("%d << %d = %d\n", x, n+1, x << n+1);
    printf("%d << %d = %d\n", x, n+2, x << n+2);

    return 0;
}
```

Output

```
15 >> 1 = 7
15 >> 2 = 3
15 >> 3 = 1
15 << 1 = 30
15 << 2 = 60
15 << 3 = 120
```

4.4.5 연산자의 우선순위와 결합방향

다양한 연산자가 하나의 연산식에 사용될 때 괄호와 같은 기호를 이용하지 않아도 되도록 연산자 사이에는 이미 지정해 놓은 연산자 우선순위가 있다.

다음 문장에서 가장 먼저 수행되는 연산은 무엇일까? 수학에서 배웠듯이 곱셈이 덧셈보다 먼저 수행되어야 한다.

이와 같이 수식에서 여러 연산자가 혼합되어 사용되는 경우 어떤 연산을 먼저 수행할 지를 미리 약속해둔 것이 연산자의 우선순위(precedence)이다. C 언어에서의 우선순위는 아래의 [표 4-8]과 같으며 우선순위가 1인 것이 우선순위가 가장 높다.

[표 4-8] 연산자의 우선순위

우선순위	분류	연산자	결합규칙
1	단항	() [] -〉 .	→
2		++(전위) --(전위) +(부호) −(부호) sizeof ~ ! *(참조) & (type)	←
3	산술	* / %	→
4		+ -	→
5	이동	〈〈 〉〉	→
6	관계	〈 〈= 〉 〉=	→
7		== !=	→
8	비트	&	→
9		^	→
10		|	→
11	논리	&&	←
12		| |	→
13	조건	?:	←
14	대입	= += -= *= /= %= &= |= ^= 〈〈= 〉〉=	←
15	콤마	,	→

연산자의 분류에 따른 우선순위는 단항 > 산술 > 이동 > 관계 > 비트 > 논리 > 조건 > 대입 > 콤마 연산자의 순이다. 만약 연산자의 우선순위가 잘 기억나지 않거나 우선순위대로 연산을 하지 않고 다른 순서로 연산을 하고 싶은 경우에는 괄호를 사용해서 연산 우선권을 강제로 지정하는 것이 좋다. C에서는 우선순위를 변경하기 위한 괄호도 연산자로 취급한다.

```
x = (1 + 2) * 3;
 ③   └──┘  ②
       ① 결과값 = 3
     ② 결과값 = 9
```

연산자의 결합규칙이란 같은 우선순위의 연산자에 대해 어느 방향으로 연산을 수행할 지를 말한다. 대부분의 연산자가 왼쪽에서 오른쪽으로 연산을 수행하는데, 단항 연산자와 대입연산자의 경우에는 오른쪽에서 왼쪽으로 연산을 결합된다(수행한다).

Code 04-15 연산자 우선순위

```
1  #include <stdio.h>
2
3  int main()
4  {
5      int x = 1, y = 2, z = 3;
6      printf("%d\n", 10 * 2 / 5 * 2);
7      printf("%d\n", 10 - 2 * 5 + 2 / 2);
8      printf("%d\n", ++x * z--);
9      printf("%d\n", x + z >=z + !y);
10     printf("%d\n", x || y && z);
11     printf("%d\n", z += x >> 2 + ++y);
12     printf("%d\n", x = y = z = 5);
13     printf("%d\n", (x = 1 + 2, 2 - 1));
14
15     return 0;
16 }
```

Output

```
8
1
6
1
1
2
5
1
```

설명

6 : 수식 10 * 2 / 5 * 2 = 20 / 5 * 2 = 4 * 2 = 8

7 : 수식 10 - 2 * 5 + 2 / 2 = 10 - 10 + 1 = 1

8 : 수식 ++x * z--는 전위형 증가연산자(++x)를 먼저 수행하여 x의 값이 2가 된 후 x * z 연산을 수행하고 결과 6를 출력한다. 다음 문장을 수행하기 전에 후위형 감소연산자(z--)를 수행하여 z값은 2이 된다.

9 : 수식 x + z >=z + !y 에서는 우선순위에 따라 단항(!), 산술, 관계 연산자 순으로 연산이 이루어진다. !2의 결과는 0이 되고 수식 2 + 2 >=2 + 0 는 참이 되어 논리값 1이 출력된다.

10 : 수식 x || y && z에서 &&가 || 보다 우선순위가 높으므로 y && z = 2 && 2의 결과는 참(논리값 1)이 되고 x || 1 = 2 || 1의 결과 또한 참(논리값 1)이다.

11 : 수식 z += x >> 2 + ++y에서 제일 먼저 우선순위가 가장 높은 ++y가 수행되어 y값은 3이

되고, 다음으로 우선순위가 높은 산술연산 2 + 3이 수행된다. 그리고 x >> 5의 결과는 0이 된 후, 복합 대입 연산자(z += 0)가 수행되어 z값으로 2가 저장된다.

12 : 수식 x = y = z = 5에서는 먼저 z값에 5가 저장된 후 변수 y에는 z값이, 변수 x에는 y값이 저장되어 최종적으로 x값인 5가 출력된다.

13 : 산술연산이 먼저 수행되어 수식 (x = 1 + 2, 2 − 1)는 (x=3, 1)이 된다. 대입연산자의 우선순위가 콤마연산자보다 높으므로 x에 3이 먼저 저장된 후, 콤마 연산자의 오른쪽에 있는 1이 최종값으로 출력된다.

4.4.6 코딩: 합격–불합격 판정하기

다음의 실행결과 예시처럼 이름, 국어, 영어, 수학, 출결점수를 입력 받아 3과목의 평균을 구하고, 평균 점수와 출결점수에 따라 합격, 불합격 판정 결과 출력하기

- 평균 70점 이상, 출결점수 80점 이상 이면 "합격", 그 외 "불합격"을 출력

Code 04-16 합격–불합격 판정하기

```c
#include <stdio.h>

int main()
{
    int kor, eng, math, attend;
    double avg;

    printf("국어 영어 수학 점수는? ");
    scanf("%d %d %d", &kor, &eng, &math);

    printf("출결 점수는?");
    scanf("%d", &attend);

    avg = (double)(kor + eng + math) / 3;

    printf("============================================ \n");
    printf("국어 \t영어 \t수학 \t출결 \t평균 \t결과\n");
    printf("-------------------------------------------- \n");
    printf("%3d \t%3d \t%3d \t%3d \t%6.2lf ", kor, eng, math, attend, avg);
    (avg >= 70 && attend>=80)? printf("\t통과\n"): printf("\t탈락\n");
    printf("============================================ \n");

    return 0;
}
```

Output

```
국어 영어 수학 점수는? 80 95 60↵
출결 점수는? 80↵
=============================================
국어      영어      수학     출결      평균     결과
---------------------------------------------
 80       95       60       80       78.33   탈락
=============================================
```

4.4.7 코딩: 사칙연산 프로그램

두 정수를 입력받은 후, 덧셈, 뺄셈, 곱셈, 나눗셈을 수행하고 그 결과를 출력하는 간단한 연산 프로그램을 작성하시오.

Code 04-17 사칙연산 프로그램

```c
#include <stdio.h>

int main() {
    // 변수 선언
    int num1, num2, sum, diff, product;
    float quotient;

    // 사용자로부터 두 수 입력 받기
    printf("첫 번째 정수를 입력하세요: ");
    scanf("%d", &num1);

    printf("두 번째 정수를 입력하세요: ");
    scanf("%d", &num2);

    // 사칙연산 수행
    sum = num1 + num2;
    diff = num1 - num2;
    product = num1 * num2;

    // 나눗셈에서 소수점까지 계산하기 위해 float로 형변환
    quotient = (float)num1 / num2;

    // 결과 출력
    printf("\n덧셈 결과: %d\n", sum);
    printf("뺄셈 결과: %d\n", diff);
```

```c
    printf("곱셈 결과: %d\n", product);
    printf("나눗셈 결과: %.2f\n", quotient);

    return 0;
}
```

Output

```
첫 번째 정수를 입력하세요: 99↵
두 번째 정수를 입력하세요: 88↵

덧셈 결과: 187
뺄셈 결과: 11
곱셈 결과: 8712
나눗셈 결과: 1.12
```

연습 · 실습 문제

01 다음 괄호 부분을 채우시오.

- C 언어에서 수식은 (　　　　　)(와)과 (　　　　　) 의 조합으로 구성된다.
- 변수의 저장값을 대입하는 (　　　) 기호가 대입(assignment operator)이다.
- 산술 연산자에서 나누기는 (　　　)(이)고 나머지 연산자는 (　)(이)다.
- 논리 연산자의 결과는 (　　　) 아니면 (　　)(이)다.
- (　　　) 연산자는 C 언어에서 유일하게 세 개의 피연산자를 가지는 삼항 연산자이다.
- 변수나 자료 유형의 크기를 구하기 위해서는 (　　　　　　　) 연산자를 사용한다.
- 논리 연산자는 피연산자 두 개 중에서 앞에 나오는 피연산자만으로 결과가 결정되면 뒤에 나오는 피연산자는 평가하지 않는다. 이러한 방식을 (　　　　　　)(이)라 한다.

02 연산자 =와 ==의 차이점을 기술하시오.

03 다음 연산자를 우선순위가 높은 순서대로 정리하시오.

- 대입, 산술, 관계, 논리, 조건, 증감, 비트, 콤마

04 다음 식을 연산자의 우선순위를 고려하여 순서대로 작성하고 결과값을 작성하시오.

```
int n = 3;
result = (5 + 4) % 2 * 5 + (++n)
            ㉠    ㉡  ㉢  ㉣  ㉤
```

05 다음 프로그램을 실행한 결과를 추정하여 결과 값을 작성하시오.

```
int main()
{
    int x = 5, z;
    double y;

    printf("값 : %d \n", (++x) / 2);

    z = x / 2;
    printf("z = %d \n", z);

    y = x / 2;
    printf("y = %.1lf \n", y);

    x = 5;
    y = (double) x / 2;
    printf("y = %.1lf \n", y);

    return 0;
}
```

06 다음 두 코드 블록을 보고 num++와 ++num에 어떤 차이가 있는지 서술하시오.

- 코드 1

```
int num = 10;
printf("%d", num++);
```

- 코드 2

```
int num = 10;
printf("%d", ++num);
```

07 double num = (double) 100 / 3; 문에서 나눗셈의 결과로 num에 저장되는 값을 구하시오. 또한, 형 변환은 몇 번 발생하는지 서술하시오.

08 다음 코드의 결과를 추정한 후, 추정한 값과 실제 실행 값을 비교해보시오.

①
```
int x = 3, y = 4;

printf("%d \n", ++x * 2);
printf("%d \n", y-- % 5);
```

②
```
int x = 15, y = 21;

printf("%d \n", x & y);
printf("%d \n", x | y);
printf("%d \n", x ^ y);
```

③
```
int x, y, z;

x = -3 * 5 % 5 +1;
y = z = 1;
y = x && y || z;
z+= x << 1 + y++;

printf("x = %d \n", x);
printf("y = %d \n", y);
printf("z = %d \n", z);
```

④
```
int x = 5, y;
double z;

y = x / 2;
printf("y = %d \n", y);

y = (double) x / 2;
printf("y = %d \n", y);

z = x / 2;
printf("z = %.1lf \n", z);

z = (double) x / 2;
printf("z = %.1lf \n", z);

y = (double) (x / 2);
printf("y = %d \n", y);

z = (double) (x / 2);
printf("z = %.1lf \n", z);
```

09 센티미터(cm)로 표현된 키를 입력하면 피트(feet)와 인치(inch)로 변환하는 프로그램을 작성하시오. 결과는 소수 2자리까지 출력한다.

Output

```
키(cm)를 입력하세요 : 173↵
입력한 173.00센티미터는 5.68피트와 68.11인치에 해당합니다.
```

- 1feet는 12inch
- 1inch는 2.54cm

10 원기둥의 밑면의 반지름과 높이를 입력받아 부피를 계산하는 프로그램을 작성하시오.

Output

```
원기둥 밑면의 반지름, 높이(cn)를 입력하세요: 3, 5↵
>> 계산한 원기둥의 부피는 141.4cm³입니다.
```

- 원기둥의 부피
  = 밑면의 넓이 × 높이
  = (π × 반지름 × 반지름) × 높이

11 키보드로 월을 입력 받아 입력 받은 월이 상반기인지 하반기인지 판단하여 출력하는 프로그램을 작성하시오.

Output

```
월(1~12) 입력 : 7↲
>> 7월은 하반기입니다.
```

- 논리 연산자와 조건 연산자를 이용

12 기가바이트 수치를 입력받아 입력한 값이 몇 메가바이트인지, 몇 킬로바이트인지 계산하여 출력하는 프로그램을 작성하시오.

Output

```
입력(Gigabyte) : 30↲
>> 30Gigabyte = 30720Megabyte = 31457280Killobyte
```

- 1기가바이트는 1메가바이트 × 1024
- 1메가바이트는 1킬로바이트 × 1024

13 초 단위로 시간을 sec에 입력받아 몇 시간, 몇 분, 몇 초인지를 계산하는 프로그램을 작성하시오. 단, 시간까지만 변환하며 일로는 변환하지 않는다.

Output

```
초(sec) 입력 : 12340↲
>> 입력한 12340초는 3시간 25분 40초입니다.
```

- sec을 60으로 나눈 나머지는 최종 결과 초(0~59)
- sec을 60으로 나눈 몫은 분 단위

14 다음 수식을 계산하는 프로그램을 작성하시오. 단, x는 int형 변수로 사용한다.

Output

```
x입력 : 3↲
   -->   x=3일 때
         f(x)=2x³-3x²+1/x = 27.3
```

- $f(x) = 2x^3 - 3x^2 + \frac{1}{x}$

15 네 자리 정수(num)를 입력 받아 천, 백, 십, 일의 자리로 분리하여 출력하는 프로그램을 작성하시오.

Output

```
네자리 정수를 입력하시오 : 9753↲
입력한 수는 9천7백5십3입니다
```

- 천의 자리는 num/1000
- 백의 자리 = num%1000/100

16 세 수를 입력받아 가장 큰 수를 구하는 프로그램을 조건 연산자를 이용해 작성하시오.

Output

```
세 개의 정수 : 3 1 2↲
>> 가장 큰 수 = 3
```

- 입력받은 세 수의 변수명을 각각 a, b, c라 할 때 두 수(a, b)중 큰 수를 먼저 구한다. 구한 수와 나머지 수(c)의 크기를 비교하여 가장 큰 수를 구한다.

17 10진 정수를 입력받은 후 비트 이동 연산자를 이용하여 오른쪽으로 세 비트 이동시킨 결과와 왼쪽으로 세 비트 이동시킨 결과를 각각 10진수로 출력하는 프로그램을 작성하시오.

Output

```
정수 입력 : 10↵
10 >> 3 = 1
10 << 3 = 80
```

18 학생의 이름(이름 사이에 띄어쓰기 가능)과 국어, 영어, 수학, 출결 점수를 키보드로 입력받아, 네 과목 점수의 평균(소수 1자리)을 구하고, 합격 여부(평균이 70점 이상이고 출결 점수가 80점 이상인 경우에만 합격)를 출력하는 프로그램을 작성하시오.

Output

```
학생의 이름 : 홍 길동↵
국어 : 98↵
영어 : 85↵
수학 : 79↵
출결 : 73↵
--------------------------------------
        네 과목의 평균  : 83.8
        출결 점수       : 73
--------------------------------------
        [홍 길동]학생 >> 불합격!
--------------------------------------
```

- 학생 이름을 입력받을 때 문자열 사이에 빈 공백이 들어가는 것을 허용하려면 gets( ) 함수를 이용한다. 소스 파일 확장자가 '*.cpp'이라면 10.3.2에서 소개하는 gets_s( ) 함수를 이용해야 한다.
- 합격 여부는 관계 연산자, 논리 연산자, 조건 연산자를 이용해 판단한다.

19 연도를 입력받아 윤년인지 평년인지를 판단하는 프로그램을 작성하시오.

Output

```
연도를 입력하시오 : 2024↵
윤년
```

Output

```
연도를 입력하시오 : 2025↵
평년
```

- 다음 두 조건 중 하나를 만족하면 윤년이다. ① 4년에 한 번씩 윤년이지만 100년째 되는 해는 윤년이 아니다. ② 400년째 되는 해는 윤년이다. ⇒ year % 4 == 0 && year % 100 != 0 || year % 400 == 0

20 주문금액과 지불금액을 입력받아 거스름돈을 계산한 뒤 각 화폐단위에 맞는 개수를 계산하는 프로그램을 작성하시오. 단, 지불금액은 주문금액 이상이라고 가정한다.

Output

```
주문금액을 입력하세요: 23450↵
지불금액을 입력하세요: 50000↵

거스름돈: 26550원
10000원 개수: 2개
 5000원 개수: 1개
 1000원 개수: 1개
  500원 개수: 1개
  100원 개수: 0개
   10원 개수: 5개
```

Output

```
주문금액을 입력하세요: 123450↵
지불금액을 입력하세요: 150000↵

거스름돈: 26550원
10000원 개수: 2개
 5000원 개수: 1개
 1000원 개수: 1개
  500원 개수: 1개
  100원 개수: 0개
   10원 개수: 5개
```

05 CHAPTER

제어문1 if, switch, for문

05 제어문: if, switch, for

지금까지의 프로그램은 [그림 5-1]의 왼쪽 순차 구조 순서도와 같이 위에서 아래로 차례대로 명령을 실행하였다. 특별히 실행 순서를 변경하는 문이 없었다. 그러나 실제로 코딩할 문제 대부분은 이처럼 단순한 흐름으로 해결할 수 없다. [그림 5-1]의 오른쪽 선택 구조 순서도와 같이 특정 조건의 만족 여부에 따라 다음에 실행할 내용이 결정되기도 하고, 여러 명의 자료에 대해 같은 방법으로 처리하도록 특정 코드를 반복하면서 해결하는 문제가 대부분이다.

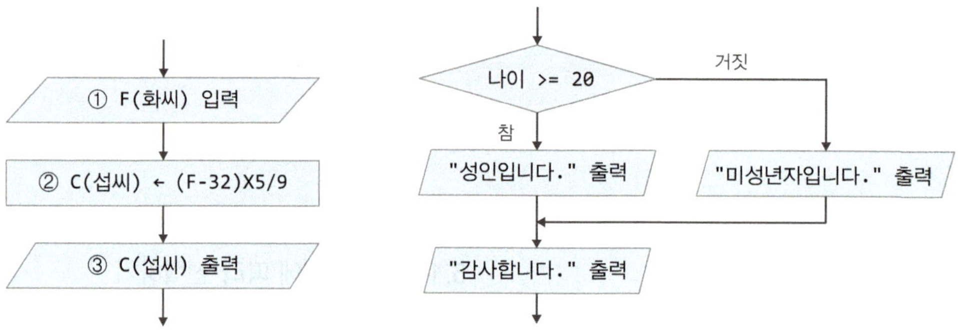

그림 5-1 순차 구조와 선택 구조 순서도

현재 행의 코드를 실행한 후 무조건 다음 행을 실행하지 않고 다른 행으로 실행 순서를 변경하는 데 사용하는 문을 제어문(control statement)라고 하며, 컴퓨터 코딩으로 문제를 해결하는 것은 어떤 제어문을 사용하여 문제 해결 과정의 흐름을 표현해야 하는지를 찾는 것이라고도 할 수 있다.

C 언어의 제어문으로 if, switch, for, break, continue, while, do-while, goto, return이 있다. 이 장에서는 if, switch, 그리고 for문을 소개한다. 이 장의 내용을 통해 이미 잘 알고 있는 문제 해결법이 있더라도 컴퓨터로 코딩하기 위해서는 다른 방향으로 문제를 재해석하여 해결법을 찾는 과정을 배우게 되고, 컴퓨터 코딩의 묘미를 맛볼 수 있게 될 것이다.

5.1 참 · 거짓에 따라 선택하기: if ~ else ~

5.1.1 양자택일 if

프로그램은 하나인데 실행 결과는 사용자 입력에 따라 [그림 5-2]와 같이 두 종류가 되는 문제는 어떻게 코드화할 수 있을까? 이 문제는 사용자가 입력한 나이에 따라 "성인입니다."와 "미성년자입니다." 둘 중 하나를 선택하는 즉, 양자택일 문제이다. 이 과정을 순서도로 그린다면 [그림 5-2]와 같이 '나이 >= 20' 조건이 참인지 거짓인지에 따라 다음 흐름이 달라지는 선택 구조로 표현할 수 있다.

Output

```
나이는? 20↵
성인입니다.
감사합니다.
```

Output

```
나이는? 17↵
미성년자입니다.
감사합니다.
```

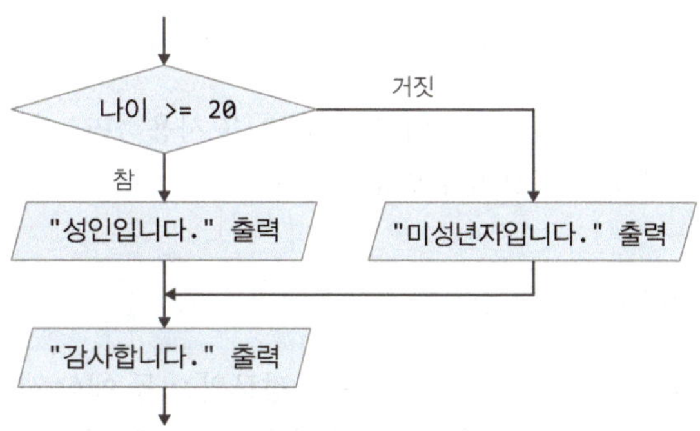

그림 5-2 양자택일 문제와 해결 과정 순서도

이처럼 특정 조건이 참인지 거짓인지에 따라 실행할 내용을 선택하여 실행할 때는 다음의 if 제어문을 사용하여 해결할 수 있다.

Syntax | if문: if ~ else ~

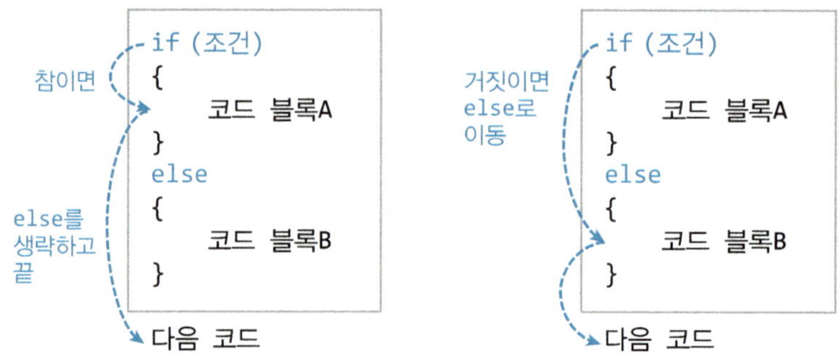

- 양자택일의 조건은 ( ) 안에 명시하고, 조건은 참 또는 거짓 논리값 중 하나로 구분
- (조건)의 참과 거짓 여부에 따라 코드 블록A와 코드 블록B 둘 중 한 가지만 실행
  - 조건이 참이면 바로 뒤의 코드 블록A를 실행하고, 이후 else 뒤의 내용은 실행하지 않고 if문을 끝냄
  - 조건이 거짓이면 실행 순서가 else로 이동하여 코드 블록B를 실행
- { } 안의 코드는 **한 탭 안으로 들여쓰기**를 하는 것이 바람직
- { } 코드 블록은 코드가 **한 문장이라면 { } 생략 가능**
- **주의**

  if(조건);이나 else;와 같이 뒤에 ;을 사용하면 ';'만 있는 빈 문장이 있는 것으로 간주하여 잘못된 결과가 나오거나 오류가 발생

Example 05-1 | if문: if ~ else

출발지에서 목적지로 가는 두 경로의 이동 예상 시간이 time1과 time2라고 할 때 사용자에게 경로1과 경로2 중 어느 것으로 안내할지를 출력하는 if문은 다음과 같다.

```
if (time1 < time2)
{
    printf("경로1의 예상 시간은 %d분입니다.\n", time1);
    printf("경로1로 안내합니다.\n");
}
else
{
    printf("경로2의 예상 시간은 %d분입니다.\n", time2);
    printf("경로2로 안내합니다.\n");
}
```

5.1.2 코딩: 둘 중 하나 선택하기(if ~ else ~)

2월은 윤년이면 29일까지 있고 아니면 28일까지 있다. 사용자가 입력한 해에는 2월이 며칠까지 있는지 구하는 프로그램을 코딩해보자.

- 윤년 조건 : ⓐ || ⓑ
  ⓐ 연도가 400의 배수면 무조건 윤년, ⓑ 연도가 4의 배수이지만 100의 배수가 아니면 윤년

Code 05-1 2월의 마지막 일 구하기 (if ~ else ~)

```
#include <stdio.h>

int main()
{
    int year;

    printf("2월이 며칠까지 있는지 궁금한 연도: ");
    scanf("%d", &year);

    printf("%d년 2월은 ", year);

    if ( (year % 400 != 0) && ((year % 4 != 0) || (year % 100 != 0)) )
    {
        printf("29일까지 있습니다. \n");
    }
    else
    {
        printf("28일까지 있습니다. \n");
    }

    return 0;
}
```

Output : 윤년인 경우

```
2월의 마지막 일이 궁금한 연도: 2024↵
2024년 2월은 29일까지 있습니다.
```

Output: 윤년이 아닌 경우

```
2월의 마지막 일이 궁금한 연도: 2100↵
2100년 2월은 28일까지 있습니다.
```

5.1.3 특정 코드의 실행 여부 선택하기: else 없는 if

else가 있는 if문을 사용하면 조건의 참과 거짓에 따라 두 가지 코드 블록 중 하나를 선택하여 실행할 수 있었다. 양자택일이 아니라 [그림 5-3]의 실행 결과와 같이 사용자가 구입할 물건의 가

격이 만 원 미만일 때만 추가로 배송비가 포함되도록 코딩하고 싶다면 어떻게 표현할까? 이 문제를 순서도로 표현한다면 [그림 5-3]과 같이 '상품액 < 만원' 조건이 참일 때는 '배송비 출력'과 '결제액에 배송비 더하기'를 추가로 실행하고 결제액을 출력하는 선택 구조로 표현할 수 있다.

Output

```
상품액:  9000원
배송비:  3000원
결제액: 12000원
```

Output

```
상품액: 15000원
결제액: 15000원
```

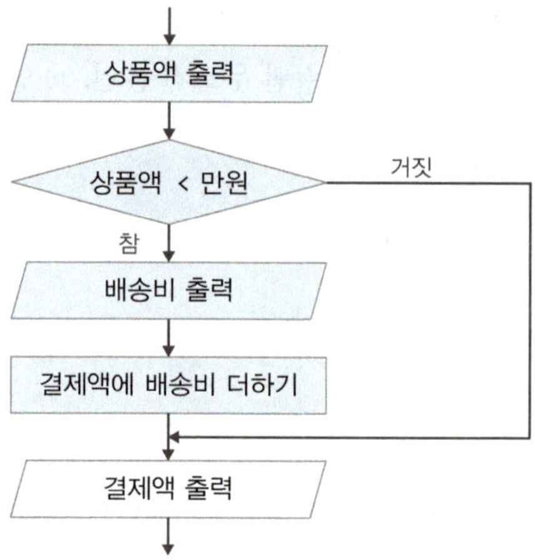

그림 5-3 조건이 참일 때만 추가적인 코드를 실행하는 문제와 해결 과정 순서도

특정 조건이 참일 때만 특정 코드를 추가로 실행해야 한다면 다음과 같이 else를 사용하지 않는 if문으로 해결할 수 있다.

Syntax if문: if ~

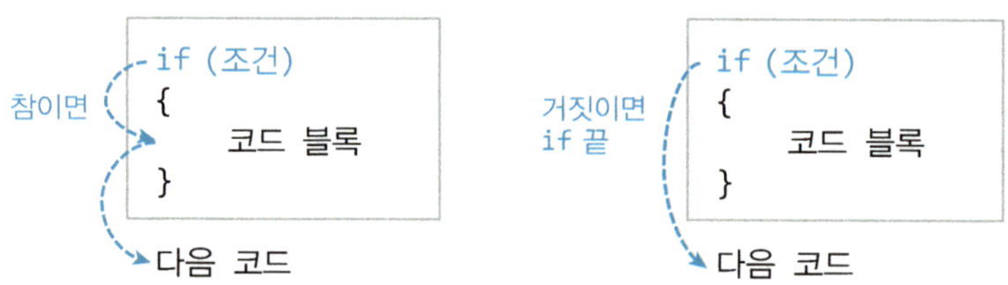

- 조건이 참이면 바로 뒤의 코드 블록을 실행하고 if문이 끝남
  조건이 거짓이면 바로 if문이 끝나고 다음 코드를 실행

Example 05-2 if문: if ~

카페에서 결제한 커피 값이 오만 원 이상일 때 사은품으로 커피 무료 쿠폰이 1장 있음을 출력하는 if문은 다음과 같다.

```
coffee_price = 5000;

printf("커피 몇 잔? ");
scanf("%d", &cup);

payment = coffee_price * cup ;
if (payment >= 50000)
{
    printf("사은품 무료 쿠폰 1장이 있습니다.\n");
}

printf("커피 결제액은 %d원입니다.\n", payment);
```

5.1.4 코딩: 음수일 때만 부호를 양수로 변경하기(else 없는 if문)

두 사람의 키를 입력하면 차이를 구하여 출력하는 프로그램을 코딩해보자. 보통 차이값에는 부호를 잘 붙이지 않으므로 두 키의 뺄셈이 음수일 때는 – 연산자를 적용하여 양수로 변경한다.

Code 05-2 두 키의 차잇값 구하기 (else 없는 if문)

```
#include <stdio.h>

int main()
{
    int h1, h2, gap;

    printf("두 명의 키를 입력하세요: ");
    scanf("%d %d", &h1, &h2);

    gap = h1 - h2;
    if (gap < 0)            // 차이가 음수일 때만 양수로 변경
    {
        gap = -gap;
    }
    printf("키 차이: %d \n", gap);

    return 0;
}
```

Output

```
두 명의 키를 입력하세요: 180 175↵
키 차이: 5
```

Output

```
두 명의 키를 입력하세요: 162 164↵
키 차이: 2
```

5.2 if의 중첩

5.2.1 if와 else 안에 if가 있는 구조

다음과 같이 일 년 열두 달을 일사분기부터 사사분기까지 분류하려면 어떻게 표현해야 할까? 여러 가지 조건에 따라 해야 할 일이 결정될 때는 if문 안에 다시 if문을 사용하는 중첩된(nested) if문으로 해결할 수 있다.

Output

```
몇 월? 2↵
2월은 상반기 일사분기에 해당
```

Output

```
몇 월? 6↵
6월은 상반기 이사분기에 해당
```

Output

```
몇 월? 8↵
8월은 하반기 삼사분기에 해당
```

Output

```
몇 월? 12↵
12월은 하반기 사사분기에 해당
```

위의 문제 해결 과정을 순서도로 그린다면 [그림 5-4]와 같다. 이처럼 다양한 조건에 따라 실행할 코드가 결정될 때는 if를 중첩하여 해결할 수 있다.

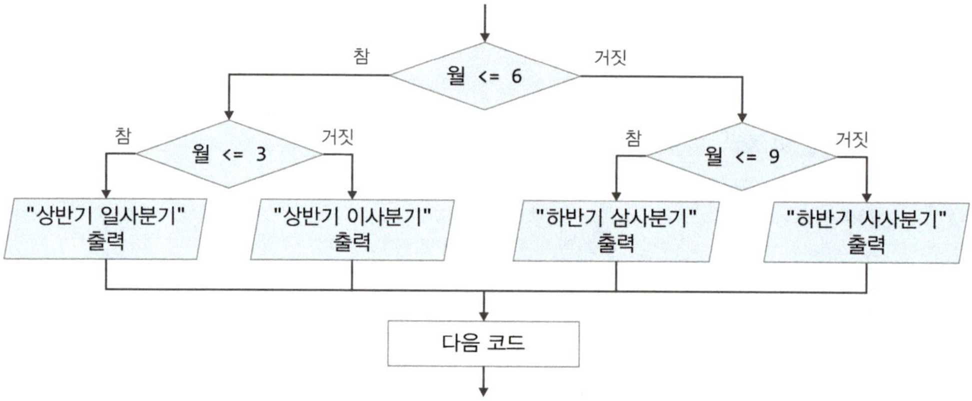

그림 5-4 여러 조건을 확인하면서 여러 내용 중 하나를 선택해서 실행하는 선택 구조

if가 복잡하게 중첩되는 구조라면 직관적으로 양자택일을 결정할 수 있는 큰 조건1을 찾아서 if (조건1) { } else { }문을 작성한 후, { } 안에서 더 세분된 조건을 이용하여 if (조건2) { } else { }로 작성하는 과정을 반복하면 쉽게 해결할 수 있다.

[그림 5-4]의 문제는 크게 보면 [그림 5-5]와 같이 월이 6 이하인지 아닌지에 따라 양자택일을 하는 선택 구조이다. 이러한 구조 안에서 상반기와 하반기 각각에 대해 다시 if를 사용하여 두 분기 중 하나를 선택하도록 코딩하면 중첩된 if문을 쉽게 작성할 수 있다.

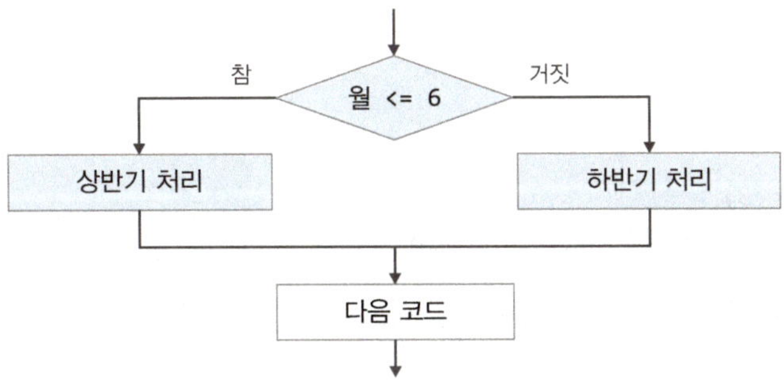

그림 5-5 [그림 5-4]는 크게 보면 상반기와 하반기 처리 중 하나를 선택하는 구조

Syntax if문: if~else~ 중첩1

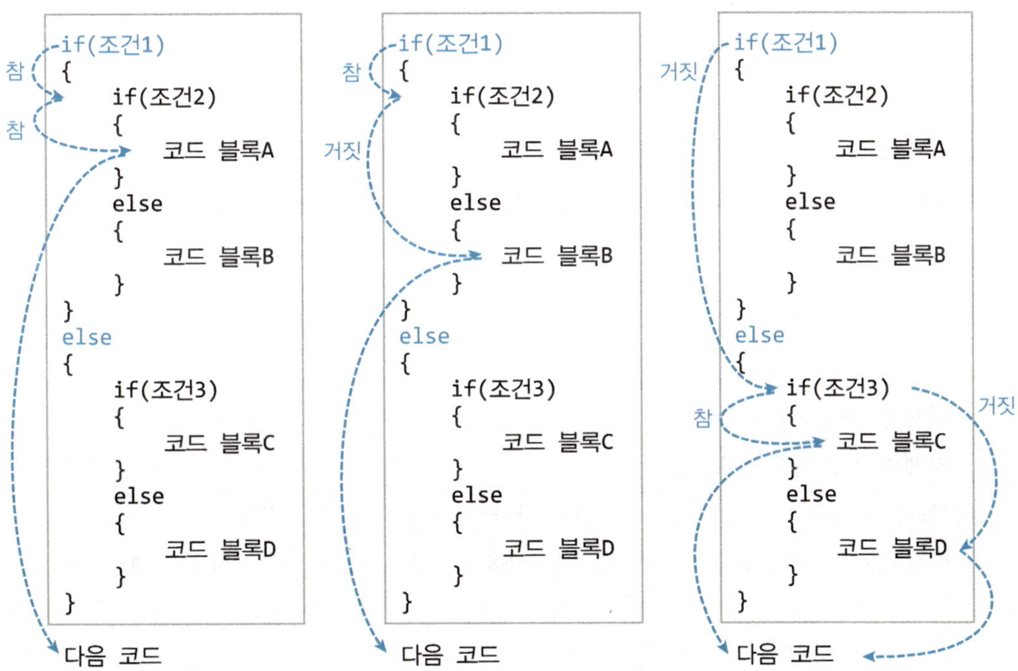

- 네 개의 실행 흐름이 존재하며, 코드 블록A~D 중 한 가지를 선택하여 실행함
- 위의 구조는 중첩 모양의 한 가지 예일 뿐 if 중첩 모양은 아주 다양함

Example 05-3 if문: if~else~ 중첩1

month에 입력된 월이 상·하반기와 일사분기~사사분기 중 어디에 해당하는지 출력하는 if문은 다음과 같다.

```
printf("몇 월? ");
scanf("%d", &month);

if (month <= 6)                         // 상반기 처리
{
    if (month <= 3)
        printf("%d월은 상반기 일사분기에 해당\n", month);
    else
        printf("%d월은 상반기 이사분기에 해당\n", month);
}
else                                    // 하반기 처리
{
    if (month <= 9)
        printf("%d월은 하반기 삼사분기에 해당\n", month);
    else
        printf("%d월은 하반기 사사분기에 해당\n", month);
}
```

5.2.2 코딩: 중첩된 if문

사용자의 키와 몸무게를 입력받아 정상, 과체중, 저체중 셋 중 하나로 판정하는 프로그램을 코딩해보자.

- 정상, 과체중, 저체중 판단 기준
  - 정상 체중: 표준체중 ± 2kg 이내
  - 과체중: 표준체중 + 2kg 초과
  - 저체중: 표준체중 − 2kg 미만
- 화살표(→) 특수 기호는 한글 자음 키와 <한자>를 이용하여 입력 가능
  - 화살표는 <ㅁ> 키 입력 후 바로 <한자> 키를 누르면 나타나는 특수 기호 중에서 선택

Code 05-3 체중 상태 구분하기(중첩된 if문)

```c
#include <stdio.h>

int main()
{
    double my_h, std_w, dif, my_w;

    printf("키는? ");
    scanf("%lf", &my_h);
    printf("몸무게는? ");
    scanf("%lf", &my_w);

    std_w = (my_h - 100) * 0.9;                  // 표준체중 구하기

    printf("\n키 %.1lf의 표준체중은 %.1lf\n", my_h, std_w);

    dif = my_w - std_w;                          // 표준체중과의 차이 구하기

    if (-2 <= dif && dif <= 2)                   // 정상 체중 범위
    {
        printf("→ 정상\n");
    }
    else
    {
        if (dif < -2)                            // 저체중 범위
        {
            printf("→ 저체중\n");
        }
        else                                     // 나머지 과체중 범위
        {
            printf("→ 과체중\n");
        }
    }

    return 0;
}
```

Output

```
키는? 175↵
몸무게는? 80↵

키 175.0의 표준체중은 67.5
→ 과체중
```

Output

```
키는? 160↵
몸무게는? 47↵

키 160.0의 표준체중은 54.0
→ 저체중
```

Output

```
키는? 180↵
몸무게는? 70↵

키 180.0의 표준체중은 72.0
→ 정상
```

5.2.3 else 바로 뒤에 if가 있는 구조

다음과 같이 점수의 범위별로 4가지 중 하나로 판정하는 문제의 해결 과정을 순서도로 그리면 [그림 5-6]과 같이 조건을 판단하는 도형이 세 개 나타난다. 이 해결 과정은 조건이 거짓일 때만 다른 조건이 참인지를 계속해서 확인하는 특징을 가지는데 이런 구조는 else 뒤에 바로 if를 사용하는 모양으로 해결할 수 있다.

Output

```
점수? 97↵
매우 우수
```

Output

```
점수? 90↵
우수
```

Output

```
점수? 85↵
보통
```

Output

```
점수? 73↵
부족
```

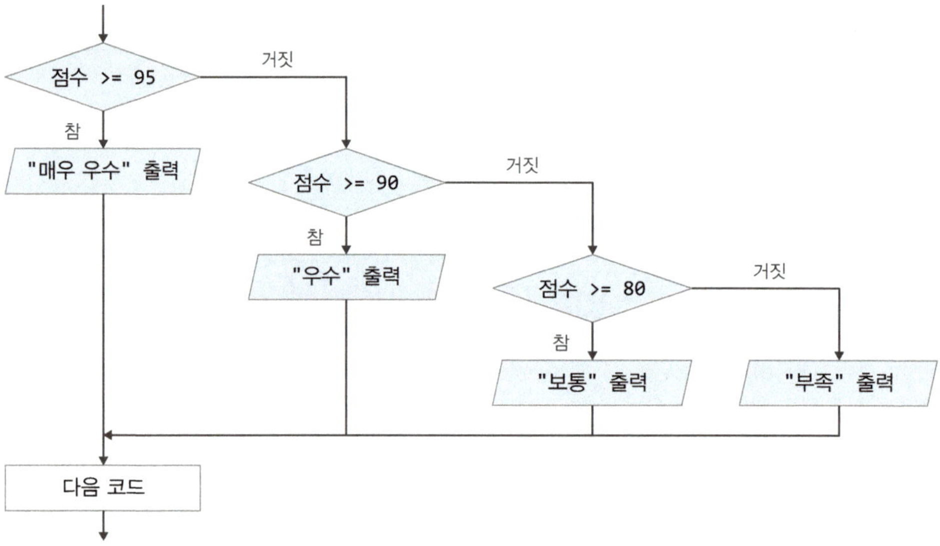

그림 5-6 조건이 거짓일 때만 새로운 조건을 판단하여 넷 중 한 개를 선택하는 구조

[그림 5-6]의 if문 들여쓰기는 지금까지의 관습과는 다르게 다음 구문과 같이 else if (조건)을 세로로 나란하게 작성하는 것이 관습이며 가독성도 더 좋다. 5.2.1의 상 · 하반기와 사분기를 구분하는 중첩 if문 역시 [그림 5-6]과 같은 구조로 작성할 수 있다.

Syntax if문: if~else~ 중첩2

```
if(조건1)
{
    코드 블록A
}
else if(조건2)
{
    코드 블록B
}
else if(조건3)
{
    코드 블록C
}
else
{
    코드 블록D
}
다음 코드
```

참

```
if(조건1)
{
    코드 블록A
}
else if(조건2)
{
    코드 블록B
}
else if(조건3)
{
    코드 블록C
}
else
{
    코드 블록D
}
다음 코드
```

거짓, 참

- (조건1)이 참이면 {코드 블록A}를 실행하고, 그렇지 않고 (조건2)가 참이면 {코드 블록B}를, 그렇지 않고 (조건3)이 참이면 {코드 블록C}와 같이, 코드 블록A~D 중 한 가지만 선택해서 실행함
- else if (조건) { } 들여쓰기 구조는 다음 과정을 거쳐 만들어짐
  - { } 안에 if문 한 개가 있으므로 { }를 생략할 수 있음
  - 들여쓰기 공백을 줄이기 위해 다음 행의 if를 이전 행 else 뒤로 이동하면 else if (조건) 모양이 됨

참

```
if(조건1)
{
    코드 블록A
}
else
{
    if(조건2)
    {
        코드 블록B
    }
    else
    {
        if(조건3)
        {
            코드 블록C
        }
        else
        {
            코드 블록D
        }
    }
}
다음 코드
```

```
if(조건1)
{
    코드 블록A
}
else
    if(조건2)
    {
        코드 블록B
    }
    else
        if(조건3)
        {
            코드 블록C
        }
        else
        {
            코드 블록D
        }
다음 코드
```

if문 한 개이므로 {} 생략 가능

if문 한 개이므로 {} 생략 가능

```
if(조건1)
{
    코드 블록A
}
else if(조건2)
{
    코드 블록B
}
else if(조건3)
{
    코드 블록C
}
else
{
    코드 블록D
}
다음 코드
```

Example 05-4　if문: if~else~ 중첩2

score에 저장된 점수가 95점 이상이면 "매우 우수", 90 ~ 95 미만이면 "우수", 80 ~ 90 미만이면 "보통", 나머지 80 미만이면 "부족"을 출력하는 [그림 5-6]의 순서도를 if문으로 작성하면 다음과 같다.

```
if (score >= 95) {
    printf("매우 우수\n");
}
else if (score >= 90) {      // 조건을 (score >= 90 && score < 95)로 표현할 필요가 없음
    printf("우수\n");
}
else if (score >= 80) {
    printf("보통\n");
}
else {
    printf("부족\n");
}
```

위의 코드는 { }에 명령문이 한 개 있으므로 { }를 생략할 수 있지만, 프로그램의 길이를 줄이는 관습으로 코드 블록의 범위를 표현하는 { }의 '{'를 이전 행 코드 오른쪽에 사용하는 경우가 많다는 것을 보이기 위해 남겨 두었다.

5.2.4 코딩: 넷 중 한 개만 출력하기(else 뒤에만 if 중첩)

대학교 1학년부터 4학년까지의 학생을 영어로 어떻게 표현하는지 출력하는 프로그램을 코딩해 보자. 1학년생은 Freshman, 2학년생은 Sophomore, 3학년생은 Junior, 4학년생은 Senior이다.

Code 05-4　대학 1~4학년에 해당하는 영어 표현을 출력하기(else 뒤에만 if 중첩)

```
#include <stdio.h>

int main()
{
    int year;

    printf("학년은? "); scanf("%d", &year);

    printf("\n%d학년은 ", year);

```

```
    if (year == 1)
        printf("Freshman!\n");
    else if (year == 2)
        printf("Sophomore!\n");
    else if (year == 3)
        printf("Junior!\n");
    else if (year == 4)
        printf("Senior!\n");
    else
        printf("잘못된 학년 \n");

    return 0;
}
```

Output

```
학년은? 3↵

3학년은 Junior!
```

Output

```
학년은? 2↵

2학년은 Sophomore!
```

Output

```
학년은? 5↵

5학년은 잘못된 학년
```

5.3 해당 case 선택하기: switch문

5.3.1 case별로 특정 코드 실행하기

다음과 같이 주민등록번호의 일곱 번째 자리의 숫자 1~4에 대해서만 출생연대와 성별을 표시하려면 어떻게 표현해야 할까? 앞에서 소개한 if문으로 해결할 수도 있지만, 해당 케이스별로 실행할 내용을 명시하는 switch문을 이용하면 더 직관적이고 가독성이 있는 코드를 작성할 수 있다.

Output

```
주민등록번호 일곱 번째 숫자는? 1↵
1900년대 출생 남자입니다.
```

Output

```
주민등록번호 일곱 번째 숫자는? 4↵
2000년대 출생 여자입니다.
```

Output

```
주민등록번호 일곱 번째 숫자는? 3↵
2000년대 출생 남자입니다.
```

Output

```
주민등록번호 일곱 번째 숫자는? 7↵
고려 대상이 아닙니다.
```

Syntax switch문

② 식 값과 같은 case로 이동

```
switch (식)      ① 식 계산
{
    case 상수값1: 코드1; break;
    case 상수값2: 코드2; break;
    case 상수값3: 코드3; break;
         ⋮
    default: 코드n;
}
다음 코드
```

- (식)
  - 계산 결괏값이 정수형인 것만 가능하며, 'case' 뒤에는 상수만 한 개 올 수 있음(상수만 있는 식은 가능)
    문자 상수 'A'의 ASCII 코드는 01000001이며, 논리값 참 · 거짓은 정수 1 · 0에 해당한다. 이처럼 문자 상수는 문자를 표현하는 코드 값이 정수이므로 '식' 결과가 문자형인 것도 사용 가능하며, '식' 결과가 논리값인 식 또한 가능하다.
  - 'case' 값 역시 문자 상수나 논리값에 해당하는 정수를 사용하여 case 'A':, case '+':, case 1:, case 0:으로 사용할 수 있음
- 실행 과정
  - ① '식'을 계산하여 결괏값 구하기
  - ② 결괏값과 'case' 뒤의 값을 순서대로 비교하여 처음으로 일치하는 값을 만나면 그 뒤의 코드를 실행
  - 'break'를 만나면 swtich문을 종료하고 다음 코드를 실행
  - 모든 'case'의 값과 비교하여도 같은 값이 없다면 'default' 뒤의 코드를 실행
    'default: 코드n' 부분은 필요하지 않다면 생략 가능
- 주의
  - 특정 'case'의 코드를 실행할 때 'break'가 없으면 자동으로 다음 'case' 뒤의 코드를 실행하므로 switch문을 끝내고 싶다면 'break'를 사용해야 함
  - 위의 특징을 이용하면 다음과 같이 break를 사용하지 않음으로써 (식)이 상수1이거나 상수2이거나 상수3일 때 같은 코드를 실행할 수 있음

```
// 식의 결과가 상수1이거나 상수2이거나 상수3일 때 같은 코드 실행
case 상수1:
case 상수2:
case 상수3: 명령문1; 명령문2; ...; 명령문n; break;
```

'식'이 상수1과 일치하는 경우 'case 상수1:' 다음에 'break'가 없으므로 자동으로 다음 'case 상수2'로 실행 순서가 이동한다. 이후에도 'break'가 없으므로 'case 상수3:'으로 실행 순서가 이동하여 뒤의 코드를 실행 후 'break'를 만나 switch문을 종료한다.

'case 상수1 || 상수2 || 상수3 : 코드; break;'는 상수 중 한 개라도 0이 아닌 값이 있다면 or 연산 결과가 1이 되어 'case 1: 코드; break;'와 같은 결과가 된다.

Example 05-5 switch문

주민등록번호의 일곱 번째 자리의 숫자 1~4에 대해서만 출생연대와 성별을 표시하는 코드는 다음과 같다.

```
printf("주민등록번호 일곱 번째 숫자는?");
scanf("%d", &n);

switch (n)
{
    case 1: printf("1900년대 출생 남자입니다.\n"); break;
    case 2: printf("1900년대 출생 여자입니다.\n"); break;
    case 3: printf("2000년대 출생 남자입니다.\n"); break;
    case 4: printf("2000년대 출생 여자입니다.\n"); break;
    default: printf("고려 대상이 아닙니다.\n");
}
```

출생연대를 구분하지 않고 주민등록번호의 일곱 번째 숫자가 1이거나 3이면 남자, 2이거나 4이면 여자로 구분한다면 다음과 같이 break를 사용하지 않음으로써 해결할 수 있다.

```
printf("주민등록번호 일곱 번째 숫자는?");
scanf("%d", &n);

switch (n)
{
    case 1:
    case 3: printf("남자입니다.\n"); break;
    case 2:
    case 4: printf("여자입니다.\n"); break;
    default: printf("고려 대상이 아닙니다.\n");
}
```

5.3.2 코딩: switch문을 이용하여 여러 코드 중 하나를 선택하여 실행하기

[Code 05-4]이 if문을 switch문으로 변경한 코드는 다음과 같다.

Code 05-5 대학 1~4학년 중 입력된 학년에 해당하는 영어 표현 출력하기(switch문)

```
#include <stdio.h>

int main()
{
    int year;

    printf("학년은? "); scanf("%d", &year);

    printf("\n%d학년은 ", year);
    switch (year)
    {
    case 1: printf("Freshman!\n"); break;
    case 2: printf("Sophomore!\n"); break;
    case 3: printf("Junior!\n"); break;
    case 4: printf("Senior!\n"); break;
    default: printf("잘못된 학년 \n");
    }

    return 0;
}
```

사칙연산을 하는 코드를 작성한다면 다음과 같이 char형 변수 op가 무엇이냐에 따라 다른 연산을 하게 코딩할 수 있다. 사칙연산 코딩은 연습문제 10번으로 남긴다.

```
char op;
// 생략
switch(op)
{
case '+':  더하기 연산 코드;  break;
case '-':  빼기 연산 코드;  break;
case '*':  곱하기 연산 코드;  break;
case '/':  나누기 연산 코드;  break;
default: printf("사직연산자가 아닙니다.\n")
}
```

5.4 코드 반복하기: for문

주어진 문제를 컴퓨터 프로그램으로 해결하기 위해서는 프로그램화 할 수 있는 해결 과정을 찾아야 한다. 오늘날 강조되고 있는 컴퓨팅적 사고(computational thinking)의 주개념 중 문제 분해(problem decomposition)와 패턴 인식(pattern recognition)이 있다. 이 절에서 소개할 내용이 문제를 분해하고 문제에 포함된 패턴을 찾아내어 이를 반복하여 문제를 해결하는 과정을 코딩하는 데 사용하는 반복문이다.

5.4.1 동일 코드 반복하기

[그림 5-7]의 실행 결과와 같이 'I like C!' 다섯 줄을 출력하려면 코드를 어떻게 작성해야 할까? 단순히 printf("I like C!\n");를 연속해서 다섯 번 작성하면 결과는 나올 것이다. 하지만 백 번 출력하려면? 동일한 문장을 원하는 횟수만큼 실행하도록 연속해서 작성하여 코드를 만든다면 프로그램 길이는 문장 출력 횟수에 비례하여 길어질 것이다.

이 문제는 [그림 5-7]의 순서도와 같이 특정 조건을 만족하면 지정한 코드를 실행한 후 다시 조건을 검사하는 도형으로 되돌아가는 과정을 계속하는 반복 구조로 표현할 수 있다.

Output

```
I like C!
I like C!
I like C!
I like C!
I like C!
```

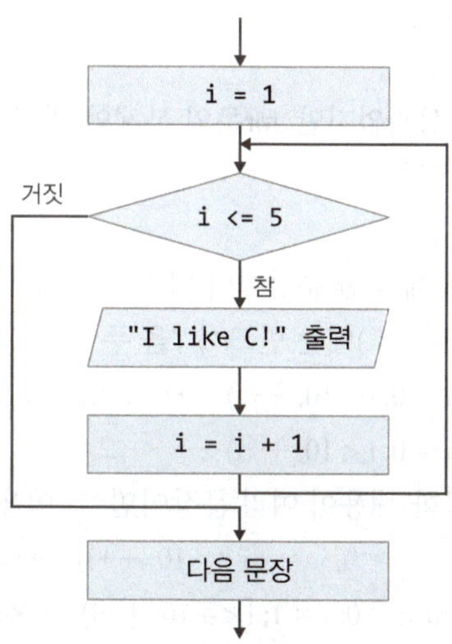

그림 5-7 특정 내용을 반복하는 문제와 반복 구조의 순서도

[그림 5-7]의 순서도와 같이 특정 코드를 반복하는 것은 while문, for문, 또는 do~while문으로 표현할 수 있다. 여기서는 for문만 소개하고 나머지는 다음 장에서 소개한다.

Syntax for문

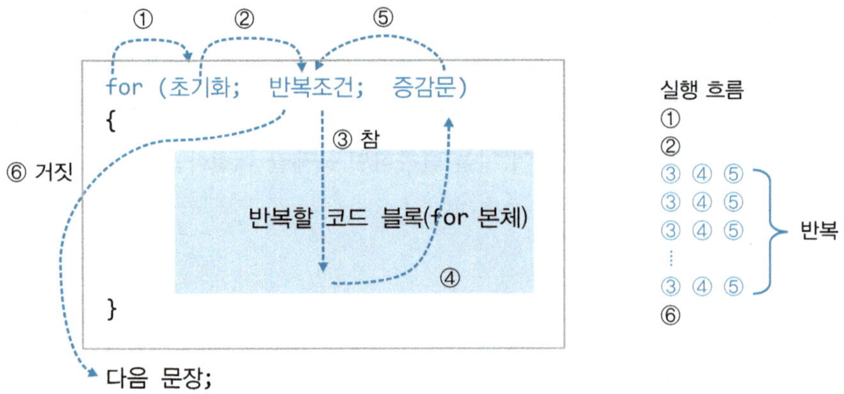

- 실행 순서

  ① '초기화' 부분을 실행(단 한 번만 실행)

  ② '반복조건'을 확인하여 참·거짓을 판단

  ③ '반복조건'이 참이면 for문의 본체인 {. . .}를 실행
  만일 '반복조건'이 거짓이면 for문을 끝내고 '다음 문장'을 실행(⑥)

  ④ 본체의 마지막 문장을 실행하면 무조건 for문의 헤더로 돌아가서 '증감문'을 실행한 후

  ⑤ '반복조건'을 확인 '반복조건'의 참·거짓 여부에 따라 ③~⑤를 반복하거나

  ⑥ for문을 끝냄

- 들여쓰기

  오류와 상관없지만, for문의 본체인 '반복할 코드 블록'은 한 탭 오른쪽으로 들여쓰기를 하는 것이 바람직함

- 주의

  – for 본체가 한 문장이면 { } 생략 가능

  – 'for' 뒤의 ( )에는 반드시 ';'을 두 개 사용하여 부분을 구분해야 함

  for (i = 0; i < 10; ++i) → ○ : 바른 표현

  for (i = 0, i < 10, ++i) → × : 오류

  – '초기화' 내용이 여러 문장이면 ' , ' 이용 가능

  for (**sum = 0, i = 1**; i <= 10; ++i) → ○ : 바른 표현

  for (sum = 0; i = 1; i <= 10; ++i) → × : 오류

  – for문 헤더 바로 뒤에 ' ; '을 사용하지 않기

```
for (초기화; 반복조건; 증감문) ;
{
    반복할 코드
}
```

이 빈 문장을 for문의 본체로 해석하여 반복하므로, 아래의 '반복할 코드'는 for문이 모두 끝나고 한 번만 실행됨

Example 05-6 for문의 반복 과정

'I like C!'를 세 번 출력하는 for문과 실행과정은 다음과 같다.

```
     ①      ②      ④
for (i = 0; i < 3; ++i)
    printf("I like C!\n");
    ③
```

Output

```
I like C!
I like C!
I like C!
```

- for문의 반복 실행 과정

```
① i = 0                          // '초기화' 실행      → i에 0이 저장
② i < 3                          // '반복조건' 실행    → i는 0이므로 참
→ ③ printf("I like C!\n");       // '본체' 실행        → 'I like C!' 출력

④ ++i                            // '증감문' 실행      → i는 1로 증가
② i < 3                          // '반복조건' 실행    → i는 1이므로 참
→ ③ printf("I like C!\n");       // '본체' 실행        → 'I like C!' 출력

④ ++i                            // '증감문' 실행      → i는 2로 증가
② i < 3                          // '반복조건' 실행    → i는 2이므로 참
→ ③ printf("I like C!\n");       // '본체' 실행        → 'I like C!' 출력

④ ++i                            // '증감문' 실행      → i는 3으로 증가
② i < 3                          // '반복조건' 실행    → i는 3이므로 거짓
→ for문을 끝냄
```

- for문의 헤더

  for (i = 0; i < 3; ++i) 대신 for (i = 1; i <= 3; ++i)를 사용해도 결과는 동일하다.

for문 헤더 부분의 실행 흐름은 복잡해 보이지만, 'for (i = 0; i < 3; ++i)'를 'i가 0일 때부터 1씩 증가하며 3 이전까지는 반복하기'로 해석하면 단순해진다. 'for (i = 1; i <= 3; ++i)'는 'i가 1, 2, 3으로 변하며 3번 반복하고 4가 되면 for문을 끝내기'로 해석하면 된다.

만일 'I like C!'를 100줄 출력하고 싶다면? for (i = 0; i < 100; ++i)와 같이 '반복조건'만 변경하면 된다. 이렇게 for문은 동일한 내용을 여러 번 반복해야 할 때 코드 길이를 반복 횟수만큼 증가시키지 않고도 코딩을 할 수 있는 강력한 구문이다.

문제가 같더라도 for문은 조금씩 다르게 작성할 수 있다. 다음의 왼쪽 for문은 i가 0, 1, 2, 3, 4일 때 본체를 실행하고 5가 되면 '반복조건'이 거짓이 되어 for를 끝내고, 오른쪽 for문은 i가 1, 2,

3, 4, 5일 때 본체를 실행하고 6이 되면 '반복조건'이 거짓이 되어 for를 끝낸다. 또한, 증감문은 i++, i = i + 1, i += 1 어떤 것을 사용해도 결과는 같다.

```
for (i = 0; i < 5; ++i) {
    printf("I like C!\n");
}
→ for를 끝낸 후 i는 5
```

```
for (i = 1; i <= 5; ++i) {
    printf("I like C!\n");
}
→ for를 끝낸 후 i는 6
```

5.4.2 for문의 제어변수 활용

다음은 1일~5일까지 출력하는 코드이다.

```
printf("1일\n");
printf("2일\n");
printf("3일\n");
printf("4일\n");
printf("5일\n");
```

Output

```
1일
2일
3일
4일
5일
```

위의 방법으로 1일~30일까지 출력하려면 printf( )를 30번 연속해서 사용해야 한다. 이것을 for문으로 작성하려면?

for문의 본체는 모두 같은 코드여야 한다. 하지만 printf( ) 안의 숫자는 1~5까지 변한다. 이처럼 무언가를 반복해야 할 때 변하는 부분이 있다면 for문의 제어변수 i를 활용하여 해결할 수 있다. for문은 i가 1~5까지 변하면서 본체를 5번 반복하고 i가 6이 되면 끝난다. printf( )에서 출력할 숫자 또한 1~5까지 변한다. 즉, 변하는 부분이 제어변수 i 값과 똑같다. 이렇게 제어변수와의 관계를 파악하면 완전히 똑같은 코드가 아니어도 for문으로 해결할 수 있다.

```
printf("1일\n");
printf("2일\n");
printf("3일\n");
printf("4일\n");
printf("5일\n");
```

⇨

```
for (i = 1; i <= 5; ++i)
{
    printf("%d일\n", i);
}
```

(i: 1, 2, 3, 4, 5로 변함)

Example 05-7 for문의 제어변수 활용

다음의 코드 세 개는 for문의 제어변수 i를 for 본체에서 활용하는 예와 제어변수를 for문 헤더에서 적절히 변경해서 활용하는 예이다.

```
for (i = 1; i <= 5; ++i)
{
    printf("(%d, %d) \n", i, i + 1);
}
```

Output

```
(1, 2)
(2, 3)
(3, 4)
(4, 5)
(5, 6)
```

```
for (i = 1; i <= 9; i += 2)
{
    printf("(%d, %d) \n", i, i + 1);
}
```

Output

```
(1, 2)
(3, 4)
(5, 6)
(7, 8)
(9, 10)
```

```
for (i = 50; i > 0; i = i - 10)
{
    printf("%d\n", i);
}
```

Output

```
50
40
30
20
10
```

```
for (i = 1; i <= 4; ++i)
{
    printf("%d / %d = %.2lf \n",
        i, i + 1, (double) i / (i + 1));
}
```

Output

```
1 / 2 = 0.50
2 / 3 = 0.67
3 / 4 = 0.75
4 / 5 = 0.80
```

5.4.3 문제의 재해석

컴퓨팅적 사고(computational thinking)의 주요 개념에는 **분해**, **패턴 인식**, **추상화**, **알고리즘** 네 가지가 있다. 분해는 큰 문제를 보다 작은 문제로 나누는 과정을 반복하여 해결 과정을 쉽게 찾을 수 있는 문제가 되면 이 문제의 해결 과정을 합쳐 원래 문제를 해결하는 것이다. **패턴 인식**은 분해된 문제에서 또는 작은 문제의 해결 과정에서 나타나는 같은 특징이나 경향(패턴)을 파악하고, 이렇게 찾은 패턴을 문제 해결에 활용하는 것이다.

컴퓨터 코딩을 통한 문제 해결 과정은 무엇을 반복하여 해결할 수 있는지를 찾아내고 이를 반복문으로 코딩하는 것이 대부분이라고 해도 과언이 아니다. 코딩을 잘하기 위해서는 문제를 해결하기 위해 '무엇을 반복해?'를 찾아내고 이를 반복문으로 코딩하는 과정을 반복적으로 연습하는 것이 필수적이다. 지금부터 문제를 분해하여 패턴을 찾고 해결 과정을 for문으로 코딩하는 과정을 살펴보자.

1+2+3+4+ ... + 1000이나 1/2 + 2/3 + 3/4 + ... + 100/101 값을 구하려면 어떻게 코딩해야 할까? 연속된 덧셈이나 뺄셈 등 특정 규칙이 있는 식은 for문으로 간단하게 작성할 수 있다. 1에서 10까지의 합이든 10,000까지의 합이든 코딩 원리는 같으므로 1에서 3까지의 합을 sum에 구하는 for문을 만드는 과정을 자세히 소개한다.

계산할 식이 다음과 같이 연속된 덧셈으로 되어 있다면 이를 반복문으로 표현하기 위해서 맨 앞에 '0 +'를 붙인 식을 계산하는 것으로 재해석하는 것이 좋다. 0은 덧셈에 영향을 미치지 않기 때문에 결과는 같다.

```
sum = 1 + 2 + 3;
```

← sum에 1 + 2 + 3 식 결과를 저장

다음과 같이 위의 식 맨 앞에 '0 +'를 붙이면 sum은 맨 처음 0이고, 계속해서 sum에 +1, +2, +3을 반복하는 식으로 재해석할 수 있다.

```
sum = 0 + 1 + 2 + 3;
```

← sum에 0 + 1 + 2 + 3 식 결과를 저장

위의 식에서 연속된 덧셈을 별개의 대입문으로 분리하면 다음과 같이 현재 sum에 무언가를 더해서 sum을 변경하는 과정을 3번 처리하는 코드가 된다.

```
1  sum = 0;
2  sum = sum + 1;
3  sum = sum + 2;
4  sum = sum + 3;
```

← sum에 0을 저장한 후(sum은 0)
현재 sum에 1을 더하기(sum은 0 + 1)
현재 sum에 2를 더하기(sum은 0 + 1 + 2)
현재 sum에 3을 더하기(sum은 0 + 1 + 2 + 3)

위의 2행~4행의 대입문 3개는 다음과 같이 for로 작성할 수 있다.

```
sum = 0;        // sum의 초기화
for (i = 1; i <= 3; ++i)
{
    sum = sum + i;
}
```

위의 for문 직전의 'sum = 0;' 문장의 필요성을 이해하는 것이 상당히 중요하다. 다음과 같이 1행에 초기화 문장이 없다고 가정해보자.

```
1
2  for (i = 1; i <= 3; ++i)
3  {
4      sum = sum + i;          // 맨 처음 실행될 때 오른쪽 sum에 값이 없으므로 오류
5  }
```

처음 for문을 시작하면 'i = 1'을 실행하여 i가 1이 되고, 'i <= 3'이 참이므로 3행 'sum = sum + i;'를 실행한다. 이때 대입 연산자 '=' 오른쪽의 sum과 i(1)를 더해야 하는데 sum에는 얼마가 있어야 할까? 아무 값도 없다면 당연히 덧셈을 할 수 없으므로 오류이다. 그래서 sum을 0으로 초기화한 후 for문을 시작한다. 초깃값은 코드에 따라 −1, 0, 1 등 다양할 수 있지만, 여기서는 덧셈을 하므로 0으로 초기화한다.

5.4.4 무한루프와 break

끝없이 반복하는 반복문을 무한루프라고 한다. 문제의 해결 과정을 찾을 때 초기화나 반복 조건을 for 헤더에서 결정하지 않고 무한루프 형식으로 작성하되 특정 조건을 만족하면 'break' 제어문을 사용해 무한루프를 끝내는 방법을 사용하기도 한다.

[Code 05-6]은 무한루프 구조를 이용하여 문제를 해결하는 예이다. score에 0~10 범위의 퀴즈 점수를 입력받아 합계를 sum에 구하되 입력된 퀴즈 점수가 −1이면 더는 합계를 구하지 않는다. −1 점수를 이용하여 반복을 끝내는 방식은 퀴즈 점수가 몇 개인지 미리 정해져 있지 않을 때 유용한 방법이다.

퀴즈 점수 개수가 미리 정해져 있지 않다면 for 헤더의 '반복조건'을 작성하기 곤란해진다. 이럴 때는 '반복조건'을 아예 비워 두어 무조건 for문 본체를 실행하는 무한루프 구조로 코드를 작성하는 것이 편리하다. 무한루프를 벗어나는 것은 for문 본체 안에서 퀴즈 점수가 −1인지 비교하여 해결할 수 있다. 입력 자료에 의해 반복 종료가 결정될 때는 입력 전 프롬프트 메시지에 어떤 값을 입력하면 끝이 나는지 안내하는 것이 사용자에게 도움이 된다.

Code 05-6 무한루프 구조를 활용하여 -1 입력 전까지의 점수 합계 구하기(for문)

```c
#include <stdio.h>

int main()
{

    int i, score, sum;

    sum = 0;
    for (i = 0; ; ++i)                        // 반복 조건을 비워 두면 무조건 반복함
    {
        printf("%d번째 점수는(끝내려면 -1)? ", i + 1);
        scanf("%d", &score);

        if (score == -1)                      // 무한 루프 종료 조건
            break;

        sum = sum + score;
    }

    printf("\n합계: %d, 평균: %.1lf \n", sum, (double)sum / i);

    return 0;
}
```

Output

```
1번째 점수는(끝내려면 -1)? 9↵
2번째 점수는(끝내려면 -1)? 8↵
3번째 점수는(끝내려면 -1)? 10↵
4번째 점수는(끝내려면 -1)? 7↵
5번째 점수는(끝내려면 -1)? 8↵
6번째 점수는(끝내려면 -1)? 9↵
7번째 점수는(끝내려면 -1)? -1↵

합계: 51, 평균: 8.5
```

5.4.5 코딩: 곱셈 반복하기

n이 1 이상인 정수일 때, n!(팩토리얼)은 1부터 n까지의 모든 양의 정수를 곱한 값으로 수학적으로 다음과 같이 나타낼 수 있다.

```
n! = n × (n−1) × (n−2) × … × 3 × 2 × 1
```

0!은 1로 정의된다. n에 0~10 범위의 값을 입력받은 후 n!을 fac에 구하는 프로그램을 작성해보자. int형의 최대 정수는 2,147,483,647이므로 fac에는 12!까지만 구할 수 있다.

- n이 5일 때 fac을 구하는 식은 곱셈을 연속으로 함: fac = 1 * 2 * 3 * 4 * 5 : 5!
  fac의 초기치가 0이라면 이후 어떤 값을 곱해도 결과는 0이므로
  fac을 1로 초기화한 후 fac에 1부터 5까지 계속 곱해가면 5!이 됨

Code 05-7 n 팩토리얼 구하기(for문)

```c
#include <stdio.h>

int main()
{
    int i, n, fac;

    printf("n! 구하기, n은(0≤n≤10)? ");    // ≤는 <x> 키 + <한자> 키에서 찾을 수 있음
    scanf("%d", &n);

    fac = 1;                               // fac의 초기화
    for (i = 1; i <= n; ++i) {
        fac = fac * i;
    }

    printf("%d! = %d\n", n, fac);
   return 0;
}
```

Output

```
n! 구하기, n은(0≤n≤10)? 5↵
5! = 120
```

Output

```
n! 구하기, n은(0≤n≤10)? 10↵
10! = 3628800
```

5.4.6 코딩: 특정 패턴으로 출력하기

일정한 패턴이 있는 수열의 합을 for문으로 구하는 것은 연습문제 13번으로 남기고, 여기서는 1/2 + 2/3 + 3/4 + ...n/(n+1) 수열의 합 수식을 for문으로 출력하는 프로그램을 코딩해보자.

- 수식은 (n-1) 번째 항까지는 각 항을 출력한 후 '+'를 출력하다가, n번째 마지막 항을 출력한 후에는 '+'를 출력하지 않음
  - for (i = 1; i <= n; ++i) { }로 수식을 출력할 때 각 항은 분자는 i, 분모는 i+1
  - for 본체에서 else가 없는 if를 이용하여 마지막 이전 항일 때만 '+'를 추가로 출력

Code 05-8 수열의 합 수식 출력하기(for문)

```
#include <stdio.h>

int main()
{
    int i, n;

    printf("1/2 + 2/3 + 3/4 + ... + n/(n+1)을 출력합니다.\n");
    printf("n 입력 : "); scanf("%d", &n);
    printf("\n");

    for (i = 1; i <= n; ++i) {
        printf("%d/%d", i, i + 1);
        if (i < n) {            // 마지막 i가 아니면 i/(i+1)을 출력 후 +를 추가로 출력
            printf(" + ");
        }
    }

    return 0;
}
```

Output

```
1/2 + 2/3 + 3/4 + ... + n/(n+1)을 출력합니다.
n 입력 : 5↵

1/2 + 2/3 + 3/4 + 4/5 + 5/6
```

5.4.7 코딩: 특수 기호를 반복하여 가로 막대 표현하기

이전 3일 동안의 최저 온도 16도, 15도, 7도를 가로 막대 그래프로 시각화해보자. 이 코드는 뒤에서 배열과 중첩 반복문을 배우면 훨씬 더 단순하게 코딩할 수 있다.

- 중첩 반복문을 배우지 않았으므로 3일 전 최저 온도 min_0의 시각화 코드를 복사하여 붙여 넣은 후, min_0 대신 변수명만 각각 min_1과 min_2로 수정하기

Code 05-9 최저 온도 세 개를 가로 막대로 표시하기

```
1  #include <stdio.h>
2
3  int main()
4  {
5      int i, n, min_0 = 16, min_1 = 15, min_2 = 7;      // 최저 온도 세 개
6
7      printf("3일 전: ");
8      for (i = 1; i <= min_0; ++i)
9          printf("□");                    // "□"을 n개 출력: 가로 막대
10     printf(" (%d°) \n", min_0);
11
12     printf("2일 전: ");                 // 3일 전 출력 코드를 복사하여 13과 15행 온도만 수정함
13     for (i = 1; i <= min_1; ++i)
14         printf("□");
15     printf(" (%d°) \n", min_1);
16
17     printf("1일 전: ");                 // 3일 전 출력 코드를 복사하여 18과 20행 온도만 수정함
18     for (i = 1; i <= min_2; ++i)
19         printf("□");
20     printf(" (%d°) \n", min_2);
21
22     return 0;
23 }
```

Output

```
3일 전: □□□□□□□□□□□□□□□□ (16°)
2일 전: □□□□□□□□□□□□□□□ (15°)
1일 전: □□□□□□□ (7°)
```

연습 · 실습 문제

01 다음의 설명에 대해 O와 X를 ( ) 안에 적으시오.

- if문은 언제나 else를 포함해야 한다. ( )
- switch (식) { }에서 '식'은 결과가 문자 또는 참/거짓인 것도 가능하다. ( )
- switch (식) { }에서 '식'이 1이거나 3일 때 실행할 내용이 같다면 case 1 | | 3:으로 작성한다. ( )
- switch 문은 모든 case에서 break를 포함해야 한다. ( )
- for (; ;) { }와 같이 ( ) 안에 내용이 없으면 오류이다. ( )
- for (i = 0; i < 3; i+1) { }은 for의 본체 { }를 3번 실행한다. ( )
- break는 if문 실행을 중간에 그만두는 데 사용할 수 있다. ( )
- sum = mid + final; 대입문을 사용하기 전에 반드시 sum = 0;으로 sum을 초기화해야 한다. ( )

02 다음 중 들여쓰기가 프로그래밍 관습에 맞는 코드의 번호를 적으시오.________

①
```
int main()
{
printf("안녕?");
}
```

②
```
if (age < 20)
    printf("미성년자");
```

③
```
for (a = 1; a < b; a++)
    printf("%d", a);
    printf("- 끝 -");
```

④
```
if (avg < 60)
    {
        printf("F\n");
        printf("미이수\n");
    }
```

03 정수형 변수 a에 입력된 점수가 90점 이상이면 "A"를, 80~89이면 "B"를, 70~79이면 "C"를, 70 미만이면 아무것도 출력하지 않도록 작성한 if문 중 맞는 번호를 적으시오. 단, a에는 0~100 범위의 값만 입력된다고 가정한다.

①
```
if (a >= 90)
    printf("A");
else if (a >= 80)
    printf("B");
else
    printf("C");
```

②
```
if (a >= 80)
{
    if (a >= 90)
        printf("A");
    else
        printf("B");
}
else
    if (a >= 70)
        printf("C");
```

③
```
if (a >= 90)
    printf("A");

if (a >= 80)
    printf("B");

if (a >= 70)
    printf("C");
```

04 ch에 입력된 알파벳에 대해 대소문자를 구분하지 않고 'a', 'b', 'c'라면 각각 '에이', '비', '씨'를, 그렇지 않다면 '나머지'로 출력하는 프로그램을 각각 if문과 switch문을 이용하여 작성하시오.

Output

```
알파벳 A ~ C 중 한 개 입력: c↵
c는 씨
```

Output

```
알파벳 A ~ C 중 한 개 입력: A↵
A는 에이
```

Output

```
알파벳 A ~ C 중 한 개 입력: f↵
f는 나머지
```

05 입력받은 정수 n의 홀짝 여부를 출력하는 프로그램을 switch문을 이용하여 작성하시오.

Output

```
정수 입력: 5↵
5는 홀수입니다.
```

Output

```
정수 입력: 8↵
8은 홀수입니다.
```

06 커피 한 잔이 4000원인 카페에서 결제 총액이 5만원 이상이라면 5만원마다 무료 커피 쿠폰 사은품을 제공한다고 하자. 사은품이 있을 때만 사은품 정보를 출력하도록 else가 없는 if문을 사용하여 프로그램을 작성하시오.

Output

```
커피 몇 잔? 20↵
총액은 80000원입니다.
사은품: 커피 쿠폰 1장

감사합니다^^ ← if문 끝내고 출력
```

Output

```
커피 몇 잔? 50↵
총액은 200000원입니다.
사은품: 커피 쿠폰 4장

감사합니다^^ ← if문 끝내고 출력
```

Output

```
커피 몇 잔? 10↵
총액은 40000원입니다.

감사합니다^^ ← if문 끝내고 출력
```

- 쿠폰 개수는 if문에서 결제 총액이 5만 이상일 때만 계산하는 것이 바람직
- 결제 총액이 5만 미만이면 쿠폰 처리를 하지 않으므로 else를 사용할 필요가 없음
- 마지막 '감사합니다^^'는 모든 고객에게 출력하므로 if문을 끝내고 출력하도록 코딩하기

07 이차방정식 $ax^2 + bx + c = 0$(단, $a \neq 0$)이 두 실근, 중근 또는 허근 중 어떤 근을 가지는지는 판별식에 의해 결정된다. a, b, c를 입력받아 판별식($b^2 - 4ac$) 값을 D에 저장한 후 근의 종류를 다음과 같이 출력하는 프로그램을 작성하시오.

Output

```
ax2 + bx + c = 0의 근 판별하기

a 입력(0이 아님): -3↵
b 입력: 3↵
c 입력: 1↵

판별식 D = 21
두 개의 실근을 가짐
```

Output

```
ax2 + bx + c = 0의 근 판별하기

a 입력(0이 아님): 2↵
b 입력: 4↵
c 입력: 2↵

판별식 D = 0
두 개의 실근을 가짐
```

Output

```
ax2 + bx + c = 0의 근 판별하기

a 입력(0이 아님): 3↵
b 입력: 3↵
c 입력: 1↵

판별식 D = -3
허근을 가짐
```

08 사용자의 성별 정보를 char type 변수에 입력받아 결과를 출력하는 프로그램을 switch문을 이용하여 작성하시오. 단, 'f'와 'm' 대신 'F'와 'M'이 입력되어도 같은 결과가 나오도록 한다.

Output
```
성별 입력(f/m): f↵
여성이군요.
```

Output
```
성별 입력(f/m): M↵
남성이군요.
```

Output
```
성별 입력(f/m): n↵
잘못된 입력입니다.
```

09 [Example 05-5]의 주민등록번호 일곱 번째 숫자를 입력받아 출생연대와 성별을 표시하는 코드를 if문으로 바꾸어 프로그램을 완성하시오.

Output
```
주민등록번호 일곱 번째 숫자는? 1↵
1900년대 출생 남자입니다.
```

Output
```
주민등록번호 일곱 번째 숫자는? 4↵
2000년대 출생 여자입니다.
```

10 다음과 같이 사칙연산이 가능한 계산기 프로그램을 if나 switch문을 이용하여 작성하시오.

Output
```
사칙연산 계산기(식: 3 * 9, 20/3)
수식: 9 + 3↵
결과: 12
```

Output
```
사칙연산 계산기(식: 3 * 9, 20/3)
수식: 7*9↵
결과: 63
```

Output
```
사칙연산 계산기(식: 3 * 9, 20/3)
수식: 2 ^ 9↵
사칙연산이 아님
```

- 수식 입력

```
int a, b;
char op;
printf("입력 >> ");
scanf("%d %c %d", &a, &op, &b);
```

scanf( )의 '%d' 뒤에 하나 이상의 빈칸이 있어야 입력 시 a 값 뒤에 빈칸을 입력했을 때 그다음의 '+'나 '*' 연산자 문자가 op 변수에 정상적으로 입력된다. scanf( )의 첫 인수인 "" 안에 공백 문자(빈칸, 탭, 줄바꿈)를 사용하면 입력 시 이 위치에 공백 문자가 입력된다면 이를 무시하는 효과를 얻는다. 입력 시 이 위치에 공백 문자가 입력되지 않는다면 바로 다음 변환 명세에 맞춰 입력이 진행된다.

첫 결과 화면처럼 9 뒤에 빈칸이 입력되면 이 빈칸은 무시되고, 그다음의 '+'가 op 변수에 입력된다. 두 번째 결과 화면처럼 입력 시 7 뒤에 빈칸이 없다면 다음 변환 명세인 '%c'가 사용되어 '*'가 op 변수에 입력된다.

만일 scanf("%d%c%d", &a, &op, &c);를 사용하면 '9 + 3'으로 입력 시 정수 9 뒤의 빈칸이 char형 변수 op에 입력된다. 이후 입력된 '+'는 문자이므로 '%d'로 제대로 입력받지 못한다. %d와 달리 %c는 빈칸도 문자로 입력받는 것에 주의한다.

- 계산 결과를 result에 구하기: if (op == '+') result = a + b;

- 사칙연산이 아닌 연산자라면 안내문 출력 후 프로그램 종료하기: printf("사칙연산이 아님 \n"); exit(0);
  exit(0);은 프로그램을 비정상적으로 종료할 때 많이 사용하며, #include 〈stdlib.h〉가 필요하다. return 0;은 뒤에서 배우겠지만 프로그램 전체가 아닌 함수를 종료할 때 사용된다. 지금은 main( ) 함수 한 개만으로 프로그램을 작성하므로 main( ) 함수가 종료되면 프로그램 실행도 종료된다.

11 n에 양의 정수를 입력받아 다음과 같이 다양하게 출력하는 프로그램을 작성하시오.

Output

```
2~9 중 얼마? 3↵

C 프로그래밍 언어
C 프로그래밍 언어
C 프로그래밍 언어

(1)  (2)  (3)

100, 200, 300, 끝
```

Output

```
2~9 중 얼마? 5↵

C 프로그래밍 언어
C 프로그래밍 언어
C 프로그래밍 언어
C 프로그래밍 언어
C 프로그래밍 언어

(1)  (2)  (3)  (4)  (5)

100, 200, 300, 400, 500, 끝
```

12 양의 정수를 n에 입력받은 후 1에서 n 중 홀수의 합을 sum_odd에 구하여 출력하시오.

Output

```
1 ~ n 중 홀수의 합 구하기
n 입력: 10↵

홀수의 합은 25
```

Output

```
1 ~ n 중 홀수의 합 구하기
n 입력: 11↵

홀수의 합은 36
```

13 [Code 05-8]을 확장하여 수식 뒤에 수열의 합을 다음과 같이 출력하시오.

Output

```
1/2 + 2/3 + 3/4 + ...n/(n+1)을 출력합니다.
n 입력 : 3↵

1/2 + 2/3 + 3/4 = 1.92
```

- n은 int형 변수
- 1/2는 0임에 주의: 캐스팅 연산자가 필요(예로 (double) i)

14 정수형 변수 n에 입력된 값이 소수인지 판단하는 프로그램을 작성하시오.

Output

```
소수인지 확인할 정수: 113↵
113은 소수
```

Output

```
소수인지 확인할 정수: 119↵
119는 7의 배수이므로 소수가 아님
```

- 소수는 1과 자신 외의 약수가 없는 양의 정수로 1은 소수가 아니다.
- n의 소수 여부는 2부터 (n-1)까지의 정수 중 n의 약수가 있는지 조사하여 결정할 수 있다. 즉 n이 2부터 (n-1)까지의 정수로 나누어떨어지는지 확인한다. for (i = 2; i < n; i++) { }
- 반복 횟수를 줄여서 성능 향상하기
  - n이 2의 배수가 아니라면 n/2보다 큰 정수에 대해서는 n의 약수인지 조사할 필요가 없다.
    for (i = 2; i 〈= n/2; i++) { }
  - n이 소수가 아니라고 가정한다면, i * j == n이 되는 1과 자신을 제외한 2 이상의 정수 i와 j가 존재한다. 이때 가장 작은 i는 2이고 가장 큰 i는 $\sqrt{n}$이다. i가 2라면 j는 n/2, k가 3이면 j는 n/3, ..., i가 $\sqrt{n}$이면 j도 $\sqrt{n}$이다. i가 $\sqrt{n}$보다 커지면 j는 $\sqrt{n}$보다 작은 값이 되는데, 이때 j는 이미 이전의 i가 n의 약수인지 판정할 때 사용한 값이다. 그러므로 n이 소수인지 판정하기 위한 for문에서 i는 $\sqrt{n}$까지만 확인하면 된다. for (i = 2; i 〈= sqrt(n); i++) { }
  - sqrt(n)은 $\sqrt{n}$을 구하는 라이브러리 함수이며, #include 〈math.h〉가 필요하다.
- 소수가 아닌 것이 판명되면 더는 반복하지 않기
  - for문 안에서 n이 i의 배수임이 확인되면 소수가 아니므로 더는 또 다른 배수가 있는지 확인할 필요가 없으므로 for문을 끝낸다.
  - for문을 끝낸 후에는 for 반복 도중에 for를 벗어난 경우인지(이때 i > sqrt(N)), 소수여서 for문을 끝까지 실행한 후 벗어난 경우인지(이때 i <= sqrt(N))에 따라 소수인지 아닌지를 판단하여 적절한 내용을 출력한다.

06 CHAPTER

제어문2 while, do~while 문

06

제어문2: while, do~while 문

6.1 조건을 만족하는 한 반복하기 while문

C프로그램에서는 반복 수행하고자 하는 경우 횟수가 정해진 반복에서는 반복을 시작하여 현재 몇 회가 진행 중인지를 알아 야하기에 반복 횟수를 카운팅하는 셈(count)이 필요하지만, 회수가 정해지지 않은 반복의 경우는 셈보다는 조건의 판단이 필요하다. 조건식만을 기준으로 반복 여부를 판단한다. 조건이 필요한 경우에는 while문 또는 do~while문을 사용한다.

횟수가 정해지지 않은 반복문에는 while문과 do~while문이 있다. 두 구문은 거의 비슷하지만 다음과 같이 조건을 언제 판단하느냐에 따라 차이가 있다.

[표 6-1] while문과 do~while문 차이

반복문	차이
while문	먼저 조건식을 판단하여 반복여부를 결정, 조건식이 거짓이면 반복문을 수행하지 않는다. 조건식을 먼저 작성한다.
do~while문	먼저 한번 반복한 후에 조건식을 판단하여 반복 여부를 결정, 일단 한번은 반복문 안에 있는 명령을 수행한다. 조건식을 마지막에 작성한다.

while문은 조건식이 참인 동안 문장을 반복 수행한다.

Syntax while

```
while (조건식)
    반복할 문장;
```

```
i=1;                                    // 초기화
while (i <= 100)                        // 조건식
    printf("***\n");                    // 반복할 문장
```

while문은 조건식의 값이 참이면 문장을 반복 수행하고 거짓이면 반복을 중단한다. 조건식은 참, 거짓으로 계산되는 수식으로 관계 연산자나 논리 연산자를 사용한 수식이 일반적이다. 조건식 주위의 괄호는 반드시 필요하며, 반복 문장이 여러 개의 문장으로 이루어진 복합문인 경우에는 { }를 이용하여 블록으로 지정해야 한다. 주의할 점은 while문을 시작하는 처음부터 조건식의 값이 거짓일 경우에는 아래의 문장이 한번도 수행되지 않는다는 것이다.

또한 while문에서는 반복의 초기화를 담당하는 부분이 따로 정해져 있지 않다. 따라서 while문이 시작되기 전에 제어 변수를 초기화하는 부분을 반드시 기술해야 한다.

다음은 while문의 실행순서를 이해하기 위한 그림과 순서도이다.

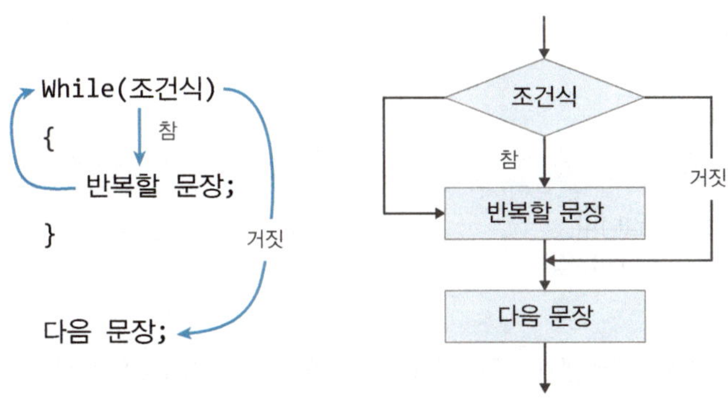

그림 6-1 while문의 형식과 실행 흐름도

- 조건식은 while문 본체의 반복 여부를 결정한다. while문을 실행할 때는 먼저 조건식을 검사한다. 조건식이 참이면 다음에 나오는 반복 문장을 실행하고 거짓이면 while문을 끝낸다.
- while문 본체의 마지막 문장을 실행한 후에는 다시 조건식이 있는 곳으로 돌아와 조건식을 검사한다. 조건식이 참이면 해당 문장을 다시 반복하고 거짓이면 while문을 끝낸다. 즉 조건식이 참인 동안은 본체를 계속 반복 실행한다.
- while문을 시작할 때 처음부터 조건식의 값이 거짓일 경우에는 본체가 한번도 실행되지 않을 수 있다.

다음은 정수 1부터 10까지의 합과 곱을 구하는 프로그램을 while문을 이용하여 작성한 것이다.

Code 06-1　1~10까지의 합과 곱을 구하기

```c
#include <stdio.h>

int main()
{
    int i, sum = 0, mult = 1;

    i = 1;
    while (i <= 10)
    {
        sum += i;
        mult *= i;
        i++;
    }

    printf("1부터 10까지의 합은 %d입니다\n", sum);
    printf("1부터 10까지의 곱은 %d입니다\n", mult);

    return 0;
}
```

Output

```
1부터 10까지의 합은 55입니다
1부터 10까지의 곱은 3628800입니다
```

for문에서 조건식을 생략해서 무한 루프를 만들 수 있었는데 while문으로도 무한 루프를 만들 수 있다. while문으로 무한루프를 만들려면 조건식에 항상 참인 값을 사용한다. 0이 아닌 값은 모두 참이지만 보통은 while(1)처럼 1을 이용한다. 위의 while문은 다음과 같이 변형될 수 있으며 무한 루프를 빠져나오기 위해서는 for문과 마찬가지로 탈출 조건이 필요하다.

```c
while (1)
{
    if (i > 10) break;
    sum += i;
    mult *= i;
    i++;
}
```

6.2 무조건 한 번은 반복하기 do~while문

for나 while문은 반복문의 수행을 시작할 때 항상 조건식을 먼저 검사해서 조건식이 참인 경우에만 문장을 수행하지만, do~while은 일단 먼저 문장을 수행한 다음에 조건식을 검사한다. 따라서 for나 while문은 조건식에 맞지 않을 경우 반복문의 문장을 한 번도 수행하지 않을 수도 있지만 do~while문의 문장은 반드시 한번은 수행된다.

Syntax do~while문

```
do {
    반복할 문장;
} while (조건식);        // 마지막에 ; 반드시 입력
```

```
i=1;                          // 초기화
do {
    printf("***\n");          // 반복할 문장
} while (i<=100);             // 조건식
```

이공 계열에서 다루는 문제는 수치 데이터를 다루거나 특정한 일을 정해진 횟수만큼 반복하는 경우가 많다. 그러나 일반 응용 프로그램에서는 일단 한 번 실행한 후에 다시 반복 실행할지 그만둘지를 결정해야 하는 경우가 많다. 그 예가 메뉴 방식 프로그램이다. 사용자가 프로그램을 통해 처리할 수 있는 기능을 메뉴로 표시하고 사용자가 원하는 메뉴를 선택하면 해당 메뉴에 대한 기능을 처리해주며, 사용자가 끝내기를 원하기 전까지는 다시 메뉴를 처리하도록 반복하는 형태이다.

프로그래머 입장에서 반복 횟수를 미리 알 수 없으므로 while문으로 작성하는 것이 좋다. 그런데 이러한 메뉴 방식의 응용 프로그램은 사용자에게 일단 한번은 메뉴를 표시한다는 특징이 있다. 이처럼 반복 내용을 반드시 한 번은 실행한 후 계속할지 그만둘지 결정하는 경우에는 while문보다 do~while문을 이용하는 것이 훨씬 편리하다. [그림 6-2]는 do~while문의 형식과 실행의 흐름을 보여준다.

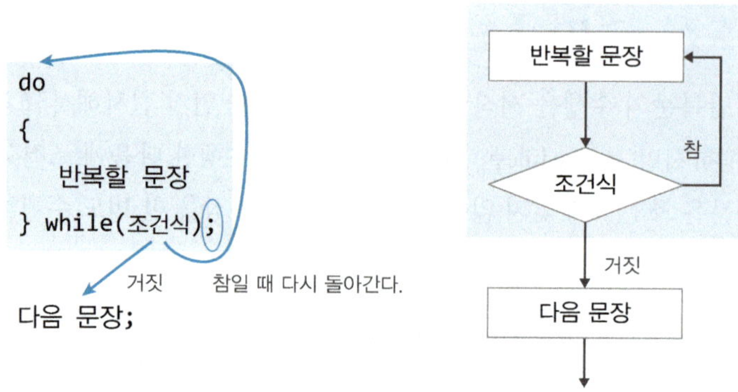

그림 6-2 do~while문의 형식과 실행의 흐름도

do~while문의 실행 순서

do문 뒤에 조건식이 없으므로 무조건 본체를 실행한다. 본체를 실행한 후에는 while 뒤의 조건식을 검사해 참이면 다시 본체를 실행하고 거짓이면 do~while문을 끝낸다.

do~while의 본체

- for문이나 while문과 달리 반복할 문장이 하나뿐이더라도 반드시 { }로 묶어야 한다.
- 본체가 끝난 후 } 뒤에 'while (조건식)'을 붙여서 쓰며 마지막에는 ;을 꼭 붙여야 한다.

다음은 while 문으로 작성한 [Code 06-1] 코드를 수정하여 do~while 문을 이용하여 작성한 것이다.

Code 06-2 1~10까지의 합과 곱을 구하기: do~while으로 수정

```
#include <stdio.h>

int main()
{
    int i, sum = 0, mult = 1;

    i = 1;
    do
    {
        sum += i;
        mult *= i;
```

```
        i++;
    } while (i <= 10);

    printf("1부터 10까지의 합은 %d입니다\n", sum);
    printf("1부터 10까지의 곱은 %d입니다\n", mult);

    return 0;
}
```

Output

```
1부터 10까지의 합은 55입니다
1부터 10까지의 곱은 3628800입니다
```

6.3 기타 제어문

프로그램이 수행되면 제일 먼저 main함수가 호출되고 main함수 내에 있는 일련의 문장들이 나열된 순서대로 수행된다. C언어에서는 앞에서 설명한 조건문과 반복문 외에도 문장들의 실행 순서를 변경할 수 있는 다양한 제어문을 제공하고 있다.

6.3.1 break문

break문은 for, while, do~while 과 같은 반복문이나 switch~case와 같은 조건문에서 탈출할 때 사용되는 유용한 제어문이다. 특히 조건식이 항상 참이라서 빠져나올 수 없는 무한 루프에서 유용하다. 반복 루프안에서 break문이 실행되면 반복 루프를 빠져나와 반복 루프 다음에 있는 문장이 수행된다. break문의 개수에는 제한이 없으나 너무 많이 사용하게 되면 코드가 복잡해지므로 특수한 경우가 아니면 사용을 자제하는 것이 좋다.

키보드로부터 정수 n을 입력받아 1부터 n까지의 합계를 구하여 출력하는 프로그램을 약간 변경해보자. 프로그램은 n의 입력으로 −1이 들어올 때까지 무한 반복 실행하다가 −1이 입력되면 무한 루프를 탈출해 프로그램을 종료한다.

Code 06-3 기타 제어문: break

```
1  #include <stdio.h>
2
3  int main()
4  {
5      int i, n, sum;
6
7      while (1)
8      {
9          printf("정수 n을 입력(종료:-1) :  ");
10         scanf("%d", &n);
11
12         if (n == -1) break;
13
14         sum = 0;
15         for (i = 1; i <= n; i++)
16             sum += i;
17         printf("정수 1에서 %d까지의 합은 %d입니다.\n\n", n, sum);
18     }
19
20     printf("프로그램을 끝냅니다.");
21
22     return 0;
23 }
```

Output

```
정수 n을 입력(종료:-1) :  100↵
정수 1에서 100까지의 합은 5050입니다.

정수 n을 입력(종료:-1) :  99↵
정수 1에서 99까지의 합은 4950입니다.

정수 n을 입력(종료:-1) :  -1↵

프로그램을 끝냅니다.
```

7행 while문의 조건식이 항상 참(1)이므로 무한 루프가 된다. 그러므로 무한 루프를 탈출하기 위해 탈출 조건을 명시해야 한다. n의 입력으로 −1이 들어오면 break문이 실행되어 루프를 빠져나와 루프 다음의 20~23행을 실행한 후 프로그램이 종료된다. n의 입력으로 −1이 들어오면 무한 루프를 탈출하여 프로그램을 종료하도록 한다.

break; 문을 사용할 경우 주의점으로는 break문은 반복문과 switch문에만 해당하므로 다음과 같이 if문을 탈출하는 데는 사용할 수 없다.

```
1 if (answer == 1)
2 {
3     printf("1번을 선택했습니다.\n");
4     printf("필요한 물건의 개수를 입력하세요.");
5     scanf("%d", &n);
6     if (n <= 0)
7         break;
8     printf("총 금액은 %d입니다. ", n * 1500);
9 }
```

위의 예에서 프로그래머의 의도는 1행의 if문을 탈출해 10행으로 이동하기 위한 것으로 보인다. 그러나 반복문과 switch문이 없이는 break가 나타날 수 없으므로 'illegal break'라는 에러 메시지가 나타난다.

다음으로 주의할 점은 중첩된 반복 루프인 경우 안쪽 루프에서 break문을 사용하였다면 break문이 속한 안쪽의 반복 루프만 빠져나온다는 것이다. 반복루프가 여러개 인 경우 안쪽 루프에서 가장 바깥 루프까지 빠져나오려면 break문이 루프 개수만큼 필요하다.

6.3.2 continue문

반복문을 실행하다가 continue문을 만나게 되면 continue다음에 있는 문장은 수행하지 않고 루프의 시작이나 끝부분으로 이동한다. 즉, for문이나 while문과 같은 반복문에서 continue를 만나면 for나 while의 시작부분으로 돌아가 조건식부터 다시 검사하게 되며, do~while문에서 continue를 만나면 do~while문의 끝에 있는 조건식을 검사하고 루프를 반복한다.

다음은 앞에서 작성한 1부터 정수 n까지 모든 짝수들의 합을 구하는 프로그램 [Code 05-12]을 continue문을 이용하여 다시 작성한 것이다.

Code 06-4 기타 제어문: break

```
#include <stdio.h>

int main()
{
```

```c
    int i, n, sum = 0;

    printf("정수 n을 입력 : ");
    scanf("%d", &n);

    i = 0;
    while (i <= n)
    {
        if (i % 2 == 1)
        {
            i++;
            continue;
        }
        sum += i;
        i++;
    }
    printf("정수 1에서 %d이하 짝수들의 합은 %d입니다.\n", n, sum);

    return 0;
}
```

Output

```
정수 n을 입력 : 10↵
정수 1에서 10이하 짝수들의 합은 30입니다.
```

6.3.3 코딩: 양의 정수 5개를 입력받아 합 구하기

양의 정수 5개를 입력받아 합을 구하는 프로그램을 작성하시오. 단, 음수가 입력되면 다시 반복문 처음으로 되돌아가서 다시 입력받도록 한다.

Code 06-5 양의 정수 5개를 입략받아 합 구하기

```c
#include <stdio.h>

int main()
{
    int n, cnt, sum;

    sum = 0;                // 총 합계
    cnt = 1;                // 입력된 양의 정수 개수
```

```
9      while (cnt<=5)          // 양의 정수 5개를 입력받을 때까지 반복
10     {
11         printf("양의 정수 n을 입력하세요. ");
12         scanf("%d", &n);
13
14         if (n <= 0)         // 양수만 더하기 위해 0 이하면 다음 번 반복으로 진행하기
15             continue;
16
17         cnt++;
18         printf("%d번째: 지금까지의 합 %2d + %2d = ", cnt-1, sum , n);
19         sum += n;
20         printf("%2d \n", sum);
21     }
22
23     return 0;
24 }
25
```

Output

```
양의 정수를 입력하세요: 10↵
1번째:지금까지의 합  0 + 10 = 10

양의 정수를 입력하세요: 15↵
2번째:지금까지의 합 10 + 15 = 25

양의 정수를 입력하세요: -6↵

양의 정수를 입력하세요: 6↵
3번째:지금까지의 합 25 +  6 = 31

양의 정수를 입력하세요: -1↵

양의 정수를 입력하세요: 23↵
4번째:지금까지의 합 31 + 23 = 54

양의 정수를 입력하세요: 42↵
5번째:지금까지의 합 54 + 42 = 96
```

음수가 입력되었으므로 곧바로 9행으로 돌아가 증감 연산 부분인 i++을 실행한 후 조건식을 검사한다.

12행에서 0 또는 음수가 입력되면 15행에서 뒤의 합을 구하는 과정을 생략하고 증감 연산 부분으로 돌아간다.

6.3.4 코딩: 메뉴방식의 프로그램

사용자가 그만하기를 원할 때까지 한 원의 둘레와 넓이, 구의 부피를 반복해서 구할 수 있는 메뉴 방식의 프로그램을 작성하시오.

– 명확한 반복 횟수를 알 수 없으므로 for문보다 while문이나 do~while문을 이용하는 것이 좋다. 일단 사용자에게 한번은 메뉴를 표시하고 선택한 메뉴에 따라 둘레, 넓이 또는 부피를 구하거나 그만두기를 선택해야 하므로 do~while문으로 작성한다.

```
do {
    – '1. 둘레 구하기, 2. 넓이 구하기, 3. 부피 구하기, 4. 그만두기' 메뉴 표시 후 번호 입력받기
    – 사용자가 선택한 메뉴 번호에 따라 다른 일을 처리하도록 switch문으로 작성
} while (사용자의 선택인 4가 아니라면 계속하기);
```

Code 06-6 메뉴방식의 프로그램

```
#include <stdio.h>
#include <conio.h>
#include <process.h>
#define PI 3.141592             // PI를 매크로 상수로 정의

int main()
{
    int answer, r;              // 사용자가 선택한 메뉴 번호, 반지름 저장 변수
    double circum, area, volume, pi;

    do {
        printf("===========================\n");
        printf("==   1. 원의 둘레 구하기   ==\n");
        printf("==   2. 원의 넓이 구하기   ==\n");
        printf("==   3. 구의 부피 구하기   ==\n");
        printf("==   4. 그만두기           ==\n");
        printf("===========================\n");
        printf("◈ 원하는 내용은? ");
        scanf("%d", &answer);

        if (answer==1 || answer==2 || answer==3)
        {
            printf("\n>> 반지름은? ");
            scanf("%d", &r);
            printf("\n>> 반지름이 %d인 ", r);
```

```
26          }
27          switch (answer)
28          {
29              case 1: circum= 2* PI * r;
30                  printf("원의 둘레는 %6.2lf \n", circum);
31                  break;
32              case 2: area = PI * r * r;
33                  printf("원의 넓이는 %6.2lf \n", area);
34                  break;
35              case 3: volume = 4./3 * PI * r * r * r;
36                  printf("구의 부피는 %6.2lf입니다.\n", volume);
37                  break;
38              case 4: printf("프로그램을 끝냅니다. \n"); exit(0);
39          }
40
41          printf("\n>> 결과를 확인했으면 아무키나 누르세요.");
42          getch();
43          system("cls");                  // 현재 화면의 내용 지우기
44      } while (answer != 4);
45
46      return 0;
47  }
```

Output 1

```
============================
==    1. 원의 둘레 구하기    ==
==    2. 원의 넓이 구하기    ==
==    3. 구의 부피 구하기    ==
==    4. 그만두기            ==
============================
◈ 원하는 내용은? 2↵

>> 반지름은? 7↵

>> 반지름이 7인 원의 넓이는 153.94↵

>> 결과를 확인했으면 아무키나 누르세요.
```

← 42행의 getch 함수 호출로 입력을 대기함

Output 2

```
===========================
==    1. 원의 둘레 구하기    ==
==    2. 원의 넓이 구하기    ==
==    3. 구의 부피 구하기    ==
==    4. 그만두기            ==
===========================
◈ 원하는 내용은? 4↵
프로그램을 끝냅니다.
```

45행의 system 호출로 앞의 화면을 깨끗이 지우고 결과 창의 처음부터 메뉴가 다시 나타난다.

21행: 선택한 메뉴 번호가 1, 2, 3일 때만 반지름을 입력받는다.
27~39행: 선택한 메뉴 번호에 따라 해당 기능을 처리한다.
44행: 4가 입력되었을 때는 프로그램을 끝내고 4 이외 값을 선택하면 다시 반복한다.

6.4 반복문 안에 반복문

6.4.1 중첩 반복문의 개념 잡기

C 언어에서 중첩 반복문은 하나의 반복문을 다른 반복문 안에 중첩시키는 것을 의미한다. 반복문은 중첩하여 사용할 수 있다. 즉 반복문 안에 또 다른 반복문을 포함할수 있는데 이런경우를 ' 중첩 반복문'이라고 한다. 바깥쪽에 있는 반복문을 바깥(외부) 반복문, 안쪽에 있는 반복문을 안쪽(내부) 반복문이라고 하며 안쪽 반복문은 바깥 반복문이 한번 반복할때마다 새롭게 실행된다. 중첩 반복문에서 주의할 점은 각각의 반복문을 제어하는 변수는 달라야 한다. 만약 같은 변수를 사용하게 되면 논리적인 오류가 발생하여 프로그램이 제대로 수행하지 않는다. 중첩 반복문을 사용하면 여러 번 반복되는 작업을 처리할 수 있으며, 이를 통해 복잡한 패턴을 생성하거나 다차원 배열을 처리할 수 있다. 중첩 반복문은 주로 중첩된 데이터 구조를 탐색하거나 복잡한 알고리즘을 구현할 때 사용된다.

중첩 반복문은 일반적으로 다음과 같은 구조를 가진다:

Syntax 단순 문자열을 출력하기 위한 형식

```
안쪽 반복문이 끝나면 바깥 반복문에서 다시 시작
for (바깥 반복문 초기화; 바깥 반복문 조건; 바깥 반복문 증감) {
    for (안쪽 반복문 초기화; 안쪽 반복문 조건; 안쪽 반복문 증감) {
        // 중첩 반복문 내부에서 수행할 작업
```

```
    }
}
```

또는 while 루프로 구현할 수도 있다:

```
while (바깥 반복문 조건) {
    while (안쪽 반복문 조건) {
        // 중첩 반복문 내부에서 수행할 작업
    }
}
```

중첩 반복문의 중요한 포인트

1. 바깥 반복문과 안쪽 반복문은 각각 독립적으로 작동하며, 안쪽 반복문은 바깥 반복문의 각 반복마다 완전히 실행된다.
2. 바깥 반복문의 한 번 반복마다 안쪽 반복문이 모두 실행된다. 이것은 모든 가능한 조합에 대해 작업을 수행하는 데 사용된다.
3. 반복문은 중첩될 수 있으며, 필요한 만큼 깊게 중첩시킬 수 있다.
   예를 들어, 2차원 배열의 모든 요소를 탐색하거나 행렬의 곱셈을 계산하는 등의 작업을 수행할 때 중첩 반복문이 유용하게 활용된다.

중첩 반복문을 사용할 때 주의할 점은 성능과 코드 가독성을 고려하는 것이다. 중첩 반복문이 깊게 중첩될수록 코드의 복잡성이 증가하고, 성능 문제가 발생할 수 있으므로 최적화와 코드 가독성 사이의 균형을 유지해야 한다.

아래는 C 언어에서 중첩 반복문을 사용한 간단한 예제로 1부터 5까지 출력을 5번 반복하는 코드는 다음과 같이 작성할 수 있다.

```
// 1부터 5까지를 5번 출력하는 for문
for (line = 1; line <= 5; line++) {
    printf(" 1  2  3  4  5\n");
}

// 실행 결과
 1  2  3  4  5
 1  2  3  4  5
 1  2  3  4  5
 1  2  3  4  5
 1  2  3  4  5
```

1부터 100까지 출력을 5번 반복하는 코드라면 위의 for문 본체 printf( ) 안에 문자열로 1부터 100까지 직접 타이핑하는 것은 무리이다. 이것은 다음과 같이 for문 안에 다시 for문을 포함한 중첩된 for문 구조로 작성하면 편리하다.

```
// 1부터 5까지를 5줄 출력하는 중첩 for문
for (line = 1; line <= 5; line++) {
    for (i = 1; i <= 5; i++) {
        printf("%3d", i);
    }
    printf("\n");
}

// 실행 결과
  1  2  3  4  5
  1  2  3  4  5
  1  2  3  4  5
  1  2  3  4  5
  1  2  3  4  5
```

중첩 for문을 이용하여 해결하는 문제 중에는 안쪽 for문에서 바깥 for문의 제어변수를 활용하는 것이 많다. 다음은 무조건 1부터 5까지 출력하는 것이 아니라 다음 줄을 추가로 출력할 때마다 출력하는 숫자를 1씩 증가해가는 중첩 for문이다.

```
// 1부터 5까지 확장하며 5줄 출력하는 중첩 for문
for (line = 1; line <= 5; line++) {
    printf("Line %d : [ ", line);

    for (i = 1; i <= line; i++) {
        printf("%d", i);
    }
    printf(" ]\n");
}

// 실행 결과
  1
  1  2
  1  2  3
  1  2  3  4
  1  2  3  4  5
```

```
1 // [] 안에 1부터 5까지 확장하며 5줄 출력하는 중첩 for문
2 for (line = 1; line <= 5; line++) {
3     printf("Line %d : [ ", line);
4 
5     for (i = 1; i <= line; i++) {
6         printf("%d", i);
7     }
8     printf(" ]\n");
9 }

// 실행 결과
Line 1 : [ 1 ]
Line 2 : [ 12 ]
Line 3 : [ 123 ]
Line 4 : [ 1234 ]
Line 5 : [ 12345 ]
```

위의 for문은 크게 보면 3행~7행을 5번 반복하여 다섯 줄을 출력하므로 의사 코드로는 다음과 같이 표현할 수 있다.

```
for (line = 1; line <= 5; line++) {
    줄 번호와 [ 출력하기
    1 ~ line까지 숫자 출력하기
    ] 출력하기
}
```

중간의 '1 ~ line까지 숫자 출력하기'는 다시 for문으로 표현할 수 있다. 그리고 다음과 같이 안쪽 for문의 반복 조건에 바깥 for문의 제어변수 line을 활용하여 해결할 수 있다.

```
for (line = 1; line <= 5; line++) {
    줄 번호와 [ 출력하기
    for (i = 1; i <= line; i++) {
        i 출력하기
    }
    ] 출력하기
}
```

중첩 for문의 실행 흐름이나 for문 작성 자체를 어렵게 생각하는 경우가 많다. 위의 예처럼 일단 문제를 큰 반복으로 해결하고, 세부적으로 다시 반복이 필요하다면 안쪽 for로 해결하는 방식으로 코드를 작성하면 흐름을 이해하기 쉬워진다.

다음의 코드는 "i"와 "j"라는 두 개의 변수를 사용하여 중첩 반복문을 구현하고 있다. 외부 반복문은 "i" 변수를 사용하며 내부 반복문은 "j" 변수를 사용한다. 이 코드는 "i"가 1에서 3까지 변할 때, "j"가 1에서 3까지 변하는 모든 조합을 출력한다.

Code 06-7 중첩 for문

```c
#include <stdio.h>

int main() {
    int i, j;

    // 외부 반복문
    for (i = 1; i <= 3; i++) {
        // 내부 반복문
        for (j = 1; j <= 3; j++) {
            printf("i = %d, j = %d\n", i, j);
        }
    }

    return 0;
}
```

Output

```
i = 1, j = 1
i = 1, j = 2
i = 1, j = 3
i = 2, j = 1
i = 2, j = 2
i = 2, j = 3
i = 3, j = 1
i = 3, j = 2
i = 3, j = 3
```

6.4.2 중첩 for문

다음의 코드는 중첩 반복문을 활용한 예제로서 2차원 배열을 초기화하고 출력하는 코드이다. 중첩 반복문을 사용하면 2차원 배열을 효과적으로 접근하는 방법을 보여준다.

Code 06-8 중첩 for문: 2차원 배열

```c
#include <stdio.h>

int main() {
    int rows = 3;
    int cols = 4;
    int matrix[rows][cols];

    // 2차원 배열 초기화
    for (int i = 0; i < rows; i++) {
        for (int j = 0; j < cols; j++) {
            matrix[i][j] = i * cols + j;
        }
    }

    // 2차원 배열 출력
    printf("2차원 배열 요소:\n");
    for (int i = 0; i < rows; i++) {
        for (int j = 0; j < cols; j++) {
            printf("%3d ", matrix[i][j]);
        }
        printf("\n");
    }

    return 0;
}
```

Output

```
2차원 배열 요소:
  0   1   2   3
  4   5   6   7
  8   9  10  11
```

위의 코드는 3x4 크기의 2차원 배열을 초기화하고 출력한다. 외부 반복문은 행(rows)을 나타내며 내부 반복문은 열(cols)을 나타낸다. 배열 요소를 초기화할 때, "i * cols + j"의 공식을 사용하여 배열 요소의 값을 계산한다.

6.4.3 코딩: 수학의 확률 프로그램

수학의 확률 계산을 컴퓨터 프로그램을 통해 처리할 때 중첩 for문을 이용할 수 있다. 무게가 50g인 노란 공이 15개 있고, 100g인 파란 공이 9개 있고, 120g인 초록 공이 10개가 있다고 하자.

색깔별로 반드시 하나씩은 있게 조합하여 총 무게가 1,500g이 되는 경우의 수를 구해보자.

이 문제는 노란 공이 1개일 때부터 15개일 때까지 각각의 경우를 처리하는 for문을 작성하고, 이 for문 안에 파란 공이 1개일 때부터 9개일 때까지 각 경우를 처리하는 for문을 작성한 다음, 이 for문 안에 초록 공의 모든 경우를 처리하는 for문을 작성하여 가장 안쪽에서 총합을 구한 후 1500이 되는지 확인하는 중첩 for로 해결할 수 있다.

Code 06-9 확률 계산하기

```c
#include <stdio.h>

int main()
{
    int yellow, blue, green;
    int y_sum, b_sum, g_sum;
    int cnt;

    printf(" ====================================\n");
    printf("    노란 공      파란 공       초록 공 \n");
    printf(" ====================================\n");

    cnt = 0;
    for (yellow = 1; yellow <= 15; yellow++)
    {
        y_sum = yellow * 50;
        for (blue = 1; blue <= 9; blue++)
        {
            b_sum = blue * 100;
            for (green = 1; green <= 10; green++)
            {
                g_sum = green * 120;
                if (y_sum + b_sum + g_sum == 1500)
                {
                    cnt++;
                    printf("%3d개(%3dg) %3d개(%3dg) %3d개(%4dg) \n",
                         yellow, y_sum, blue, b_sum, green, g_sum);
                    break;
                }
            }
        }
    }

```

```
    printf(" =====================================\n");
    printf(" 총 %d 가지\n", cnt);

    return 0;
}
```

▌Output

```
 =====================================
    노란 공     파란 공      초록 공
 =====================================
  2개(100g)   2개(200g)  10개(1200g)
  2개(100g)   8개(800g)   5개( 600g)
  4개(200g)   1개(100g)  10개(1200g)
  4개(200g)   7개(700g)   5개( 600g)
  6개(300g)   6개(600g)   5개( 600g)
  8개(400g)   5개(500g)   5개( 600g)
 10개(500g)   4개(400g)   5개( 600g)
 12개(600g)   3개(300g)   5개( 600g)
 14개(700g)   2개(200g)   5개( 600g)
 =====================================
 총 9 가지
```

6.4.4 코딩: 적분 구하기

05단원 for 응용 프로그램3에서 $\int_a^b x^2 - \frac{1}{x}dx$ 적분 근사치를 구할 때는 등분수를 직접 입력받았다. 이를 자동화하여 적분 구간 [a, b]의 등분 수에 따라 적분 근사치가 어떻게 변하는지를 확인할 수 있는 프로그램으로 변경해보자. 등분수 n을 10, 20, 30, ... , 100으로 증가해가면서 근사치를 출력하기 위해 중첩 for문으로 작성한다.

Code 06-10 적분 계산하기

```
#include <stdio.h>

int main()
{
    int n, i;                   // 적분 구간의 등분 수 즉 사다리꼴 개수
    double dx, f_x, f_x2;       // 사다리꼴의 가로 폭, 왼쪽 높이, 오른쪽 높이
    double x, x2, area;         // 사다리꼴의 왼쪽 x 좌표, 오른쪽 x 좌표, 면적
    double a, b, integral;      // 적분 구간 시작, 적분 구간 끝, 적분 근사치

    printf("적분 구간 [a, b] 입력하기 \n\n");
    printf("시작 값 a는(a > 0)? ");    scanf("%lf", &a);
```

```
    printf("끝 값 b는(b > a)? ");      scanf("%lf", &b);

    printf("\nf(x)의 [%.1lf, %.1lf] 구간의 적분 근사치 \n", a, b);

    for (n = 10; n <= 100; n += 10)          // 등분수를 바꿔가며 근사치 비교하기
    {
        dx = (b - a) / n;

        integral = 0;                        // 적분 근사치 변수의 초기화
        x = a;                               // x 좌표 초기화
        for (i = 1; i <= n; i++)
        {
            f_x = x * x - 1 / x;             // 사다리꼴 왼쪽 높이
            x2 = x + dx;                     // 사다리꼴 오른쪽 x 좌표
            f_x2 = x2 * x2 - 1 / x2;         // 사다리꼴 오른쪽 높이
            area = (f_x + f_x2) * dx / 2;    // 사다리꼴 면적
            integral += area;                // 사다리꼴 면적을 근사치에 누적
            x = x2;                          // 다음 사다리꼴 왼쪽 x 좌표 변경
        }

        printf("%5d 등분 : %7.3lf \n", n, integral);      // 적분 근사치 출력
    }

    return 0;
}
```

Output

```
적분 구간 [a, b] 입력하기

시작 값 a는(a > 0)? 1↵
끝 값 b는(b > a)? 10↵

f(x)의 [1.0, 10.0] 구간의 적분 근사치
   10 등분 : 331.850
   20 등분 : 330.985
   30 등분 : 330.825
   40 등분 : 330.769
   50 등분 : 330.743
   60 등분 : 330.729
   70 등분 : 330.721
   80 등분 : 330.715
   90 등분 : 330.712
  100 등분 : 330.709
```

연습 · 실습 문제

01 다음 괄호 부분을 채우시오.

- 프로그램에는 일정한 규칙대로 반복적으로 처리하는 모듈이 자주 필요하다. 이를 쉽게 처리하는 구문이 반복문이며, C 언어는 (　　　　), (　　　　), (　　　　) 3가지 반복문을 제공한다.
- (　　　　)문은 while문과 유사하나 반복의 계속 여부를 묻는 검사 부분이 몸체(body)의 마지막에 있는 것이 다르다.
- 반복문에서 무조건 반복을 종료하려면 (　　　　)문을 이용한다. 반복문에서 (　　　　)의 역할은 반복을 즉시 종료하고 반복문 다음 문장으로 실행 흐름을 바꾸는 것이다.
- (　　　　)문은 반복문을 종료하는 것이 아니라 (　　　　)문이 있는 몸체에서 (　　　　)문 아랫부분은 실행하지 않고 다시 반복문 처음으로 돌아가서 다음 반복을 계속 진행한다.
- 모든 반복문은 조건식이 (　　)일 때 반복이 끝난다. 따라서 반복문 헤더(header) 부분에 조건식이 있는 (　　)문이나 (　　)문은 반복문 시작에서 조건식이 거짓이면 반복이 바로 끝난다. 이에 반해, 반복문 마지막에 조건식이 있는 (　　　　　)문은 반복문 끝에서 조건식이 (　　)일 때 반복이 끝난다.

02 다음 중첩 반복문을 실행할 때 'Be Happy!'가 출력되는 횟수는 몇 번인지 추정하시오.

①
```
for (i = 0; i < 3; i++) {
    for (j = 0; j < 4; j++) {
        printf("Be Happy!");
    }
}
```

②
```
for (i = 0; i < 3; i++) {
    for (j = 0; j < 4; j++)  {
        printf("Be Happy!");
        if (j == 2) break;
    }
}
```

03 다음 프로그램에서 for문은 같은 결과를 출력하는 while문으로, while문은 같은 결과를 출력하는 for문으로 작성하시오.

①
```
int i;
for (i = 1; i <= 10; i += 3) {
    if (i % 5 == 0)
        printf("%d\n", i);
}
```

②
```
int i = 10;
while (i >= 0) {
    printf("%d\n", i);
    i -= 3;
}
```

04 다음과 같이 양의 정수 n을 입력받은 후 거꾸로 출력하는 프로그램을 작성하시오.

Output

```
거꾸로 출력할 양의 정수 입력 : 0↵
거꾸로 출력할 양의 정수 입력 : -3↵
거꾸로 출력할 양의 정수 입력 : 135↵

거꾸로 출력하면 531입니다.
```

Output

```
거꾸로 출력할 양의 정수 입력 : 1234↵

거꾸로 출력하면 4321입니다.
```

- 양의 정수가 입력될 때까지 반복하는 부분은 무조건 한 번은 실행해야 하므로 do~while문으로 작성한다.
- 입력된 양의 정수 n을 거꾸로 출력하는 부분은 while문으로 작성한다.
- 어떤 n이든 맨 먼저 출력할 1단위 숫자는 n을 10으로 나눈 나머지이다.
- n을 10으로 나눈 나머지를 계속해서 출력하여 거꾸로 출력할 수 있다면 이를 반복문으로 작성할 수 있다. n이 135라고 하자. n % 10인 5를 출력한 후에, n이 13으로 변경되면 n % 10인 3을 출력할 수 있다. n을 135에서 13으로 변경하려면 n을 10으로 나눈 몫으로 변경하면 된다.while문은 반복 본체 끝에서 특정 변수를 새로운 값으로 변경하는 코드 형식이 자주 사용된다. 이 문제에서도 n을 10으로 나눈 나머지는 출력하고, 다음 반복으로 돌아가기 전에 n을 10으로 나눈 몫으로 변경한다면 동일한 코드를 반복하여 해결할 수 있다.
- n이 135라고 가정할 때 n이 135일 때, 다음에는 13일 때, 다음에는 1일 때도 반복하여 n % 10을 출력해야 5, 3, 1이 출력된다. 하지만 n이 0이 되면 더는 출력하지 않아야 한다.

05 다음 코드의 실행 결과를 추정한 뒤, 직접 실행한 결과와 비교해보시오.

①
```c
int x, y;
for (i = 1; i <= 3; i++)
    for (j = 1; j <= 3; j++)
        i += j;
    printf("i = %d, j = %d\n", i, j);
```

②
```c
int n = 1;
while (n++ <= 10) {
    if (n == 7)
        continue;
    printf("n = %d\n", n);
    }
```

③
```c
int n = 1, sum = 0;
do {
    sum = ++n + 5;
} while (n <= 10);

printf("sum = %d\n", sum);
```

④
```c
int n = 1, sum = 0;
while (1) {
    sum = ++n + 5;
    if (n == 10)
        break;
}
printf("sum = %d\n", sum);
```

06 숫자 하나를 n에 입력받은 후, 3의 배수를 n개 출력하는 프로그램을 작성하시오.

Output

```
출력할 3의 배수의 개수는 : 10↵
3 6 9 12 15 18 21 24 27 30
```

- n을 1씩 감소시켜 0이 되면 while문을 탈출한다.

```
while(    )
{
    // 3의 배수(3×1, 3×2, …) 출력
}
```

07 정수를 입력받아 회문수(palindrome)인지 판단한 결과를 출력하는 프로그램을 작성하시오. 회문수는 121, 1331, 1551과 같이 앞으로 읽으나 뒤로 읽으나 같은 수를 의미한다.

Output

```
정수를 입력하세요: 2552↵
2555는 회문수입니다.
```

Output

```
정수를 입력하세요: 1234↵
1234는 회문수가 아닙니다.
```

- 04번 문제를 참고하여 1234를 거꾸로 한 값 4321을 구한 후 입력받은 값과 비교하여 회문수인지 판단할 수 있다.

08 max에 정수를 입력받고 2부터 max까지의 모든 소수를 출력하는 프로그램을 작성하시오.

Output

```
최대 얼마까지의 소수를 출력? 50↵
2 3 5 7 11 13 17 19 23 29 31 37 41 43 47
```

- 2부터 max까지 소수인지 판단하기

```
n = 2;
while (n <= max) {
    // 소수 판단(05장 연습문제 15번)
    n++;
}
```

09 1~n의 합 중 1000을 넘지 않는 가장 큰 합과 그때의 n을 구하는 프로그램을 작성하시오.

Output

```
1부터 44까지의 합이 990입니다.
```

- 숫자를 1부터 1씩 증가하며 합계를 구하는 과정을 합계가 1000을 넘을 때까지 반복한다.

```
while (합이 1000 이하이면) {
    // 합계 구하기
}
```

```
while (1) {
    // 합계 구하기
    // 합계가 1000을 넘으면 루프 탈출
}
```

10 구구단(2단~9단)을 출력하되 단 사이에 '–'로 된 줄을 출력하는 프로그램을 작성하시오.

Output

```
2 * 1 =  2
2 * 2 =  4
2 * 3 =  6
⋮
2 * 9 = 18
----------
3 * 1 =  3
3 * 2 =  6
3 * 3 =  9
⋮
3 * 9 = 27
----------
4 * 1 =  4
4 * 2 =  8
4 * 3 = 12
⋮
9 * 9 = 81
----------
```

```
for (i = 2; i <= 9; i++)
    for (j = 1; j <= 9; j++)
```

Output(11번 문제)

```
2*1= 2  3*1= 3  4*1= 4  5*1= 5  6*1= 6  7*1= 7  8*1= 8  9*1= 9
2*2= 4  3*2= 6  4*2= 8  5*2=10  6*2=12  7*2=14  8*2=16  9*2=18
2*3= 6  3*3= 9  4*3=12  5*3=15  6*3=18  7*3=21  8*3=24  9*3=27
2*4= 8  3*4=12  4*4=16  5*4=20  6*4=24  7*4=28  8*4=32  9*4=36
2*5=10  3*5=15  4*5=20  5*5=25  6*5=30  7*5=35  8*5=40  9*5=45
2*6=12  3*6=18  4*6=24  5*6=30  6*6=36  7*6=42  8*6=48  9*6=54
2*7=14  3*7=21  4*7=28  5*7=35  6*7=42  7*7=49  8*7=56  9*7=63
2*8=16  3*8=24  4*8=32  5*8=40  6*8=48  7*8=56  8*8=64  9*8=72
2*9=18  3*9=27  4*9=36  5*9=45  6*9=54  7*9=63  8*9=72  9*9=81
```

11 구구단(2단~9단)을 위의 오른쪽 결과와 같이 가로로 출력하는 프로그램을 작성하시오.

- 가로 출력은 이중 for문의 바깥쪽과 안쪽 제어 변수를 바꿔서 지정해 주면 간단히 해결할 수 있다.

12 반복문을 이용해 다음과 같은 패턴을 출력하는 프로그램을 작성하시오.

```
**********
*        *
*        *
*        *
*        *
*        *
*        *
*        *
**********
```

```
    *
   ***
  *****
 *******
*********
 *******
  *****
   ***
    *
```

```
1
12
123
1234
12345
123456
1234567
12345678
123456789
```

```
123456789
12345678
1234567
123456
12345
1234
123
12
1
```

13 자연수 두 개 입력받은 후, 최대 공약수를 구하는 프로그램을 while문으로 작성하시오.

Output

```
두 개의 정수를 입력하시오 : 12 8↵
최대 공약수는 4입니다.
```

- 최대 공약수를 구하는 알고리즘은 다음과 같다.
  ① 두 수 중 큰 수를 x에, 작은 수를 y에 저장
  ② y가 0이면 최대 공약수는 x이며, 프로그램을 종료
  ③ r = x % y
  ④ x = y
  ⑤ y = r
  ⑥ 다시 ②로 되돌아가기

14 구간 [a, b]에서 연속인 함수 $f(x)=x^2(f(x)\geq 0)$에 대해 $x=a,\ x=b,\ y=f(x)$로 둘러싸인 넓이 (정적분 $S(x)$)는 $S(x)=\int_a^b f(x)dx=\int_a^b x^2dx$로 정의된다. 구분구적법을 이용하여 $f(x)$의 정적분 값을 계산하는 프로그램을 작성하시오.

Output

```
적분 구간 시작은? 1
적분 구간 끝은? 3
n(적분 구간의 개수)은? 10000

f(x) = x²의 [1.0, 3.0] 구간의 적분 근사치는 8.668입니다.
```

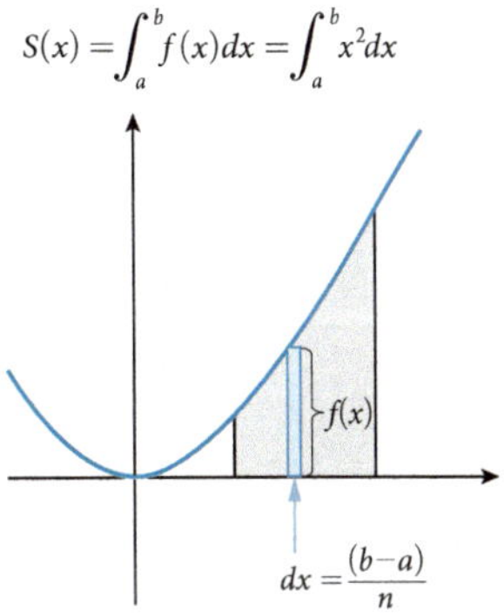

- 구분구적법은 주어진 평면도형의 넓이를 구하기 위해 주어진 도형을 충분히 작은 n개의 기본도형으로 세분하고, 이 기본도형들의 넓이의 합을 정적분의 근삿값으로 취하는 것으로, 적분값과 근삿값의 오차를 줄이려면 n을 될 수 있는 한 큰 값으로 설정해야 한다.
- n : 정수로서 적분 구간 등분 개수
- dx : 주어진 구간 [a, b]를 n개의 등분으로 나눈 구간의 폭

15 판매원 3명의 영업실적을 처리하는 간단한 프로그램을 작성하여 보자. 각 판매원의 1분기~4분기 판매실적을 입력받아 각 판매원의 총판매량과 평균 판매량을 계산하여 출력한 다음 전체 평균 판매량을 출력한다.

Output

```
판매원 1의 분기별 판매실적을 입력하세요:
1분기 판매실적: 2000
2분기 판매실적: 2500
3분기 판매실적: 2300
4분기 판매실적: 2400
판매원 1의 총 판매량: 9200.00
판매원 1의 평균 판매량: 2300.00

판매원 2의 분기별 판매실적을 입력하세요:
1분기 판매실적: 1200
2분기 판매실적: 1500
3분기 판매실적: 1800
4분기 판매실적: 2000
```

Output

```
판매원 2의 총 판매량: 6500.00
판매원 2의 평균 판매량: 1625.00

판매원 3의 분기별 판매실적을 입력하세요:
1분기 판매실적: 1500
2분기 판매실적: 1600
3분기 판매실적: 1800
4분기 판매실적: 2000
판매원 3의 총 판매량: 6900.00
판매원 3의 평균 판매량: 1725.00

전체 총 판매량: 22600.00
전체 평균 판매량: 1883.33
```

07 CHAPTER

전문 일꾼 함수

07 전문 일꾼 함수

C 프로그램은 함수를 모아둔 것이라고 할 수 있다. 지금까지 해결한 문제는 프로그램 총 길이가 100줄이 안 될 정도로 복잡한 문제가 아니어서 main이란 이름의 사용자 정의 함수 한 개만으로 작성했다. 하지만 규모가 크고 복잡한 문제를 main( ) 함수 하나로 작성한다면 단순히 코드 길이와 작성 기간이 길어지는 것뿐만 아니라 디버깅과 확장 및 유지 관리 면에서도 바람직하지 않다.

크고 복잡한 문제가 주어진다면 이 문제를 좀 더 쉽게 해결할 수 있는 작은 문제로 나누고, 이 문제 역시 바로 해결하기 어렵다면 다시 작은 문제로 나누는 과정을 반복하면 맨 마지막에는 쉽게 해결할 수 있는 부분이 나타날 것이다. 이러한 작은 부분들을 함수로 정의하고, 함수에 해당하는 코드가 필요한 곳은 함수 호출문으로 작성하는 방식을 이용하면 큰 문제의 프로그래밍이 편리해진다. 함수를 사용하는 프로그래밍은 문제가 크고 복잡하지 않더라도 코드 길이를 단축하고, 코드의 가독성(readability)을 높이고, 코드 디버깅과 확장을 편리하게 할 수 있으며, 기존 코드를 재활용하기에 좋은 방법이다. 컴퓨터 프로그래밍에서는 함수를 정의하고 사용하는 것이 필수적이므로 지금부터 함수에 대해 자세히 살펴보자.

7.1 함수를 이용하는 프로그램 구조

함수는 단순화하면 [그림 7-1]의 유대리같이 나과장을 대신해 일해주는 심부름꾼이나 일꾼에 비유할 수 있다. '언제든지 일을 시킬 수 있는 심부름꾼이 있다면 나의 생활이 얼마나 편리해질까?' 또는 반대로 '사무실에 복사기, 프린터, 컴퓨터 등이 없다면 직원의 업무가 얼마나 늘어날까?'를 생각해본다면 프로그램에서 함수를 왜 사용하는지 이해하게 될 것이다.

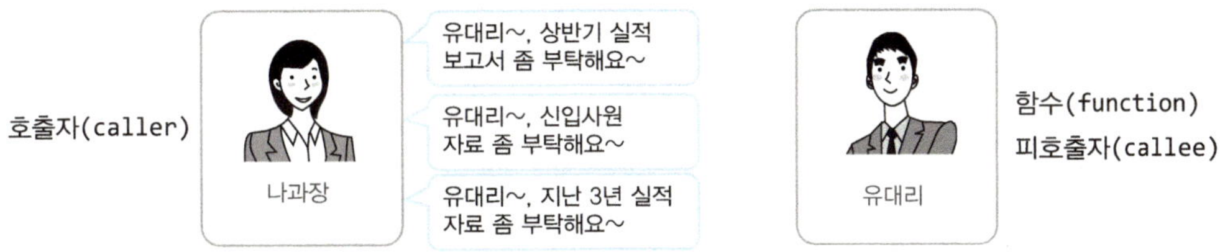

그림 7-1 나과장의 심부름꾼인 유대리는 함수에 해당

컴퓨터 프로그램에서 **함수(function)**는 심부름꾼과 같이 특정한 일을 수행하는 코드 블록(block)이다. 함수는 평균, 순위, 합격자 수, 둘 중 큰 값, 90점 이상 점수 개수와 같이 특정 값 한 개를 구하는 데 많이 사용하지만, 출력만 한다거나 10장에서 소개하는 배열 내용을 변경하는 것과 같이 특정 일만 대신 하기도 한다. 앞의 경우는 **반환값(return value)**이 있는 함수라고 하며, 뒤의 경우는 반환값이 없는 함수라고 한다.

함수가 반환값을 가질 수도, 아닐 수도 있는 것은 일상에서의 심부름과도 유사하다. [그림 7-2]와 같이 커피를 태워서 갖다주거나, 물 한잔을 갖다주거나, 세탁물을 배달하는 것과 같이 부탁한 결과물을 제공함으로써 심부름이 끝나는 것은 반환값이 있는 함수에 해당한다. 청소를 깨끗하게 하거나 서류를 전달하는 것과 같이 부탁한 일만 다 하면 심부름이 끝나는 것은 반환값이 없는 함수에 해당한다.

그림 7-2 반환값이 있는 경우와 없는 경우의 심부름꾼 예

함수를 사용하는 프로그램의 구조는 [그림 7-3] (b)와 같다. 프로그램에서 자주 구하는 값이 있다면 ① 이러한 값을 구해서 반환하는 함수를 정의하고, ② 해당 값이 필요할 때마다 함수를 호출하여 반환된 값을 이용한다.

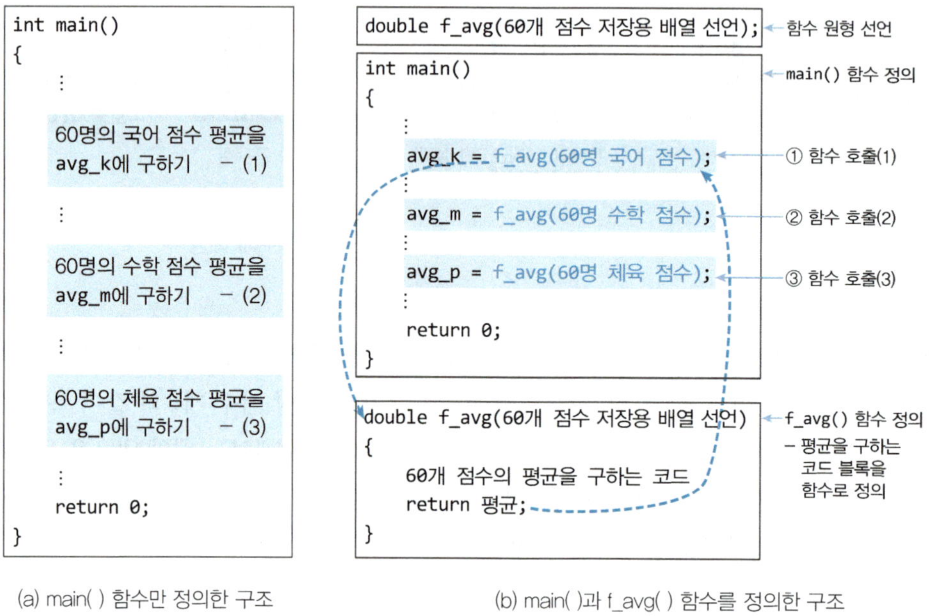

그림 7-3 사용자 정의 함수를 포함한 프로그램 구조

[그림 7-3]의 두 가지 프로그램 구조에서 가장 직관적으로 비교할 수 있는 것은 프로그램의 길이다. (b)와 같이 f_avg( ) 함수를 정의했다면, (a)의 (1), (2), (3) 부분을 함수 호출문 한 문장으로 작성할 수 있다. 평균을 구하는 횟수가 많아질수록 (b)의 프로그램 길이는 더욱 짧아진다.

기능이 같은 긴 코드가 여러 번 나타나는 것보다는 함수 호출문이 코드의 기능을 빠르게 해석할 수 있으므로 프로그램의 가독성(readability)도 높아진다. 긴 프로그램 하나 보다는 기능별로 함수가 만들어져 있을 때 정의한 함수를 이해하고 나면 함수 호출만으로 코드 내용을 파악할 수 있게 된다.

다른 프로그램을 개발할 때 기존 프로그램에서 정의한 함수가 필요하다면 복사해서 가져가서 사용하면 되므로 코드의 재사용으로 인해 개발 시간도 줄어든다. 함수 내용을 수정해야 한다면 해당 함수 정의 부분만 수정하면 되므로 수정 작업도 간단해진다.

7.2 바로 사용하는 라이브러리 함수

함수는 C 언어 사용자의 편의를 위해 개발도구에 미리 포함된 **라이브러리(library) 함수**와 사용자가 직접 정의하고 사용하는 **사용자 정의(user-defined) 함수**로 나눌 수 있다. 라이브러리 함수는 이미 사용 경험이 있다. 바로 printf( )와 scanf( )인데, 이 함수를 사용하면서 함수의 코드를 직접 작성한 적이 없다. 라이브러리 함수는 미리 정의되어 있으므로 직접 정의할 필요 없이 바로 호출문을 사용할 수 있기 때문이다. 라이브러리 함수를 호출하는 구문은 다음과 같다.

Syntax 라이브러리 함수 호출

- 함수 호출

함수가 일하는 데 필요한 정보 제공

```
함수명(인수1, 인수2, ..., 인수n)
```

호출 자리는 함수가 반환하는 값이 있다면 반환 값으로 바뀜

- 실행 과정
  ① 함수를 호출하면
  ② 인수(argument) 정보가 호출한 함수로 전달되며
  ③ 함수가 모든 일을 완료하면
  ④ 다시 함수 호출 자리로 돌아온다(return).
- 함수의 반환 값
  ④-1 반환값이 있다면 → 함수 호출 자리는 반환값으로 바뀌며,
  ④-2 반환값이 없다면 → 함수 호출이 끝난다.
  이렇게 호출하는 함수가 반환값이 없다면 함수 실행 후 현재 호출문이 완전히 끝나므로 끝에 ' ; '이 꼭 있어야 함

```
함수명(인수1, 인수2, ..., 인수n);     // 반환 값이 없는 함수의 호출
```

- 함수마다 인수의 개수, 자료형, 순서가 정해져 있음
- 인수가 없다면 '함수명( )'으로 호출
- 함수마다 #include로 포함할 헤더 파일이 정해져 있음

Example 07-1 라이브러리 함수 printf( ), abs( ), pow( ) 사용하기

age1과 age2 두 나이의 차이와 2의 10 거듭제곱을 출력하는 코드는 다음과 같다.

```
1  #include <stdio.h>                // printf()
2  #include <math.h>                 // abs(), pow()
3
4  int main()
5  {
6      int age1 = 33, age2 = 25;
7
8      printf("나이 차이: %d살\n", abs(age1 - age2));
9      printf("1KB = %.0lfbytes \n", pow(2, 10));
10
11     return 0;
12 }
```

Output

```
나이 차이: 8살
1KB = 1024bytes
```

8행: printf( ) 함수는 최소한 한 개의 인수가 있어야 한다. 첫 인수는 문자열이어야 하며, 필요하다면 그 뒤에 인수가 올 수 있는데 결괏값이 있는 식이나 대입문이어야 한다. 지금까지 사용한 printf( ) 모양을 생각하면 알 수 있을 것이다.

8행: abs(a)는 정수 인수에만 사용할 수 있으며 a의 절댓값을 반환하는 함수이다.

9행: pow(a, b)는 a^b를 반환하는 함수로 반환값이 실수므로 %lf로 출력해야 한다.

7.2.1 많이 사용하는 라이브러리 함수

라이브러리 함수를 사용하려면 해당 함수의 원형(7.3.2에서 소개함) 선언 등의 정보를 포함하고 있는 정해진 헤더 파일을 프로그램에 포함해야 한다. 이는 지금까지 printf( )와 scanf( ) 라이브러리 함수를 사용하기 위해 프로그램 상단에 #include <stdio.h>를 사용해온 이유이다.

코드를 직접 짜는 것보다 라이브러리 함수를 호출하는 것이 편하므로, 라이브러리 함수를 많이 알고 있다면 더욱 효율적으로 코딩할 수 있다. C에는 다양한 라이브러리 함수가 있지만 지면의 제약상 많이 사용하는 대표적인 라이브러리 함수만 소개한다.

#include <math.h>가 필요한 수학 함수
- 대부분의 함수 인수가 실수형이며 결과도 실수형
- 인수가 실수형인데 정수를 사용하는 것은 허용되기도 하지만, 결과가 실수형인 함수일 때 %d를 사용한 출력은 불가능

호출 형식	함수의 인수, 반환값, 특징	호출 예 → 결괏값
abs(a)	• 정수 a의 절댓값을 반환 • 인수는 정수형만 가능하며 결괏값도 정수형	abs(-7) → 7 abs(3) → 3
fabs(a)	• 실수 a의 절댓값을 반환	fabs(-7.5) → 7.5 fabs(4 - 7) → 3.0
pow(a, b)	• a의 b 거듭제곱인 a^b을 반환	pow(2, 8) → 256.0 pow(5.3, 2) → 28.09 pow(9, 0.5) → 3.0
sqrt(a)	• a의 제곱근을 반환	sqrt(2) → 1.414214 sqrt(9) → 3.0
exp(a)	• 자연상수 e의 a 거듭제곱인 e^a을 반환 • 자연상수 e 값은 exp(1)로 출력 가능	exp(1) → 2.718282 exp(-1) → 0.367879 exp(3) → 20.085537
log(a)	• 밑이 자연상수 e인 ln a를 반환	log(2.718282) → 1.0 log(20.085537) → 3.0
log10(a)	• 밑이 10인 상용 로그 $\log_{10}a$를 반환	log10(10) → 1.0 log10(10000) → 4.0
floor(a)	• 실수 a보다 작은 정수 중 가장 근접한 정수인 $\lfloor a \rfloor$를 반환, 결과는 정수형	floor(7.3) → 7 floor(-7.3) → -8
ceil(a)	• 실수 a보다 큰 정수 중 a에 가장 근접한 정수인 $\lceil a \rceil$를 반환, 결과는 정수형	ceil(7.3) → 8 ceil(-7.3) → -7
sin(a)	• a 라디안의 사인 삼각함수 값을 반환 • a는 각도 단위가 아닌 라디안 단위의 값 • 각도 d를 라디안 단위의 r로 변경하려면? 180도는 π라디안이므로 다음 비례식으로 구함 180 ° : 3.14159 = d ° : r	sin(0) → 0.0 sin(3.14159/2) → 1.0 sin(3.14159) → 0.0
cos(a)	• a 라디안의 코사인 삼각함수 값을 반환	cos(3.14159/2) → 0.0
tan(a)	• a 라디안의 탄젠트 삼각함수 값을 반환	tan(3.14159/4) → 1.0

#include <ctype.h>가 필요한 문자 함수 – 인수는 문자 1개로 char형 변수, ' '로 묶은 문자 상수 또는 특정 문자의 ASCII 코드값		
호출 형식	함수의 인수, 반환값, 특징	호출 예 → 결괏값
`islower(ch)`	• ch 문자의 소문자 여부를 반환 • 소문자라면 양수(참)를, 소문자가 아니라면 0(거짓)을 반환	islower('a') → 참 islower('A') → 거짓 islower(66) → 거짓 (66은 'B'의 코드 값)
`isupper(ch)`	• ch 문자의 대문자 여부를 반환 • 대문자면 양수(참)를, 아니면 0(거짓)반환	isupper('Z') → 참 isupper('a') → 거짓
`isdigit(ch)`	• ch 문자가 '0'~'9' 중 하나인 숫자 문자인지를 반환	isdigit('3') → 참 isdigit('A') → 거짓
`isalpha(ch)`	• ch 문자가 'A'~'Z' 또는 'a'~'z' 중 하나인지를 반환	isalpha('A') → 참 isalpha('*') → 거짓

#include <string.h>가 필요한 문자열 함수 (10.3.1에서 자세히 소개함)		
호출 형식	함수의 인수, 반환값, 특징	호출 예 → 결괏값
`strlen(a)`	• 문자열 a에 저장된 문자의 개수를 반환 • 인수 a는 문자열 상수이거나 문자열이 저장된 기억장소 시작 주소	strlen("school") → 6 char name[10] = "Ace"; strlen(name) → 3
`strcpy(a, b)`	• 문자열 b를 a에 복사 • a도 문자열 b와 같은 문자열이 됨	strcpy(name, "Hong"); printf("%s", name) → Hong
`strcmp(a, b)`	• 두 문자열 a와 b를 사전적 순서를 기준으로 크기를 비교한 결과를 반환 • a가 b보다 먼저 나오면 → 음수 반환 a와 b가 같은 문자열 → 0 반환 a가 b보다 뒤에 나오면 → 양수 반환	strcmp("Kim", "Park") → -1 strcmp("Kim", "Kim") → 0 strcmp("CH12", "CH3") → 1 ('1'보다 '3' 문자가 사전적으로 더 뒤에 나옴)

#include <stdlib.h>가 필요한 범용 함수		
호출 형식	함수의 인수, 반환값, 특징	호출 예 → 결괏값

`exit(a)`	• 프로그램 실행을 끝냄
	• 정상적인 종료는 인수 a를 0으로, 비정상적인 종료는 1로 사용
		exit(0);
		exit(1);
		→ 이 함수는 반환값이 없음

`rand()`	• 0~32767 중의 정수형 난수를 반환 • 인수가 없음	rand( ) → 7 rand( ) → 32767

`srand(a)`	• rand( )가 사용하는 난수 발생기의 씨드 값을 직접 a로 지정 • a는 양의 정수	srand(2); → 씨드를 2로 설정 srand(time(NULL)); → 현재 시각을 씨드로 설정(time(NULL)은 현재 시각을 알려주며 #include〈time.h〉가 필요함)
`system(a)`	• a는 " "로 묶은 명령 처리기(command processor)의 명령	system("cls") → cls 명령을 실행하여 실행 창을 깨끗하게 지움

7.2.2 코딩: 문자 관련 라이브러리 함수 사용

현대인이라면 특정 사이트에 회원으로 가입하기 위해 아이디와 비밀번호를 등록하는 과정을 수도 없이 경험했을 것이다. 이러한 작업의 일부인 회원으로 가입할 사용자가 입력한 비밀번호의 유효성을 검증하는 과정을 간단히 코딩해보자.

- 유효한 비밀번호
  - 조건1: 무조건 5자리, 조건2: 알파벳과 숫자만 가능, 조건3: 숫자를 한 개 이상 포함
- 비밀번호 저장과 유효성 검사 과정
  - 조건1: 비밀번호는 알파벳과 숫자가 섞여 있는 문자열로 처리할 수 있지만, 아직 문자열을 저장할 배열을 배우지 않았으므로 char형 변수 ch에 문자를 입력하는 과정을 5번 반복한다. ch 입력을 무조건 5번 반복하여 조건1을 만족하게 함

    비밀번호를 입력할 때 보안을 위해 화면에는 '*'를 표시하는 방법과 사용자가 5자리가 넘는 비밀번호를 입력하지 못하게 하는 방법은 7.3.3의 getch( ) 함수와 10장의 연습문제 09번을 참고한다.
  - 조건2, 조건3: 문자가 한 개씩 입력될 때마다 알파벳인지 숫자인지 확인하여 알파벳 개수나 숫자 개수를 1 증가
- 조건2와 조건3 검증
  - 조건3은 '숫자 개수 >= 1'
  - 조건3을 만족하더라도 알파벳 외의 특수 문자를 포함하면 유효하지 않음

    → '(숫자 개수 + 알파벳 개수) == 5' 조건을 만족하는지 검증해야 함
- 실제 회원 가입 과정에서 등록할 비밀번호를 누를 때 비밀번호가 타인에게 노출되지 않게 실제 입력 문자 대신 '*'를 표시하는 경우가 대부분이다. 이 문제는 10장 연습문제 09번에서 다룬다.

Code 07-1 등록할 비밀번호의 유효성 검증하기

```c
#include <stdio.h>
#include <ctype.h>                           // isalpha(), isdigit() 함수용

int main()
{
    char ch;
    int alpha, digit, i;

    printf("비밀번호 규칙: 5자리, 알파벳과 숫자만 가능, 숫자 한 개 이상 포함 \n");
    printf("등록할 비밀번호 : ");

    alpha = digit = 0;
    for (i = 0; i < 5; i++)
    {
        scanf("%c", &ch);

        if (isalpha(ch))                     // ch가 알파벳이라면
            alpha++;                         // 알파벳 개수를 1 증가

        if (isdigit(ch))                     // '0'~'9'라면
            digit++;                         // 숫자 개수를 1 증가
    }

    if (digit >= 1 && alpha + digit == 5)
        printf("\n유효한 비밀번호입니다.");
    else
        printf("\n유효하지 않은 비밀번호입니다.");

    return 0;
}
```

Output 등록할 비밀번호가 유효하지 않은 경우

```
비밀번호 규칙: 5자리, 알파벳과 숫자만 가능, 숫자 한 개 이상 포함
등록할 비밀번호 : itsme↵

유효하지 않은 비밀번호입니다.
```

Output 등록할 비밀번호가 유효한 경우

```
비밀번호 규칙: 5자리, 알파벳과 숫자만 가능, 숫자 한 개 이상 포함
등록할 비밀번호 : its22↵

유효한 비밀번호입니다.
```

7.3 직접 정의하는 사용자 정의 함수

프로그램에 필요한 기능을 미리 구현한 라이브러리 함수가 없다면, 원하는 기능을 수행하는 함수를 직접 정의해서 사용하면 된다. **사용자 정의 함수(user-defined function)**를 정의하는 방법은 main( ) 함수와 같다. 하지만 지금까지의 main( )과는 다르게 인수 전달이 필요한 함수를 정의하려면 인수 전달이 왜 필요한지를 정확히 이해하는 것이 중요하다. 일반적으로 함수의 개념을 잡기까지 어려워하는 경향이 있으므로 간단한 형식부터 단계적으로 자세히 설명한다. 본문은 생략하고 [Syntax] 위주로 진행하거나, 곧바로 7.3.2를 본 후 7.4로 진행해도 큰 무리는 없다.

7.3.1 인수 전달과 반환값이 없는 사용자 정의 함수

함수를 호출할 때 인수를 전달하지 않으며 함수가 실행을 끝낼 때 반환하는 값도 없는 가장 단순한 구조의 사용자 정의 함수를 정의하고 호출하는 방법부터 익혀본다.

Syntax 인수 전달과 반환값이 없는 사용자 정의 함수의 정의와 호출

ⓑ 함수 원형 선언 : 컴파일러에게 함수의 정보 제공

```
void f_bye();
```

프로그램 실행 시작

```
int main()
{
    printf("안녕? (^˛ ^ ) ♡ \n\n");

    f_bye() ;

    printf("\n");

    return 0;
}
```

프로그램 실행 끝

ⓒ 함수 호출: f_bye() — 함수명()

반환값 없이 호출한 곳으로 복귀

ⓐ f_bye( ) 함수 정의 — 반환형 함수명( )

```
void   f_bye()
{
    int i;    // f_bye 함수의 지역 변수 선언

    printf("바이! (-˛ - )..zz");
    for (i = 0; i < 3; i++)
        printf("Z");

    return;
}
```

Output

```
안녕? (^˛ ^ ) ♡

바이! (-˛ - )..zzZZZ        ← f_bye()를 실행한 결과
```

ⓐ f_bye( ) 함수 정의: main( ) 함수 정의와 같은 구조

- 함수의 **헤더**: 함수 정의 첫 행
  - 인수를 전달받지 않으므로 함수명 뒤의) 안이 비어 있음 : (void)도 가능
  - 함수가 반환할 값이 없다면 함수명 앞에 void 사용
  - 함수의 헤더를 그대로 사용하여 함수 원형을 선언함 (ⓑ 참고)
  - 함수명은 변수명과 작명 규칙이 같음
- 함수 정의 **본체** { }
  - main( ) 함수처럼 변수를 사용하려면 함수 본체에서 선언부터 해야 함
  - return을 만나면 함수 실행이 끝나고 함수를 호출한 곳으로 실행 순서가 변경됨
  - return 뒤에 반환값이 없는 함수를 void형 함수라고도 함
- 다른 함수 본체 안에서 새 함수를 정의하지 않기

ⓑ 함수 호출: **함수명( )**

- 인수가 없더라도 ( )를 반드시 사용해야 함

ⓒ 함수 원형 선언문(7.3.2에서 자세히 설명)

- '함수 헤더;'를 함수 첫 호출문 이전에 둠
- 함수 정의가 함수 호출보다 뒤에 있을 때, 컴파일러가 함수 호출의 오류 여부를 판단할 수 있는 정보를 제공하는 역할

7.3.2 함수의 원형 선언

[그림 7-4]를 통해 함수의 원형 선언이 꼭 필요한 경우 (a)와 필요하지 않은 경우 (b)를 구분해보자.

[그림 7-4] (b)는 f_bye( ) 함수 정의가 먼저 있고, main( ) 함수에서 'f_bye( );' 호출문을 사용한다. 컴파일러는 f_bye( ) 함수 정의를 번역 후 main( ) 정의를 번역하면서 'f_bye( );' 호출문을 만나므로 인수와 반환값이 없는 함수 호출에 문제가 없음을 확신할 수 있다. 그러므로 별도의 함수 원형 선언이 필요하지 않다.

(a)에서 맨 위의 원형 선언이 없다면 어떻게 될까? 컴파일러는 main( ) 함수에서 f_bye( ); 호출문을 만나기까지 f_bye( ) 함수의 정의를 번역한 적이 없으므로 오류를 일으킨다. 이러한 오류를 방지하기 위해 처음으로 f_bye( ) 함수 호출문이 나타나기 이전 위치에 함수 원형을 선언하는 것이다. **함수 원형**은 함수의 이름, 전달될 인수를 저장할 매개변수의 자료형, 개수, 전달 순서, 그리고 함수의 반환값 자료형에 대한 정보가 있는 함수 정의 첫 줄 즉 헤더 부분에 해당한다. 컴파일러는 이 원형의 정보를 이용하여 함수 호출문에 오류가 있는지 판단할 수 있다.

```c
void f_bye();        // 함수 원형 선언

int main()
{
    printf("안녕? (^. ^ ) ♡ \n\n");

    f_bye() ;        // 함수 호출

    printf("\n");
    return 0;
}

void f_bye()         // 함수 정의
{
    int i;

    printf("바이! (-. - )..zz");
    for (i = 0; i < 3; i++)
        printf("Z");

    return;
}
```

(a) 함수 원형 선언이 필요한 예(권장)

```c
void f_bye()         // 함수 정의
{
    int i;

    printf("바이! (-. - )..zz");
    for (i = 0; i < 3; i++)
        printf("Z");

    return;
}

int main()
{
    printf("안녕? (^. ^ ) ♡ \n\n");

    f_bye() ;        // 함수 호출

    printf("\n");
    return 0;
}
```

(b) 함수 원형 선언이 필요 없는 예

그림 7-4 함수 원형 선언의 위치

(a)와 (b) 구조 중 (a) 구조를 권장한다. 프로그램 전체의 흐름은 main( ) 함수에 있으므로 main( ) 함수 정의를 맨 위에 두는 것이 바람직하며, 함수 원형을 main( ) 함수 위에 모두 모으면 이 프로그램에 포함된 함수로 어떤 것들이 있는지 쉽게 파악할 수 있으며, 함수를 호출할 때 해당 함수의 원형을 빠르게 찾아 참고하여 함수를 정확하게 호출할 수 있기 때문이다.

Example 07-2 '=' 문자 20개로 줄 출력하기

'='를 연속으로 출력하여 화면에 줄을 표시하는 대신 줄을 표시하는 함수를 이용하는 프로그램은 다음과 같다. f_line( ) 함수는 인수를 전달받지 않고 무조건 '=' 문자를 20개 출력하여 줄을 표시한다.

```c
#include <stdio.h>

void f_line();                          // 함수 원형 선언
```

```
4
5  int main()                              // main 함수 정의
6  {
7      printf("줄 출력하기\n");
8      f_line();                           // f_line 함수 호출
9      f_line();                           // f_line 함수 호출
10
11     return 0;
12 }
13
14 void f_line()                           // 인수 전달이 없는 함수 정의
15 {
16     int i;                              // f_line 함수의 지역 변수 선언
17
18     for (i = 0; i < 20; i++)
19         printf("=");
20     printf("\n");
21
22     return;                             // 함수 끝내기
23 }
```

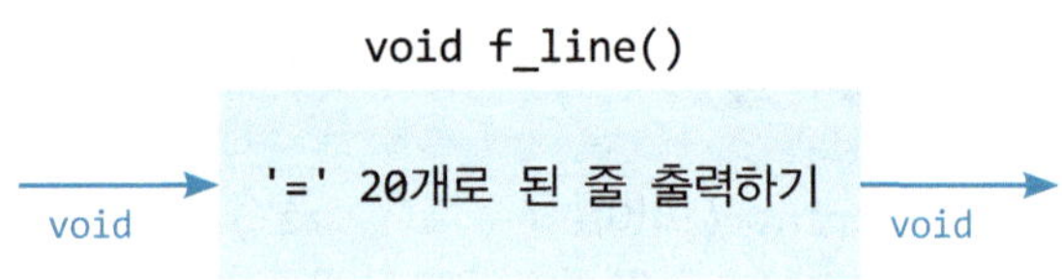

Output

```
줄 출력하기
====================          ← 8행 실행 결과
====================          ← 9행 실행 결과
```

[Example 07-2]의 f_line( ) 함수는 '-', '*', '_'과 같은 다양한 문자로 다양한 길이의 줄을 출력할 수 없다. 이 문제를 해결하기 위해 지정한 문자로 지정한 길이의 줄을 출력할 수 있는 함수를 정의하려면 7.4에서 소개하는 인수에 대한 이해가 필요하다.

7.3.3 코딩: 인수 전달이 없는 사용자 정의 함수 사용

던진 주사위의 눈 값을 예측하고 맞히는 게임과 화면에 나타난 세 자리 숫자 세 개를 2초 동안 보고 암기하는 게임을 할 수 있는 프로그램을 코딩해보자.

- **프로그램 구조**

  세 개의 함수로 구성하여 main( )에서 game_die( ) 함수와 game_memory( ) 함수를 사용

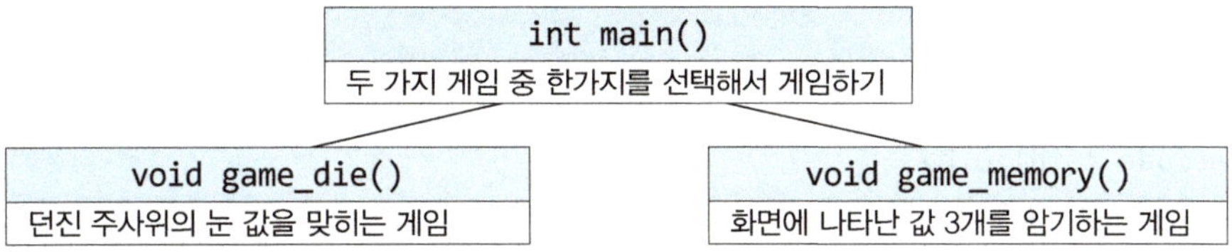

- void game_die(); // 함수의 원형 선언문
  - 주사위 눈 값을 맞히는 게임 함수
  - 주사위 눈 값은 0~32767 범위의 난수를 1~6 범위로 스케일링하는 것이 필요함
    rand( ) % 6 + 1; → 6으로 나눈 나머지는 0~5 범위이며 1을 더하면 1~6 범위가 됨
- void game_memory(); // 함수의 원형 선언문
  - 100~999 범위에 속한 정수 3개 n1, n2, n3를 화면에 2초 동안 표시 후 지운 다음 암기한 정수 3개를 입력받아 맞혔는지 아닌지를 출력
  - n1, n2, n3 값 스케일링 : rand( ) % 900 + 100
    900으로 나눈 나머지는 0~899이고, 여기에 100을 더하면 100~999 중의 난수가 됨
  - 사용자가 암기한 값은 r1, r2, r3에 입력 후 차례대로 n1, n2, n3와 일치하는지 확인
  - n1, n2, n3 변수 세 개 대신 n[0]~n[2] 배열 원소를 사용하여 코드를 반복문으로 단순화하는 것은 배열을 배운 후 가능
- getch( ); 입력 글자를 표시하지 않는 문자 전용 입력 함수, #include <conio.h> 필요
  - getch( ) 라이브러리 함수는 사용자가 키보드에서 누른 문자 한 개를 입력받되 입출력 화면에 에코(echo) 출력을 하지 않음 → 비밀번호 입력 시 키보드 입력 문자를 화면에 나타내지 않을 때 이용 가능
- srand(time(NULL)); 현재 시각을 씨드로 설정, #include <time.h> 필요
  - rand( ) 함수는 설정된 씨드(seed) 값에 따라 생성되는 난수의 순서가 정해져 있다. 17행을 주석문으로 처리하고 실행하면 주사위 눈은 언제나 6이 된다. 씨드 기본 값이 1로 고정되어 있기 때문이다. 17행은 이를 해결하기 위해 19행 이후의 두 게임이 시작하기 전에 현재 시각을 씨드로 설정한다. 이 프로그램을 실행할 때 마다 다른 시각이 씨드가 되므로 40행의 첫 rand( ) 값이 달라질 수 있다.
- system("cls"); 현재 화면 지우기, #include <stdlib.h> 필요
  - system( ) 라이브러리 함수 호출 시 "cls" 인수를 전달하면 실행 창에 출력된 모든 내용이 지워지고 창 맨 위 왼쪽에 커서가 나타남
- Sleep(2000); 실행을 2초 동안 정지하기, #include <windows.h> 필요
  - Sleep( ) 라이브러리 함수 호출 시 ms(1/1000초) 단위의 시간을 인수로 전달하면 그 시간 동안 프로그램 실행이 잠시 정지됨

Code 07-2	주사위 눈의 수 맞히기 게임과 숫자 암기 게임

```
#include <stdio.h>                          // scanf(), printf() 함수용
#include <stdlib.h>                         // rand(), srand(), system() 함수용
#include <conio.h>                          // getch() 함수용
#include <time.h>                           // time() 함수용
#include <windows.h>                        // Sleep() 함수용

void game_die();                            // 함수 원형 선언
void game_memory();                         // 함수 원형 선언

int main()                                  // main() 함수 정의
{
    int game;                               // 선택할 게임 번호

    printf("어떤 게임을 할까요(1. 주사위  2. 숫자 암기)? ");
    scanf("%d", &game);                     // 사용자의 응답 입력

    srand(time(NULL));                      // 현재 시각을 rand() 함수의 씨드로 설정

    switch (game)
    {
    case 1:
        game_die(); break;                  // 주사위 게임 함수 호출
    case 2:
        game_memory(); break;               // 숫자 암기 게임 함수 호출
    default:
        printf("잘못 입력했습니다.");
    }

    printf("\n게임을 끝냅니다. CU^^ \n");

    return 0;
}

void game_die()                             // 반환값이 없는 주사위 게임 함수 정의
{
    int die_spots, reply;                   // 주사위 눈의 수, 사용자의 응답

    die_spots = rand() % 6 + 1;             // 난수를 1~6 범위로 스케일링

    printf("\n주사위를 던졌습니다. 얼마일까요(1 ~ 6)? ");
    scanf("%d", &reply);

```

```c
    die_spots == reply ?
        printf("\n%d인지 어찌 알았죠? 찍기 왕이군요! \n", die_spots):
        printf("\n%d인데 아쉽군요~ \n", die_spots);

    return;                                 // 함수를 호출한 곳으로 돌아감
}

void game_memory()                          // 반환값이 없는 암기력 게임 함수 정의
{
    int n1, n2, n3, r1, r2, r3;             // 암기할 값 3개, 사용자의 응답 값 3개

    n1 = rand() % 900 + 100;                // 100~999 범위로 스케일링
    n2 = rand() % 900 + 100;
    n3 = rand() % 900 + 100;

    printf("\n화면에 나타난 값 3개 암기하기!!!\n");
    printf("아무 키나 누르면 시작해요. ");
    getch(); system("cls");                 // 키보드에서 키를 누르면 화면 지우기

    printf("\n%4d %4d %4d \n", n1, n2, n3);

    Sleep(2000); system("cls");             // 2초 실행 정지 후 화면을 지우기

    printf("무슨 값(차례대로 빈칸으로 구분)? ");
    scanf("%d %d %d", &r1, &r2, &r3);       // 사용자의 응답 입력

    (n1 == r1) && (n2 == r2) && (n3 == r3) ?
        printf("\n암기력 짱! \n"):
        printf("\n아쉽게도 틀렸네요~ \n");

    return;                                 // 함수 끝이 return;이라면 생략 가능
}
```

Output 주사위 게임: 맞은 경우

```
어떤 게임을 할까요(1. 주사위  2. 숫자 암기)? 1↵

주사위를 던졌습니다. 얼마일까요(1~6)? 6↵

6인지 어찌 알았죠? 찍기 왕이군요!

게임을 끝냅니다. CU^^
```

Output 주사위 게임: 틀린 경우

```
어떤 게임을 할까요(1. 주사위  2. 숫자 암기)? 1↵

주사위를 던졌습니다. 얼마일까요(1~6)? 3↵

4인데 아쉽군요~

게임을 끝냅니다. CU^^
```

Output 숫자 암기 게임: 틀린 경우

```
어떤 게임을 할까요(1. 주사위  2. 숫자 암기)? 2↵

화면에 나타난 값 3개 암기하기!!!
아무 키나 누르면 시작해요. _              ← 아무 키나 누르면 getch();가 완료됨
-------------------------------------------------------------------------
                                          ← 이전 화면이 지워지고 빈 줄이 출력된 결과
 519  946  230                            ← 암기할 숫자 세 개를 표시하고 2초 후 사라짐
-------------------------------------------------------------------------
무슨 값(차례대로 빈칸으로 구분)? 519 946 232↵  ← 암기한 숫자 세 개를 입력

아쉽게도 틀렸네요~

게임을 끝냅니다. CU^^
```

Output 숫자 암기 게임: 맞은 경우

```
어떤 게임을 할까요(1. 주사위  2. 숫자 암기)? 2↵

화면에 나타난 값 3개 암기하기!!!
아무 키나 누르면 시작해요. _
-------------------------------------------------------------------------
 764  477  155
-------------------------------------------------------------------------
무슨 값(차례대로 빈칸으로 구분)? 764 477 155↵

암기력 짱!

게임을 끝냅니다. CU^^
```

7.4 '값에 의한 호출' 인수 전달

지금까지 기능별로 함수를 정의하고 필요하면 함수를 호출하는 방식으로 코딩하는 가장 기본적인 내용을 배웠다. 이제 범용 함수를 정의하기 위해 꼭 필요한 인수 전달에 대해서 배워보자.

7.4.1 인수의 필요성

인수에 대한 개념은 실생활에서도 만나볼 수 있다. 식당에는 대부분 식사 후 무료로 마실 수 있는 커피 자판기가 있다. 'Push' 버튼을 누르면 무조건 밀크 커피가 나오는 자판기와, 아이스 아메리카노, 핫 아메리카노, 아이스 라떼, 핫 라떼 중 원하는 메뉴를 선택하고 'Push' 버튼을 누르면 선택한 커피가 나오는 것 중 어떤 것을 사용자가 더 좋아할까? 분식집에 들어가면 무조건 김밥만 나오는 곳과 메뉴 종류를 선택할 수 있는 곳 중 어디가 더 일반적인 분식점일까? 주문을 하면 무조건 밀크 커피나 김밥이 나오는 곳은 앞에서 배운 인수가 없는 함수에 해당하고, 종류를 선택할 수 있는 것은 인수가 있는 함수에 해당한다.

함수를 호출하면서 인수를 전달할 수 있으면 함수의 활용도가 더 높아진다. [그림 7-5]에는 두 수 중 작은 값을 구하는 함수가 두 개 있다.

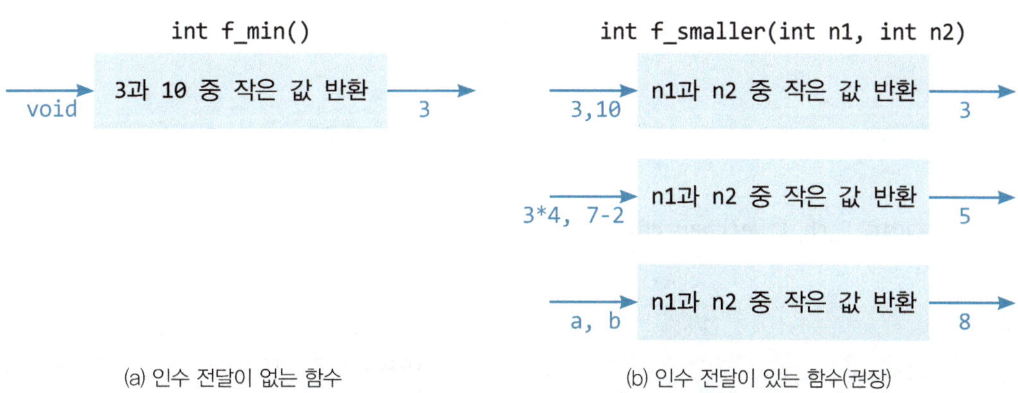

그림 7-5 인수 전달이 없는 함수와 있는 함수의 비교

[그림 7-5] (a)의 f_min( ) 함수는 인수를 전달받지 않고 호출되면 언제나 3과 10 중 작은 값인 3을 반환하므로, 7과 8 중 작은 값, 3*4와 7-2 중 작은 값, 변수 a와 변수 b 중 작은 값과 같이 다양한 두 수 중 작은 값을 구하는 데 사용할 수 없다. (b)의 f_smaller( ) 함수처럼 두 개의 값을 전달받아 두 값 중 작은 값을 반환하도록 정의한다면, f_smaller(3, 10)으로 호출하면 3이, f_smaller(3*4, 7-2)로 호출하면 5가, a는 9이고 b는 8일 때 f_smaller(a, b)로 호출하면 8이 반환되므로, 다양한 두 값 중 작은 값을 얻는 데 사용할 수 있다.

(b) 함수를 호출할 때 어떤 값에 대해서 원하는 기능을 수행할지를 알려주는 과정이 인수 전달이며, 더욱 범용(general-purpose)적인 함수를 만드는 데 필수적이다. 함수를 호출할 때 인수를 전달하는 것은 전화로 음식점에 주문하면서 메뉴, 개수, 주소를 알려주는 것에 해당한다. 분식집에서 주문자가 무엇을 먹고 싶은지 주소가 어떻게 되는지 알 수 없으므로 전화한 주문자가 이러한 정보를 제공하는 것이다.

함수도 마찬가지이다. 함수 안에서 선언된 변수를 **지역(local) 변수**라고 하는데, 함수는 다른 함수의 지역 변수 내용을 알 수 없으며 사용할 수도 없다. 코딩하는 사람의 눈에는 소스에 있는 모든 함수와 변수가 보이므로 어디서나 사용할 수 있다고 생각하지만, 프로그램의 모든 함수는 다른 함수의 지역 변수를 직접적으로 사용할 수 없다. 그러므로 함수를 호출할 때 함수가 일하는 데 필요한 자신의 정보를 **인수로서 전달(제공)**하고, 호출된 함수는 전달된 값을 자신의 **매개변수에 저장**한 후 이 매개변수를 이용하여 일을 수행한다.

Syntax **인수 전달이 있는 함수의 정의와 호출: 반환값은 없음**

원형 선언

```
void f_ch_line(char ch, int n);
```

함수 호출 (인수1: '>', 인수2: length)

```
int main()
{
    int length = 10;

    f_ch_line( '>',  length ) ;
    :
    return 0;
}
```

인수1 값을 매개변수1에 전달
ch = '>' 효과 발생

매개변수1 선언, 매개변수2 선언 / 매개변수 사용

```
void f_ch_line(char ch, int n)
{
    int i;

    for (i = 0; i < n; i++)
        printf("%c", ch);
    printf("\n");

    return;
}
```

- 실행 결과: >>>>>>>>>>↵ ('>' 10개로 된 줄 출력 후 줄 바꿈)
- 인수(argument): 함수에게 전달할 정보로 한 개의 값이어야 함(상수, 변수, 수식 가능)
- 매개변수(parameter) : 인수 값을 저장해야 하므로 무조건 변수만 가능하며 반드시 선언이 필요
- 값에 의한 호출(call-by-value): 함수를 호출하면, ( ) 안의 인수 값이 순서대로 함수에 전달되어 매개변수에 저장된 후, 함수 본체에서 사용됨. ch에는 '>'가, n에는 5가 저장됨
- 주의
  - 매개변수는 함수의 지역 변수이며, 호출되면 함수 헤더에서 바로 인수를 저장하는 데 사용되므로 ( ) 안에서 선언을 해야 함
  - 매개변수는 무조건 개별적으로 선언해야 함(int a, b는 오류 → int a, int b로 해야 함)
  - 인수와 매개변수는 개수, 자료형, 순서가 같아야 함
  - 함수 안에서 선언한 지역 변수는 함수 안에서만 유효하므로 인수와 매개변수의 이름은 서로 연관이 없음
    → **인수명과 매개변수명이 같아도 서로 다른 기억장소를 사용하는 다른 변수 즉, 동명이인에 해당**
    → 함수를 정의할 때 매개변수 이름은 함수 작성자가 마음대로 작명 가능

Example 07-3 줄 출력에 사용할 문자와 문자 개수를 전달받아 출력하기

[Example 07-2]의 f_line( ) 함수를 확장한 f_ch_line( ) 함수는 출력할 문자와 문자의 개수를 인수로 전달받으므로 다양한 모양의 줄을 출력할 수 있다.

```
#include <stdio.h>

void f_ch_line(char ch, int n);        // 함수 원형 선언

int main()                             // main 함수 정의
{
    int length = 10;                   // main 함수의 지역 변수 선언

    f_ch_line('>', 5);                 // '>'를 5개 출력하도록 함수 호출
    f_ch_line('-', length);            // '-'를 length개 출력하도록 함수 호출
    f_ch_line('<', 5 + length);        // '<'를 (5 + length)개 출력하도록 함수 호출

    return 0;
}

void f_ch_line(char ch, int n)         // 함수 정의
{
```

```
18      int i;                    // f_ch_line 함수의 지역 변수 선언
19
20      for (i = 0; i < n; i++)
21          printf("%c", ch);
22      printf("\n");
23
24      return;                   // 함수 끝내기
25  }
```

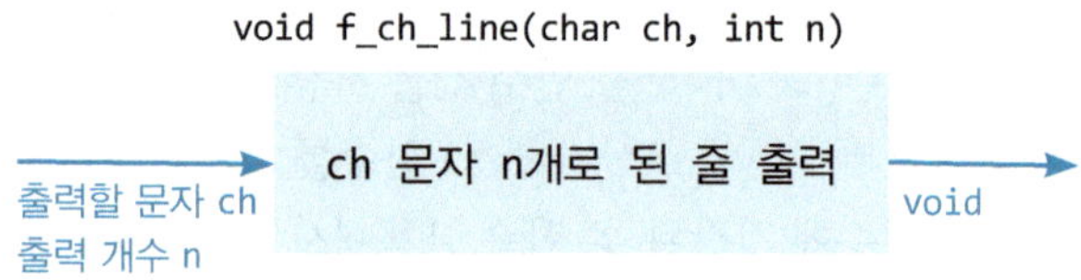

Output

```
>>>>>                      ← 9행 실행 결과
----------                 ← 10행 실행 결과
<<<<<<<<<<<<<<<<<<<<       ← 11행 실행 결과
```

9행: ch에는 '>'가 n에는 5가 전달되어 결과 화면의 첫 줄이 출력된다.
10행: ch에는 '-'가 n에는 length 값 10이 전달되어 두 번째 줄이 출력된다.
11행: ch에는 '<'가 n에는 5 + length 결괏값 15가 전달되어 세 번째 줄이 출력된다.

이렇게 함수의 매개변수 이름은 ch와 n으로 고정되어 있지만, 함수가 호출될 때마다 매개변수에 다른 값이 저장되므로 다른 결과를 얻을 수 있다.

7.4.2 반환값의 필요성

함수는 특정 값을 구하는 데 많이 사용된다고 했다. 이제 함수가 특정 값을 구한 후 이를 반환하는 방법을 살펴보자. 음식점 사장님이 직원에게 테이블 청소를 시켰을 때 직원은 청소만 끝내면 된다. 하지만 음식점에서 손님의 음식을 만들었는데 배달을 하지 않는다면? 손님은 음식을 절대로 먹을 수 없다. 이처럼 인수의 유무와 상관없이 함수가 실행되어 특정 값을 구했을 때, 이 값을 호출자(caller)에게 전달하지 않는다면 호출자는 그 값을 절대로 사용할 수 없다. 앞서 언급한 대로 함수는 다른 함수의 변수를 마음대로 사용할 수 없기 때문이다.

지금까지의 함수 정의와 호출에 관한 내용을 정리하는 인수 전달과 반환값이 있는 함수를 정의하고 호출하는 구문은 다음과 같다.

Syntax 함수 정의와 호출: 인수 전달과 반환값이 있는 함수

❶ 함수 호출 시 인수 값이 매개변수에 저장됨

```
int main()

{
    int age1 = 20, age2 = 25, min;
                                인수
    min = f_smaller(age1, age2) ;

    ⋮
    return 0 ;
}
```

```
반환값형                          매개변수 선언
int f_smaller(int n1, int n2)
{
    int min;   // 지역 변수 선언

    if (n1 < n2)
        min = n1;
    else
        min = n2;

    return min;
}            반환값
```

❷ 함수 호출 자리는 반환값으로 바뀜

- 실행 과정
  - ❶ 함수를 호출하면 인수 값이 전달되어 매개변수에 차례대로 저장됨
  - 함수는 본체를 실행한 후, return 뒤의 반환값을 함수를 호출한 곳으로 반환하며 종료됨
  - ❷ 함수 호출 자리는 반환된 값으로 대체됨: 이후 min = 반환값; 실행
- 함수의 반환값과 함수 헤더의 맨 앞에 있는 자료형은 서로 일치해야 함
- 주의
  - main()의 min과 f_samller()의 min은 이름은 같지만 서로 다른 지역 변수
    → f_smaller( ) 함수가 min을 반환하지 않으면, main( ) 함수에서는 f_smaller( ) 함수가 구한 min 값을 알 수 없음

7.4.3 코딩: 인수 전달과 반환값이 있는 함수의 정의와 호출

전달된 두 정수 중 작은 값을 구하는 f_smaller( ) 함수를 이용하여 두 명의 나이 중 어린 나이뿐만 아니라 세 명의 점수 중 가장 낮은 점수도 구하는 프로그램을 코딩해보자.

- f_smaller( ) 함수의 원형: int f_smaller(int n1, int n2)
  두 정수 중 작은 값을 구하는 함수라면 두 정수를 자신이 결정하는 것이 아니라 자신을 호출하는 측에서 지정하는 것이 바람직하다.
- age1과 age2 중 가장 작은 값은?
  f_smaller( ) 함수를 호출할 때 age1과 age2를 인수로 전달하여 둘 중 작은 값을 반환받음

- s1, s2, s3 중 가장 작은 값은?

  f_smaller( ) 함수를 여러 번 호출하며 여러 값 중 가장 작은 값을 구할 수 있다.

  ① f_smaller(s1, s2) 호출로 s1과 s2 중 작은 값을 먼저 구하여 min에 저장

  ② f_smaller(min, s3) 호출로 min과 남아 있는 s3 중 작은 값을 구하여 min에 다시 저장

Code 07-3 둘 중 작은 값을 구하는 함수를 이용하여 셋 중 가장 작은 값 구하기

```
1  #include <stdio.h>
2
3  int f_smaller(int n1, int n2);        // 함수 원형 선언
4
5  int main()
6  {
7      int min;                          // main()의 지역 변수 선언
8      int age1 = 20, age2 = 25;
9
10     min = f_smaller(age1, age2);      // age1과 age2 중 작은 값을 반환받아 min에 저장
11     printf("%d, %d 중 어린 나이는 %d \n\n",age1, age2,  min);
12
13     int s1, s2, s3;
14     printf("점수1 점수2 점수3? "); scanf("%d %d %d", &s1, &s2, &s3);
15
16     min = f_smaller(s1, s2);          // s1과 s2 중 작은 값을 반환받아 min에 저장
17     min = f_smaller(min, s3);         // min과 s3 중 작은 값을 반환받아 min에 저장
18     printf("%d, %d, %d 중 가장 낮은 점수는 %d \n", s1, s2, s3, min);
19
20     return 0;
21 }
22
23 int f_smaller(int n1, int n2)         // n1과 n2에 전달된 값 중 작은 값 반환 함수
24 {
25     int min;                          // f_samller()의 지역 변수 선언
26
27     if (n1 < n2)
28         min = n1;
29     else
30         min = n2;
31
32     return min;
33 }
```

25~32행: 지역 변수 min 없이 작성 가능

```
if (n1 < n2)
    return n1;
else
    return n2;
```

Output

```
20, 25 중 어린 나이는 20

점수1 점수2 점수3? 89 92 91↵
89, 92, 91 중 가장 낮은 점수는 89
```

많이 하는 실수

함수를 포함한 코드에서 자주 발생하는 오류는 ① 함수 정의 헤더와 원형 선언이 서로 다른 경우와 ② 함수 호출과 함수 원형이 서로 맞지 않는 경우가 대부분이므로 이들이 서로 일치하는지만 확인해도 오류를 없앨 수 있다. ③ 함수끼리 상대 함수의 변수를 바로 사용하는 오류를 많이 범한다. 함수 간에 정보를 교환하려면 인수 전달과 반환값을 이용해야 한다.

잘못된 예

```
1  int f_larger(int n1);                // ⓐ
2
3  int main()
4  {
5      int age1 = 20, age2 = 25;
6
7      f_large(age1, age2);             // ⓑ
8      printf("%d", max);               // ⓒ
9      ⋮
10     return 0 ;
11 }
12
13 int f_larger(int n1, int n2)         // ⓓ
14 {
15     int max;
16
17     if (n1< n2)
18         max = n1;
19     else
20         max = n2;
21                                      // ⓔ
22 }
```

이유와 해결

ⓐ, ⓓ 함수 원형 선언과 함수 정의 헤더 부분이 일치하지 않음(원형은 매개변수가 1개)
→ int f_larger(int n1, int n2);로 수정

ⓑ, ⓒ, ⓔ

- 7행의 호출문과 13행 헤더 부분의 함수명이 다름(호출문은 f_large, 정의는 f_larger)
- 8행의 max는 f_larger() 함수에서 선언한 변수이므로 main() 함수에서 사용할 수 없으므로 f_larger() 함수에서 max를 반환받아야 함
  → 7, 8행을 합쳐서 다음과 같이 수정
  printf("%d", f_larger(age1, age2));
  → 또는 다음처럼 수정
  6행에 int max; 추가
  7행을 max = f_larger(age1, age2);
- 13행의 int는 함수가 int형 값을 반환한다고 명시하고 있는데, 22행 직전에 정수를 반환하는 문장이 없음
  → 21행에 return max; 추가

연습 · 실습 문제

01 다음의 설명에 대해 O와 X를 ( ) 안에 적으시오.

- 함수 안에서 선언한 모든 변수는 다른 함수에서도 사용할 수 있다. ( )
- 라이브러리 함수는 정의하지 않고 바로 호출하여 사용할 수 있다. ( )
- '값에 의한 호출'은 호출된 함수에서 자신을 호출한 함수의 실인수 내용을 변경할 수 없으므로 함수 간 독립성이 보장된다. ( )
- 한번 정의한 함수는 다른 프로그램에서 (복사하여) 재사용할 수 있어 편리하다. ( )
- 특정 기능을 위해 정의된 함수는 한 개이지만 인수 전달을 통해 다른 데이터에 대해서도 동일한 기능을 실행할 수 있게 된다. ( )
- 함수를 호출할 때 전달하는 실인수와 함수 정의 부분의 매개변수 이름이 같다면 같은 변수이므로 호출된 함수에서 실인수 내용을 변경할 수 있다. ( )
- 컴파일러에게 정보를 제공하기 위해 모든 함수마다 원형 선언문이 필요하다. ( )

02 다음 중 라이브러리 함수와 필요한 헤더 파일명 쌍이 잘못된 것을 모두 적으시오.

① pow( )-〈stdlib.h〉　　② exit( )-〈stdlib.h〉
③ strcmp( )-〈string.h〉　　④ rand( )-〈random.h〉

03 1~100 중의 임의의 정수를 hidden에 숨긴 후 사용자가 맞히는 게임 코드를 작성하고자 한다. hidden을 구하는 코드를 밑줄에 적으시오.

hidden = ______________________;

04 다음 수식 또는 내용을 라이브러리 함수를 사용하여 C 언어에 맞게 적으시오.

① e^{2x} ____________　② $\sqrt{|x-y|}$ ____________　③ sin(360°) ____________

④ 현재 시각을 rand() 함수의 씨드로 설정하기

______________________________________;

⑤ ch에 저장된 문자가 '0'~'9'인지 확인하기

if (______________________________________)

05 함수에 전달된 연도의 윤년 여부를 반환하는 is_leapyear( ) 함수를 [Code 05-1]에 추가한 후, 12~19행 코드를 정의한 함수를 이용하도록 변경하시오.

Output

```
2월의 마지막 일이 궁금한 연도: 2024↵
2024년 2월은 29일까지 있습니다.
```

Output

```
2월의 마지막 일이 궁금한 연도: 2100↵
2100년 2월은 28일까지 있습니다.
```

06 위의 연습문제를 확장하여 y년 1월 1일부터 y년 m월 d일까지 며칠이 지났는지를 main( )의 passed_days 변수에 구하는 프로그램을 작성하시오(1월 4일까지는 사흘 지남).

Output

```
연도 : 2000↵
월 : 3↵
일 : 1↵

2000년 1월 1일부터 2000년 3월 1일까지는 총 60일이 지났습니다.
```

- 1월부터 12월까지 각 월의 일수는 days 배열에 초기화하되 2월의 일수는 윤년을 고려하지 않고 28일로 초기화한 후, 필요하다면 입력된 연도에 따라 2월의 일수에 1을 더하여 총일을 구한다.
- for문을 이용하여 days[0]~days[5]의 합을 tot에 더한다.

07 학점 등급을 부여할 때 아무리 점수가 좋아도 출석 점수가 미달이면 'A'~'F' 등급 중 'F'를 부여하는 것이 일반적이다. 시험 점수와 결석 시수를 전달받아 등급을 반환하는 get_grade( ) 함수를 정의한 후 최종 등급을 구하여 출력하는 프로그램을 작성하시오. 결석 시수가 10을 초과하면 점수와 상관없이 'F'이며 '출석 미달'을 함수에서 출력하고, 90점 이상이면 'A'를, 80~89이면 'B'를, 70~79이면 'C'를, 60~69이면 'D', 60 미만이면 'F'이다.

Output

```
점수 : 97↵
결석시수 : 0↵
최종 등급 : A
```

Output

```
점수 : 90↵
결석시수 : 11↵
최종 등급 : F
```

Output

```
점수 : 77↵
결석시수 : 4↵
최종 등급 : C
```

08 [0, 10] 구간에서 2차 함수 $f(x) = ax^2 + bx + c$가 있을 때 a 계수의 부호만 다른 $g(x) = -ax^2 + bx + c$의 값과 비교하는 프로그램을 작성하시오. 단, a, b, c는 모두 양수만 입력된다고 가정하며, 함수 원형이 double get_fx(int a, int b, int c);인 함수를 이용하여 두 함수의 값을 구하시오.

Output

```
2차식의 양수 계수를 ,로 구분하여 입력하기
a, b, c : 2, 3, 4↵

f(x) = 2x2 + 3x + 4
g(x) = -2x2 + 3x + 4

  x   f(x)  g(x)
------------------
  1:     9     5
  2:    18     2
  3:    31    -5
  4:    48   -16
  5:    69   -31
  6:    94   -50
  7:   123   -73
  8:   156  -100
  9:   193  -131
 10:   234  -166
```

Output

```
2차식의 양수 계수를 ,로 구분하여 입력하기
a, b, c : 5, 9, 3↵

f(x) = 5x2 + 9x + 3
g(x) = -5x2 + 9x + 3

  x   f(x)  g(x)
------------------
  1:    17     7
  2:    41     1
  3:    75   -15
  4:   119   -41
  5:   173   -77
  6:   237  -123
  7:   311  -179
  8:   395  -245
  9:   489  -321
 10:   593  -407
```

09 05장 연습문제 14번에서 코딩한 소수 코드를 이용하여, 전달된 n의 소수 여부를 1/0으로 반환하는 int is_prime(int n); 함수를 정의한 후, 2부터 입력된 number까지의 양의 정수 중 소수를 출력하시오.

Output

```
2부터 얼마까지의 소수? 10↵
2 3 5 7
```

Output

```
2부터 얼마까지의 소수? 50↵
2 3 5 7 11 13 17 19 23 29 31 37 41 43 47
```

- n의 소수 여부는 성능 향상을 위해 for (i = 2; i < n; i++) { }가 아닌 for (i = 2; i <= sqrt(n); i++) { }로 확인한다.

08 CHAPTER

대량의 자료 배열1

08 대량의 자료 배열1

지금까지는 처리할 점수 한 개, 성적 등급 한 개, 평균 한 개의 값을 저장하기 위해 다음처럼 자료형에 맞는 변수 한 개를 선언하여 저장하였다.

```
int score = 97;
char grade = 'A';
double average = 92.7;
```

수십 명의 점수, 등급, 평균을 저장하려면 수십 개의 변수를 선언하여 처리해야 할까? 컴퓨터 프로그램은 대량의 자료를 처리하는 경우가 많으므로 대량의 자료를 쉽게 저장하고 처리할 수 있어야 한다. 이를 위해 C 언어는 배열을 사용한다. 다음은 10명의 점수를 score 배열에 저장하고, 배열의 자료를 반복문으로 출력하는 코드 예이다.

```
int i, score[10] = { 80, 78, 98, 68, 97, 85, 89, 92, 96, 55 };

for (i = 0; i < 10; i++)
    printf("%5d점 \n", score[i]);
```

100명의 점수를 저장한다면 배열의 크기를 100으로 수정하고 for문의 i < 10을 i < 100으로 변경하면 된다. 배열을 사용하면 반복문으로 코드를 작성함으로써 코드 길이가 자료 개수와 무관하게 되므로 코딩이 편리하고 효율적이다.

8.1 많은 자료를 배열에 저장하기

배열은 같은 종류의 많은 자료를 하나의 이름(배열명)으로 저장하는 연속된 기억장소이다. 실수형과 문자형이 섞인 자료는 동일 배열에 저장할 수 없다. 주기억장치의 연속된 기억장소에 같은 자료형 값만 저장하므로 순서대로 부여하는 첨자를 이용하여 배열 안의 특정 값(원소)을 참조(사용)할 수 있다. 많은 자료를 1차원 배열에 저장하여 사용하기 위해, 배열을 선언하고 배열 원소를 참조하는 방법은 다음과 같다.

Syntax　1차원 배열의 선언과 원소 참조

- 선언

```
double avg[1000];    ← 배열에 저장할 원소 수
int age[5];
```

- 선언과 동시에 초기화

```
int d[6] = {31, 28, 31, 30, 31, 30};    ← 배열의 초깃값을 { } 안에 순서대로 나열

int sum[100] = {0};    ← 첫 원소에는 0으로, 부족한 초깃값은 무조건 0으로 초기화
                         {1}이라면 첫 원소는 1로, 부족한 값은 0으로 초기화

int a[] = {1, 2, 3, 4, 5};    ← = 뒤의 { } 안에 초깃값이 있다면 원소 개수 생략 가능
                                → { }의 값 개수가 원소 수가 됨
```

d[0]	d[1]	d[2]	d[3]	d[4]	d[5]
31	28	31	30	31	30

- 원소 참조(사용)

```
printf("%d, %d, %d, %d, %d, %d \n", d[0], d[1], d[2], d[3], d[4], d[5]);
scanf("%d", &age[4]);
```

0 ~ (배열 원소 수 − 1)까지의 첨자를 사용하여 특정 원소를 지정

&age[4]: 다섯 번째 원소의 메모리 주소

[그림 8-1]과 같이 원소를 참조할 때 사용하는 [ ] 안의 첨자는 해당 원소가 배열 시작 위치로부터 몇 개 뒤의 원소인지를 의미한다. 첨자는 0부터 시작하므로 배열의 마지막 원소의 첨자는 (원소 수 −1)이다. C 언어는 범위를 벗어난 첨자를 사용해도 프로그램이 실행되어 틀린 결과가 나오기도 한다. 상황에 따라 경고만 제시하여 실행까지 가며, 실행 중간에 디버그 오류를 일으키고 실행을 중단하기도 한다. 그러므로 배열을 처리할 때는 유효하지 않은 첨자를 사용하지 않도록 주의해야 한다.

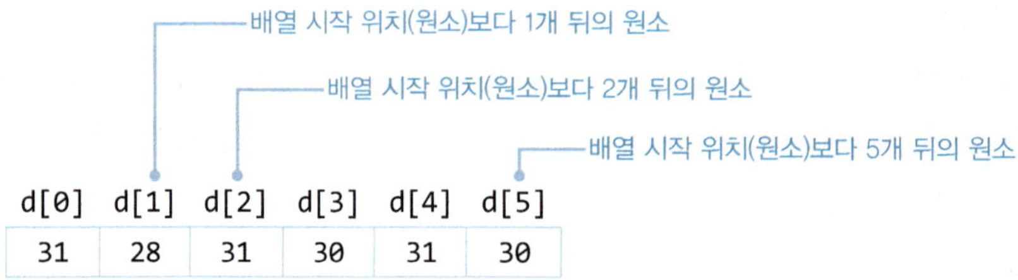

그림 8-1 int d[6] = {31, 28, 31, 30, 31, 30}; 배열의 원소와 첨자

Example 08-1 배열 선언, 초기화, 원소 참조

학생 4명의 50점 만점의 중간고사와 기말고사 점수로부터 합계를 구하는 프로그램을 코딩해보자. 4명의 합계를 구하는 대입문 4개를 반복문으로 코딩하는 방법은 8.2에서 소개한다.

```
/*
- 중간과 기말 점수는 이미 알고 있는 자료이므로 배열을 선언하면서 바로 초기화한다.
  배열을 선언 후 나중에 배열 원소를 직접 입력받아도 된다.
- 총점은 두 점수를 더해서 구하는 값이므로 선언과 동시에 초기화하지 않는다.
*/

int mid[4] = { 45, 37, 48, 26 }, final[4] = { 43, 39, 47, 29 }, sum[4];

sum[0] = mid[0] + final[0];
sum[1] = mid[1] + final[1];
sum[2] = mid[2] + final[2];
sum[3] = mid[3] + final[3];
```

Example 08-2 배열 선언, 초기화, 원소 참조

학생 5명의 성별 자료로부터 남·여 인원수를 구하는 코드는 다음과 같다.

```
/*
- cnt 배열의 첫 원소는 남학생 수, 둘째 원소는 여학생 수를 저장하는 데 사용
- cnt[0]과 cnt[1]은 각각 남과 여 인원수를 누적하기 위해 0으로 초기화
*/

char gender[5] = { 'f', 'm', 'f', 'm', 'm' };
int cnt[2] = { 0 };        // {} 안에 둘째 원소의 초깃값이 없으므로 cnt[1]은 0으로 초기화됨

gender[0] == 'm' ? cnt[0]++: cnt[1]++;
gender[1] == 'm' ? cnt[0]++: cnt[1]++;
```

```
gender[2] == 'm' ? cnt[0]++: cnt[1]++;
gender[3] == 'm' ? cnt[0]++: cnt[1]++;
gender[4] == 'm' ? cnt[0]++: cnt[1]++;        // gender[4]가 'm'이면 남학생 수를 1 증가
                                              // 아니면 여학생 수를 1 증가
```

8.2 반복문을 이용한 배열 처리

8.2.1 배열 원소들의 처리는 반복문으로

8.1에서는 배열 원소를 참조할 때 [ ] 안에 첨자를 사용한다는 것을 강조하기 위해 반복문을 이용하지 않았다. 이제 배열의 모든 원소를 참조하기 위해 반복문을 이용하는 방법을 알아보자.

배열명만 사용하여 배열의 모든 원소를 참조하는 것은 불가능하다. 배열 원소별로 따로따로 참조해야 한다. 8.1의 예에서 사용한 mid 배열의 모든 원소를 출력하려면 다음처럼 printf( )를 네 번 사용한다. printf("%d", min);은 모든 원소 출력이 아닌 배열의 기억장소 시작 주소 출력이 되어 10484052가 출력되므로 주의한다.

```
int mid[4] - { 45, 37, 48, 26 };

printf("%d점 \n", mid[0]);
printf("%d점 \n", mid[1]);
printf("%d점 \n", mid[2]);
printf("%d점 \n", mid[3]);
```

중간고사 점수가 400개라면 위의 방법은 무리다. printf( )에서 출력하는 값은 [ ] 안의 첨자만 0에서 3까지 변한다. for 반복문을 만들 때 코드에서 변하는 부분은 for문의 제어변수를 활용하면 된다는 것을 이미 잘 알고 있다. 위의 printf( ) 네 문장은 다음과 같이 for로 코딩할 수 있다.

```
for (i = 0; i < 4; i++)
{
    printf("%d점 \n", mid[i]);   // 반복하면서 mid[i]는 mid[0], mid[1], mid[2], mid[3]이 됨
}
```

중간고사 점수가 400개라면 'i < 4'만 'i < 400'으로 변경하면 된다. 이렇게 배열을 사용하면 자료 개수와 무관하게 반복문 코드를 만들 수 있어 매우 편리하다.

4명의 중간고사 점수 합계를 sum에 구하는 과정은 다음과 같다.

```
sum = 0;                          // sum의 초기화
sum = sum + mid[0];
sum = sum + mid[1];
sum = sum + mid[2];
sum = sum + mid[3];
```

위의 코드를 for문으로 표현하면 다음과 같다.

```
sum = 0;
for (i = 0; i < 4; i++)
{
    sum = sum + mid[i];       // 반복하면서 mid[i]는 mid[0], mid[1], mid[2], mid[3]이 됨
}
```

8.2.2 배열 원소 개수를 매크로 상수로 정의하기

지금까지 사용한 #include <stdio.h>는 전처리기 지시자(preprocessor directive)이다. 이는 프로그램에서 사용하는 라이브러리 함수에 필요한 헤더 파일을 전처리기 지시자 자리에 포함하기 위한 것이다. 배열을 다루는 코딩에서는 #define 전처리기 지시자를 사용하여 배열의 크기(원소 개수)를 매크로 상수로 정의해서 사용하는 것이 필수적이다.

Syntax 매크로 상수 정의와 사용

- 매크로로 상수 정의 : C 명령문이 아니므로 끝에 ;을 넣지 않음

매크로 상수 이름(식별자)

SIZE 자리에 들어갈 매크로 확장 내용

```
#define SIZE 1000            // SIZE를 1000으로 정의
#define N 500                // N을 500으로 정의
#define TRUE 1               // TRUE를 1로 정의
```

1개 이상의 빈칸이 필요

- 매크로 상수 사용

매크로 사용 코드	매크로 확장 후의 코드
`double average[SIZE];`	`double average[1000];`
`for ( i = 0; i < N; i++ ) { ... }` `average = sum / N;`	`for ( i = 0; i < 500; i++ ) { ... }` `average = sum / 500;`
`if (score >= 70)` `    pass = TRUE;`	`if (score >= 70)` `    pass = 1;`

- 매크로 이름과 확장
  - 매크로 상수 이름은 모두 대문자를 사용하는 것이 관습
  - 전처리기(preprocessor)가 먼저 소스 코드를 훑으면서 매크로 상수가 나타나는 곳마다 정의된 내용으로 치환하고, 이후 컴파일러가 기계어 번역 작업을 함
  - " "로 묶은 문자열 안이나, 주석문 안의 매크로 상수는 치환 대상이 아님
  - 확장 내용은 문자열, 수식, 문장 등 다양
  - #define MSG "Have a nice day!" 후 puts(MSG);로 사용 가능
  - #define PRINTLN printf("---------------------\n")후 PRINTLN;으로 사용 가능
  - 매크로 상수를 사용하면 코드 수정이 쉬우며, 상수 이름으로 의미를 파악할 수 있어 코드의 가독성(readability)이 높아짐

Example 08-3 매크로 상수 정의와 사용

N(4)명의 중간고사와 기말고사 점수로부터 합계를 구하여 출력하는 코드는 다음과 같다. 학생수 4 대신 매크로 상수 N을 사용한다. 6, 8, 12, 17행의 N은 모두 4로 확장된다. 학생수가 10명으로 바뀐다면 소스 코드에서 '#define N 4' 부분만 '#define N 10'으로 바꾸면 된다.

```
1  #include <stdio.h>
2  #define N 4                              // 매크로 상수 정의 전처리기 지시자
3
4  int main()
5  {
6      int mid[N] = { 45, 37, 48, 26 }, final[N] = { 43, 39, 47, 29 }, sum[N], i;
7
8      for (i = 0; i < N; i++)
9          sum[i] = mid[i] + final[i];
10
11     printf("중간고사: ");
12     for (i = 0; i < N; i++)
13         printf("%4d", mid[i]);
14     printf("\n");
15
16     printf("기말고사: ");
17     for (i = 0; i < N; i++)
18         printf("%4d", final[i]);
19     printf("\n");
20
21     printf("--------------------------\n");
```

```
    printf("총    점: ");
    for (i = 0; i < N; i++)
        printf("%4d", sum[i]);
    printf("\n");

    return 0;
}
```

Output

```
중간고사:  45  37  48  26
기말고사:  43  39  47  29
--------------------------
총    점:  88  76  95  55
```

[Example 08-3]은 N을 일곱 번 사용한다. N을 사용하지 않았다면 학생 수가 10명으로 변경되었을 때 모두 일곱 군데의 4를 직접 10으로 변경해야 한다. 이처럼 매크로 상수 N을 사용하면 배열 크기가 변경되었을 때 코드 수정이 빠르고 편리하다.

소스 코드에 'result = (double) sum / 4;' 문장이 있고, 4는 학생 수가 아니라 학급 수라고 가정해보자. 학생 수가 10명으로 변경되었을 때 긴 코드를 직접 확인해가며 학생 수 4를 모두 10으로 고쳐가는 과정에서 이 문장의 4도 10으로 바꾼다면 틀린 결과가 나올 것이다. 매크로 상수 N을 정의하고 사용했다면 이런 실수도 막을 수 있다. 이처럼 매크로 상수는 장점이 많으므로 배열을 사용할 때 반드시 사용하도록 한다.

8.3 다양한 정보를 구하는 배열 코딩

준비된 자료를 가지고 컴퓨터 프로그램으로 얻고자 하는 대표적인 정보로 **합계**, **평균**, **최댓값**, **최솟값**, **표준편차**, 특정 조건에 맞는 자료의 **개수**가 있다. 이제 배열에 처리할 자료를 저장하고 이러한 정보를 구하는 과정을 코딩해보자.

8.3.1 코딩: 조건에 맞는 원소만 출력하기

1월부터 12월까지 열두 달 중 31일까지 있는 달만 출력하는 프로그램을 코딩해보자.

- 1월~12월의 일 수를 원소가 N(12)개인 배열을 선언하면서 순서대로 초기화한다.

- 배열의 원소마다 31인지 비교하여, 31이라면 해당 월을 출력한다.
- days[0]이 31일 때 원소의 첨자는 0이지만 '1월'이라고 출력해야 한다. days[i]에는 (i + 1)월의 일 수가 저장되어 있어서이다.

Code 08-1 1월~12월 열두 달 중 31일까지 있는 달만 출력하기

```c
#include <stdio.h>
#define N 12

int main()
{
    int days[N] = { 31, 28, 31, 30, 31, 30, 31, 31, 30, 31, 30, 31 }, i;

    printf("31일까지 있는 달은");

    for (i = 0; i < N; i++)
        if (days[i] == 31)          // days[0] ~ days[N-1] 값이 31인지 비교
            printf(" %d월", i+1);

    printf("입니다. \n");

    return 0;
}
```

Output

```
31일까지 있는 달은 1월 3월 5월 7월 8월 10월 12월입니다.
```

8.3.2 코딩: 조건에 맞는 원소 개수 구하기

'C 프로그래밍 기초' 과목 수강 신청자 20명 중 1학년부터 4학년까지의 각 인원을 구하는 프로그램을 코딩해보자.

- 수강생 N(20)명의 학년 정보는 year 배열을 선언하면서 초기화한다.
- 1학년부터 4학년까지의 인원수는 cnt1, cnt2, cnt3, cnt4 변수에 구한다. cnt1 ~ cnt4 변수 대신 cnt[0] ~ cnt[3] 배열 원소를 사용하여 [Code 08-2]의 13 ~ 19행과 22 ~ 25행을 반복문으로 단순화하는 것은 연습문제 08번에서 다룬다.
- 배열의 원소마다 1, 2, 3, 4인지 조사하여 해당 인원 누적 변수를 1씩 증가한다.

Code 08-2　수강생 20명의 학년별 인원수 구하기

```
#include <stdio.h>
#define N 20

int main()
{
    int year[N] = { 1, 2, 2, 3, 4, 2, 3, 1, 3, 4, 2, 3, 3, 2, 3, 4, 3, 2, 2, 3 };
    int cnt1, cnt2, cnt3, cnt4, i;

    cnt1 = cnt2 = cnt3 = cnt4 = 0;

    for (i = 0; i < N; i++)
    {
        switch (year[i])
        {
        case 1: cnt1++; break;         // year[i]가 1인 case이면 cnt1을 1 증가
        case 2: cnt2++; break;
        case 3: cnt3++; break;
        case 4: cnt4++;
        }
    }

    printf("1학년: %d명 \n", cnt1);
    printf("2학년: %d명 \n", cnt2);
    printf("3학년: %d명 \n", cnt3);
    printf("4학년: %d명 \n", cnt4);

    return 0;
}
```

Output

```
1학년: 2명
2학년: 7명
3학년: 8명
4학년: 3명
```

8.3.3 코딩: 배열의 평균과 중앙값 구하기

수집한 자료의 특성을 알아보기 위해 기본적으로 사용하는 (통계)값으로 **자료의 중심 값**이 있다. 성적 분석 자료에 많이 사용되는 평균이 이에 해당한다. [Code 08-3]의 결과에서 알 수 있듯

이 평균은 자료 중 다른 값들과 확연히 차이가 나는 이상치가 있다면 이 값에 영향을 많이 받는다. 첫 급여가 월등히 많아서 평균은 419.1만 원이지만 평균 이상인 급여는 2개뿐이다.

또 다른 자료의 중심값으로 사용되는 것이 중앙값(median)이며, 데이터를 내림차순이나 오름차순으로 나열했을 때 가장 중앙에 위치하는 값에 해당한다. 중앙값은 평균에 비해 이상치에 민감하지 않다는 장점이 있다. 중앙값은 [그림 8-2]와 같이 자료가 홀수개이면 정 중앙에 있는 값이 되고, 짝수개라면 중앙에 있는 두 값의 평균으로 구한다.

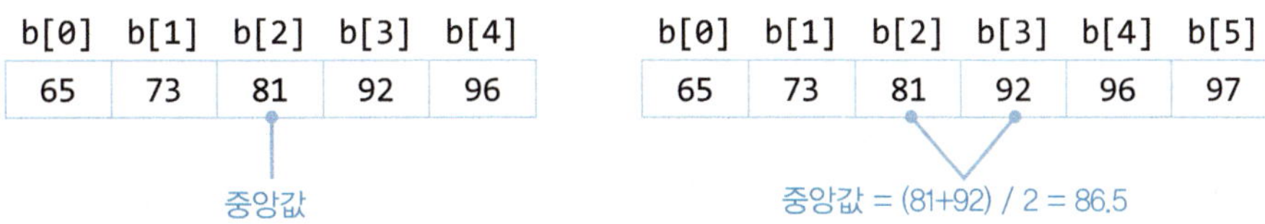

그림 8-2 자료 개수가 홀수일 때와 짝수일 때의 중앙값

직장인 N(11)명의 월 급여를 내림차순으로 배열에 저장한 후 평균 급여와 중앙값을 구하는 프로그램을 코딩해보자.

- 직장인 N(11)명의 월 급여는 pay 배열을 선언하면서 초기화한다.
  급여가 내림차순으로 초기화되지 않았다면 중앙값을 구하기 위해 배열을 정렬해야 한다.
  배열을 정렬하는 것은 10장 [Code 10-4]를 참고한다.
- 급여의 평균을 구할 때 N명의 월 급여 합계와 N 둘 다 정수형이므로 둘 중 하나를 실수형으로 캐스팅하기 위해 (double)을 사용해야 한다.
- 배열 원소 개수가 짝수인 경우도 고려하여 중앙값을 구한다.
  22행과 24행에서 중앙값의 배열 원소 첨자를 구하는 식에서 N/2를 여러 번 사용하므로, 20행에서 이 값을 mid 변수에 저장한 후 사용한다.
  ⓐ N이 홀수 11일 때
  11개 값 중 중앙인 여섯 번째 원소의 첨자는 5이다. mid = N / 2에서 N과 2 둘 다 정수이므로 11/2는 5이다.
  ⓑ N이 짝수 10일 때
  10개 값 중 중앙값은 '(pay[4] + pay[5]) / 2.0' 수식으로 구해야 한다.
  'mid = 10 / 2'를 실행하면 mid는 5가 된다. 그러므로 'pay[mid-1] + pay[mid]) / 2.0'을 하면 중앙값이 된다.

Code 08-3 직장인 11명의 평균 급여와 중앙값 구하기

```c
#include <stdio.h>
#define N 11

int main()
{
    int pay[N] = { 1500, 675, 400, 375, 320, 315, 270, 235, 200, 170, 150 };
    int sum, mid, i;
    double median, avg_pay;                // 중앙값, 평균 급여

    // 급여 평균 구하기
    sum = 0;
    for (i = 0; i < N; i++)
    {
        sum = sum + pay[i];
    }
    avg_pay = (double)sum / N;
    printf("평균   급여: %.1lf만 원 \n", avg_pay);

    // 급여 중앙값 구하기(N이 짝수일 경우도 고려하여 코딩함)
    mid = N / 2;
    if (N % 2 == 0)                        // N이 짝수이면
        median = (pay[mid-1] + pay[mid]) / 2.0;
    else
        median = pay[mid];

    printf("중앙값 급여: %.1lf만 원 \n", median);

    return 0;
}
```

Output

```
평균   급여: 419.1만 원
중앙값 급여: 315.0만 원
```

8.3.4 코딩: 배열의 최솟값 구하기

온라인 쇼핑을 하다 보면 어떤 사이트에서 최저가로 판매하는지를 확인하는 경우가 많다. 온라인 쇼핑 사이트 5곳의 가격 정보로부터 최저가를 구하는 프로그램을 코딩해보자.

- 판매가 5개 중 최솟값을 min에 구하는 과정

① 최솟값 min을 배열 첫 원소로 초기화: 배열의 최솟값은 배열 원소 중 하나이므로 일단 min을 배열 첫 번째 원소로 초기화함

② 배열의 나머지 모든 원소에 대해 min보다 더 작은 값이 있는지 확인하여 min을 새 값으로 변경하거나 그대로 두는 과정을 반복함

주의) cost[i]와 cost[i+1]을 비교하는 것이 아니라 지금까지 구한 최솟값 min과 다음 원소를 비교해야 함

Code 08-4 판매가 5개 중 최저가 구하기

```c
#include <stdio.h>
#define N 5

int main()
{
    int i, min, cost[N] = { 9500, 9350, 9450, 9100, 9300 };

    // 판매가 5개 표시
    printf("%d곳의 판매가: ", N);
    for (i = 0; i < N; i++)
        printf("%d ", cost[i]);
    printf("\n");

    // 최저가 구하기
    min = cost[0];
    for (i = 1; i < N; i++)       // min 초깃값이 배열 첫 원소이므로 cost[1]부터 비교
        if (min > cost[i])
            min = cost[i];        // min을 새 값(cost[i])으로 변경

    printf("최저가: %d \n", min);

    return 0;
}
```

Output

```
5곳의 판매가: 9500 9350 9450 9100 9300
최저가: 9100
```

8.3.5 코딩: 배열 안에 특정 값의 포함 여부 확인하기

N(10)명의 합격자 수험번호가 저장된 배열이 있을 때 수험생의 수험번호를 입력받아 합격 여부를 출력하는 프로그램을 코딩해보자. 합격 여부를 확인하기 위해 **플래그 변수**를 사용하는 코딩 기법은 연습문제 10번에서 다루기로 한다.

- N(10)명의 합격자 수험번호는 배열 pass_no를 선언하면서 초기화한다.
- 입력된 수험번호 input_no의 합격 여부는 다음과 같이 확인한다.
  - pass_no 배열의 원소 순서대로 input_no와 비교하여 같은 것이 발견되면 합격이고, 모든 원소를 비교하여도 같은 것이 없다면 불합격이다.
  - for문 안에서 합격임을 확인했다면 나머지 원소와는 비교할 필요가 없으므로 break를 사용하여 반복을 끝내는 것이 효율적이다.
  - 위와 같이 처리한다면 for문을 끝내는 경우는 다음과 같이 두 가지로 나뉘므로, for문을 끝낸 후 i의 값을 비교하여 합격과 불합격 정보 중 하나를 출력할 수 있다.

    ① 합격 : for 반복 도중에 for를 벗어남 → for문 끝낸 후 **i < N**

    ② 불합격 : for의 모든 원소와 비교 후 for문을 벗어남 → for문 끝낸 후 **i는 N**

Code 08-5 수험번호를 입력하여 합격 여부 확인하기

```c
#include <stdio.h>
#define N 10

int main()
{
    int i, input_no;
    int pass_no[N] = { 3011, 2011, 4012, 2014, 3017, 4004, 3004, 2007, 4026, 3019 };

    printf("확인할 수험번호 입력 : ");
    scanf("%d", &input_no);
    printf("\n");

    for (i = 0; i < N; i++)
        if (input_no == pass_no[i])
```

```
            break;                          // 합격임을 확인하고 for문을 끝내기

    // for를 끝낸 후 i를 확인하여 합격 또는 불합격 출력
    if (i < N)
        printf("%d번은 합격입니다. \n", input_no);
    else
        printf("%d번은 불합격입니다. \n", input_no);

    return 0;
}
```

Output

```
확인할 수험번호 입력 : 2011↵

2011번은 합격입니다.
```

Output

```
확인할 수험번호 입력 : 2002↵

2002번은 불합격입니다.
```

8.3.6 코딩: 배열 원소를 회전하기

문자들을 모아 둔 문자열은 char형 1차원 배열에 저장할 수 있다. msg 배열에 저장된 영어 문장이 있을 때 한 글자씩 왼쪽으로 이동하여 다시 맨 뒤에 표시하는 프로그램을 코딩해보자.

- "GOOD DAY!" 문자열은 문자가 9개 있으므로 다음과 같이 선언하면서 초기화하기

  `char msg[10] = "GOOD DAY!";`

  – 10장에서 자세히 배우겠지만 문자열의 끝에는 **널(null) 문자**가 들어가야 하므로 배열 원소수는 최소 10이어야 함

  – 문자열을 저장할 char형 배열을 선언하면서 동시에 문자열을 배열에 저장할 때는 "문자열"로 대입 가능

- "GOOD DAY!" 문자열의 문자들이 왼쪽으로 한 칸씩 이동하여 다시 뒤에 나타나는 효과

  – 실제로 문자열 내용을 변경하여 해결할 수도 있지만, [그림 8-3]과 같이 출력 시작 첨자 **start_idx**를 오른쪽으로 1씩 이동하면서 ① start_idx를 기준으로 오른쪽 문자들을 먼저 출력한 후, ② start_idx 이전까지의 왼쪽 문자들을 출력하여 해결 가능

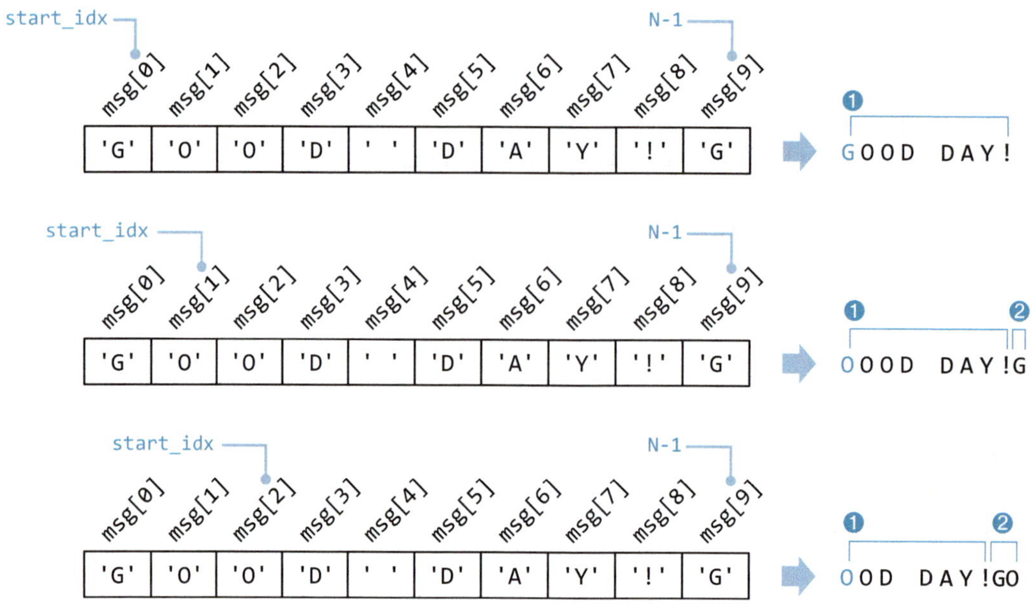

그림 8-3 출력 시작 첨자를 1씩 증가하며 ❶과 ❷ 출력을 반복하여 문자 회전하기

- [그림 8-3]의 ❶과 ❷는 start_idx를 활용하여 for문 두 개로 작성 가능
  ① msg[start_idx] ~ 마지막 문자 msg[N-1]까지 출력
  ② 첫 문자 msg[0] ~ msg[start_idx-1]까지 출력
- 화면 지우기와 실행 중단 효과
  - 현재 문자열 출력 자리에 다음 내용을 출력하여 애니메이션 효과를 낼 수 있음
  - **system("cls");**
    이전 출력 내용을 모두 지우고 화면 맨 위 왼쪽으로 커서를 이동
  - **Sleep(500);**
    프로그램 실행을 500ms 동안 중단하기
    이전 문자들을 출력하자마자 system("cls");을 실행하여 화면을 지우고 새 내용을 출력한다면 컴퓨터는 워낙 빠르므로 사람 눈으로 중간 과정을 확인할 수 없으므로, 문자열을 출력 후 화면을 지우기 전까지 실행을 잠시 중단하는 것이 필요
  - system( )과 Sleep( ) 라이브러리 함수 둘 다 **#include <windows.h>**가 필요

Code 08-6 "GOOD DAY!"를 한 글자씩 왼쪽으로 회전하며 표시하기

```c
1  #include <stdio.h>
2  #include <windows.h>
3  #define N 10                          // 메시지 길이 + 1(널 문자용)
4
5  int main()
6  {
7      char msg[N] = "GOOD DAY!";        // 출력할 메시지
8      int start_idx, msec = 500, i;     // 출력 시작 문자의 첨자, 실행 중지 기간
9
10     for (start_idx = 0; start_idx < N; start_idx++)      // 문자 개수만큼 반복
11     {
12         // system("cls");             // 현재 화면 지우기: 이전 출력 지우기 효과
13         for (i = start_idx; i < N; i++) // ① msg[start_idx] ~ msg[N-1]까지의 문자 출력
14             printf("%c", msg[i]);
15
16         for (i = 0; i < start_idx; i++) // ② msg[0] ~ msg[start_idx-1]까지의 문자 출력
17             printf("%c", msg[i]);
18         printf("\n");
19
20         Sleep(msec);     // msec 밀리세컨드(0.001초) 동안 실행을 중지하여 출력 내용 유지
21     }
22
23     return 0;
24 }
```

Output

```
GOOD DAY!
OOD DAY!G
OD DAY!GO
D DAY!GOO
 DAY!GOOD
DAY!GOOD 
AY!GOOD D
Y!GOOD DA
!GOOD DAY
GOOD DAY!
```

12행 system("cls");을 주석에서 실행문으로 바꾸면 아래의 내용이 첫 행에만 나타나므로 문장이 왼쪽으로 회전하는 애니메이션 효과가 나타남

8.3.7 배열에서 많이 하는 실수

배열은 대량의 자료를 한꺼번에 저장할 수 있지만, 배열의 원소를 처리하려면 반드시 '배열명[첨자]'와 같이 배열 원소를 정확히 지정해야 한다. 배열명만 사용해서 모든 원소를 출력하거나 입력받을 수 없으므로, 모든 배열 원소에 대해 실행할 코드는 반복문을 이용해야 한다.

많이 하는 실수

배열명만으로 배열 원소를 한꺼번에 처리할 수 없다. 반드시 첨자를 사용하여 원소 각각에 대해 처리해야 한다.

잘못된 예	이유와 해결
`int mid[5];` `mid = { 94, 59, 78, 88, 90 };`	• int mid[5] = { 94, 59, 78, 88, 90 };과 같이 선언하면서 바로 초기화하는 것은 가능 • for문을 이용하여 각 원소의 값을 입력받거나 대입문 5개를 사용해 해결 가능
`printf("%d점 \n", mid);`	• 반복문을 이용하여 mid[0] ~ mid[4]까지 각 원소 출력을 반복해야 함 • `for (i = 0; i < 5; i++)` `printf("%d점 \n", mid[i]);`

배열 원소 첨자는 0부터 시작하므로 유효한 마지막 첨자는 (원소수 −1)이다. 유효하지 않은 첨자를 사용하면 이상한 결과가 나온다.

잘못된 예	이유와 해결

`int i, a[] = { 92, 89, 73 };`
 	
`for (i = 1; i <= 3; i++)`
`printf("%d점 ", a[i]);`
	• 결과는 다음과 같이 이상한 값이 출력된다.
	89점 73점 -858993460점
	a[1]인 89를 출력하고, a[2]인 73을 출력하고, 마지막 a[3]은 a[2] 다음 기억장소의 내용을 출력하기 때문이다. a[2] 다음 기억장소에 어떤 값이 있느냐에 따라 출력값이 달라진다.
	• for (i = 0; i < 3; i++)으로 수정해야 함

연습 · 실습 문제

01 다음의 설명에 대해 O와 X를 ( ) 안에 적으시오.

- 한 개의 배열에 int형, double형, char형 값을 섞어서 저장할 수 있다. ( )
- int ary[5];로 선언한 후 ary = {10, 20, 30, 40, 50}과 같이 배열 이름만 사용하여 배열 원소를 한꺼번에 저장할 수 있다. ( )
- int ary[5];로 선언한 배열의 첫 원소는 첨자 1을 사용하여 ary[1]로, 마지막 원소는 ary[5]로 사용한다. ( )
- 배열을 선언할 때 배열 원소 개수는 정수 상수여야 하므로 정수로 정의된 매크로 상수는 가능하지만 일반 정수형 변수는 사용할 수 없다. ( )
- double sum[100] = {1};로 선언하면 sum 배열의 모든 원소가 1로 초기화된다. ( )
- 배열을 선언할 때 원소 개수는 생략할 수 있으므로 int score[ ];와 int choice[ ] = { 1, 2, 3, 4 } 모두 가능하다. ( )

02 #define N 5로 정의된 N을 사용하여 지시 내용에 맞게 밑줄을 채우시오.

- 1번부터 5번까지의 5명의 국어 점수가 차례대로 97, 85, 89, 72, 96일 때, kor 배열을 선언하면서 5개의 점수로 초기화하기

```
int ________________________________________
```

- 5명의 국어 점수 중 두 번째 점수 85 출력하기

```
printf("두 번째 국어 점수 : %d점 \n", ____________);
```

- kor 배열의 국어 점수를 다음 결과처럼 한 줄로 출력하기

Output

```
97 85 89 72 96
```

```
for (i = 0; ____________; i++)
    printf("%d ", ____________);
```

- kor 배열의 국어 점수를 다음 결과처럼 번호와 함께 출력하기

Output

```
5명의 국어 점수

1번 97점
2번 85점
3번 89점
4번 72점
5번 96점
```

```
printf("%d명의 국어 점수 \n\n", ________);

// 출력할 번호는 배열 원소 첨자보다 1 더 큼
for (i = 0; ____________; i++)
    printf("%d번 %d점\n", ________, ________);
```

03 1월부터 6월까지의 총일수를 tot에 구하시오. 단, 윤년이 아닌 해라고 가정한다.

Output

```
1월부터 6월까지는 총 181일이 있습니다.
```

- 1월부터 6월까지 각 월의 일수는 days 배열을 선언하면서 배열에 초기화하기
- for문을 이용하여 days[0] ~ days[5]의 합을 tot에 더하기

04 시중 은행 N(5) 곳의 연 금리 3.4%, 3.2%, 3.7%, 3.5%, 3.6%를 rate 배열에 저장한 후, 대출금 loan_balance가 350만 원일 때 시중 금리에 따른 연이자와 월이자를 다음과 같이 출력하시오.

Output

```
대출금:  3500000원
연이율:      3.4%      3.2%      3.7%      3.5%      3.6%
연이자:    119000    112000    129500    122500    126000
월이자:      9916      9333     10791     10208     10500
```

- 연이자
  대출금 * 연금리 * 0.01
- 월이자
  대출금 * 연금리/12 * 0.01

05 N(10)명의 국어 점수를 kor 배열에 저장한 후(선언과 동시에 초기화), 배열의 평균을 구하여 다음과 같이 출력하고자 한다. 코드의 빈칸을 채우시오.

Output

```
국어 점수 : 97, 85, 89, 72, 96, 94, 59, 78, 88, 90
평균 점수 : 84.8점
```

```
int i, sum, _______________= { 97, 85, 89, 72, 96, 94, 59, 78, 88, 90 };
double mean;

sum = ___________;
for (i = 0; ______________; i++)
    sum = _______________________________________;  // sum에 kor[i]를 더하기
mean = __________________________________________;  // 정수/정수는 결과가 정수

printf("국어 점수 : ");
for (i = 0; ______________; i++)      // 배열 원소 출력
     printf("%d, ", ______________);
printf("\b\b \n");                   // for문에서 마지막으로 출력한 콤마를 지우고 줄 바꾸기
printf("평균 점수 : %.1lf점 \n", ______________);  // 평균 출력
```

- '\b'를 이용하여 이전 출력 글자 지우기
  점수 뒤에 ' , '와 빈칸 한 개 출력하기를 반복하여 for문을 끝내면 다음과 같이 마지막 원소 90 뒤에 ' , '와 빈칸 한 개가 출력됨

```
국어 점수 : 97, 85, 89, 72, 96, 94, 59, 78, 88, 90,
```

- 마지막의 ' , '를 출력하지 않는 방법 두 가지

  방법1) for문 안에서 두 가지 출력 방법 중 한 개를 선택하기

```
if (i < N)                        // 마지막 원소가 아니면
    점수 뒤에 콤마와 빈칸 ', '을 출력
else
    점수만 출력
```

  방법2) for문을 끝내고 '\b'와 빈칸을 활용하여 마지막에 출력된 콤마를 지우기
  - 탈출 문자 '\b'의 효과 : 마지막 출력 후 커서의 위치를 왼쪽으로 한 칸 이동만 함 (워드 프로세서의 〈Backspace〉 키와 다르게 글자를 지우지 않음)
  - 이미 출력된 글자를 다른 글자로 바꾸려면 기존 글자 위에 새로운 글자를 출력하여 덮어씀
  - 다음 그림은 '90, '까지 출력 후 콤마를 지우는 예

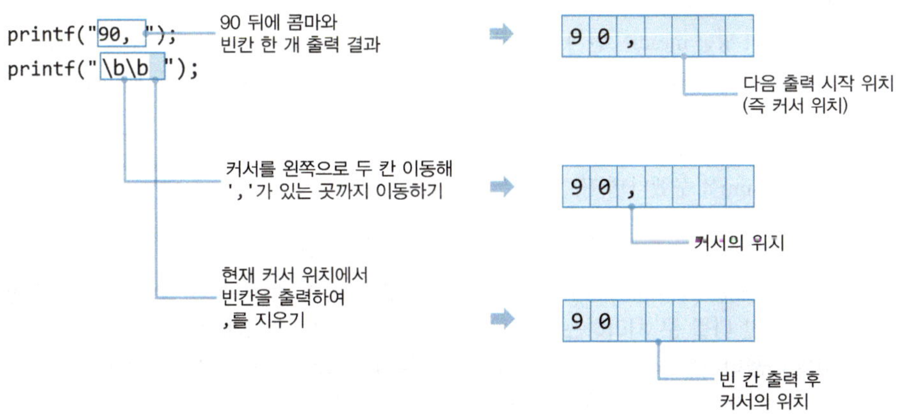

06 05번 문제의 kor 배열에 저장된 N(10)명의 국어 점수 중 사용자가 입력한 값보다 큰 값의 개수를 구하는 코드를 작성하시오.

Output

```
얼마보다 큰 값의 개수를 구할까요? 90↵
90보다 큰 값은 3개 있습니다.
```

Output

```
얼마보다 큰 값의 개수를 구할까요? 97↵
97보다 큰 값은 0개 있습니다.
```

- 이 문제는 특정 값의 순위를 구하는 데 활용 가능

  자료 중 특정 값의 내림차순 순위는 이 값보다 큰 값의 개수 + 1이다. 나보다 점수가 높은 학생 수가 0이면 나의 순위는 0 + 1이다. 이 방법은 동점에 대해서도 바른 순위를 구하며, 처리 시간이 매우 긴 정렬 작업을 하지 않아도 순위를 구할 수 있다.

07 평균을 구하면 자료의 값들이 평균에 얼마나 가까이 모여 있는지 분석할 수 있다. 05번의 평균 문제를 참고하여 표준편차를 구하는 프로그램을 작성하시오.

Output

```
국어 점수 : 97, 85, 89, 72, 96, 94, 59, 78, 88, 90
평균 점수 : 84.8점
표준 편차 : 11.4
```

- 표준편차 공식과 사용 함수
  - x_1, x_2, ..., x_n n개의 자료가 있고, 이 자료의 평균이 mean일 때, 표준편차를 구하는 공식은 $\sqrt{\frac{1}{n}\sum_{i=1}^{n}(x_i - mean)^2}$이다.
  - x^n은 pow(x, n), x의 제곱근 $\sqrt{x}$는 sqrt(x)로 구한다(#include 〈math.h〉가 필요).
- 표준편차 구하기 과정
  - 배열의 평균 mean이 먼저 구해져 있어야 각 원소와 평균과의 차이를 구할 수 있다.
  - for문으로 배열 각 원소 kor[i]마다 (kor[i]-mean)^{2}을 구해서 sum에 더하면 sum은 $\sum_{i=1}^{n}(x_i - mean)^2$이 된다.
  - 위의 sum을 구했다면 표준편차는 sqrt(sum/N)이다.

08 [Code 08-2]는 학년별 인원수를 구할 때 int형 변수 cnt1, cnt2, cnt3, cnt4 네 개를 사용했다. 그래서 변수명만 다를 뿐 처리하는 내용은 같은 문장을 네 번 사용해야 했다. int cnt[4];로 선언한 cnt 배열을 이용하여 [Code 08-2]의 11행 ~ 25행을 for문으로 단순하게 바꾸어보자.

Output

```
1학년: 2명
2학년: 7명
3학년: 8명
4학년: 3명
```

- 13행 ~ 19행 : 학년에 따라 1 증가할 cnt 배열 원소의 첨자가 결정된다. 이 첨자 부분은 [해당 학년 – 1]이다. for (i = 0; i < N; i++) { }의 본체 안에서 year[i]가 해당 학생의 학년이므로 [해당 학년 – 1]은 [year[i] – 1]이 된다.

```
1학년이면 cnt[0]++ ┐
2학년이면 cnt[1]++ │  cnt[학년 - 1]++
3학년이면 cnt[2]++ ├  cnt[year[i] - 1]++
4학년이면 cnt[3]++ ┘
```

09 07번 문제의 국어 점수에 대해 오른쪽과 같이 도수 분포표를 구하는 프로그램을 작성하시오.

Output

```
---------------
점수        도수
---------------
90 ~ 100    4
80 ~  89    3
70 ~  79    2
 0 ~  60    1
---------------
```

10 [Code 08-5]는 배열에 특정 값이 있는지 없는지 확인하기 위해 for문을 끝낸 후 제어변수 i의 값을 조사한다. 이와는 다른 방법으로 특정 상태를 표시하는 플래그(flag) 변수를 사용하여 해결할 수도 있다. 다음을 참고하여 플래그 변수 found를 이용하여 해결하도록 [Code 08-5]를 수정하시오.

- 13행 for문 시작 전에 플래그 변수를 0(아직 못 찾은 상태임을 의미)으로 초기화: found = 0
- 14행에서 같은 수험번호를 찾으면 플래그 변수를 1(찾은 상태임을 의미)로 변경 후 반복을 그만하기: { found = 1; break; }
- for문을 끝냈을 때 플래그 변수는 0 아니면 1이다. for문 안에서 같은 수험번호를 찾지 못했다면 found는 초깃값 0 그대로이고, 찾았다면 1로 변경되었을 것이다. 그러므로 for문을 끝낸 18행에서는 플래그 변수 found의 값을 확인하여 같은 수험번호를 찾았는지 못 찾았는지 판단: if (found) { 찾은 경우 } else { 못 찾은 경우 }

11 상품 N(10)개의 가격이 저장된 cost 배열이 있다. 이 가격은 사용자가 사고 싶은 상품 순서에 맞춰 차례대로 저장되어 있다. 사용자가 가진 상품권 금액을 입력하면 몇 번째 상품까지 살 수 있으며 총액은 얼마인지 출력하는 프로그램을 작성하시오.

Output

```
가진 상품권 금액은? 50000↵
2번째 상품까지 36000원에 구입 가능
```

Output

```
가진 상품권 금액은? 70000↵
4번째 상품까지 70000원에 구입 가능
```

- 상품권 금액은 max_gift에 입력받기
- 살 수 있는 상품의 총액은 total에 누적하기
- 사고 싶은 상품의 가격은 {15000, 21000, 29000, 5800, 5900, 29000, 7300, 17000, 9500, 3700}
- 살 수 있는 마지막 물건의 번호와 총액은 for나 while문으로 구하기
  ① for (i = 0; i 〈 N; i++) { }로 해결하기
    - 본체 안에서 다음 상품을 샀을 때의 총액이 max_gift를 초과한다면 for문을 빠져나온 후 'i번째 상품까지 total원에 구입 가능' 출력

      주의 for 안에서 total += cost[i];로 새 상품의 가격만큼 총액을 증가시킨 후, (total 〉 max_gift)가 되어 초과인지 체크하고, for를 break로 끝낸다면? 초과하게 한 마지막 상품은 살 수 없으

므로 살 수 있는 상품의 총액은 total - cost[i]여야 한다. 방금 확인한 상품의 금액을 빼지 않고 해결하려면 if (total + cost[i] 〉 max_gift)처럼 초과하는지 조사하는 방법을 사용한다. 첨자는 실제 상품 순서 번호보다 1이 작으므로 i번째 상품이라고 출력하면 된다.

② while (조건) { }으로 해결하기

– 현재 총액 total에 다음 상품의 가격을 더한 금액이 상품권 금액보다 적다면 구입할 수 있으며, 아직 마지막 상품의 가격까지 확인하지 않았다면 본체로 진입하여 다음 상품을 확인할 수 있도록 첨자를 증가시킨다. (i 〈 N) 조건까지 확인하지 않으면, N개 상품을 다 사도 max_gift 금액을 초과하지 않으면 계속해서 i를 증가시키며 while 본체를 반복하게 되므로 주의해야 한다.

```
i = 0, total = 0;
while ( (total + 다음 상품의 가격 cost[i] <= max_gift)  && (i < N))
{
    total에 cost[i]를 누적하기     // 위 조건은 실제로 total을 증가시키지 않음
    i++;
}
'i번째 상품까지 total원에 구입 가능' 출력
```

12 많은 숫자 자료만으로는 잘 보이지 않는 시간에 따른 자료의 추이나 특징이 차트와 같은 시각화 작업을 거치면 특정 변화/흐름이 한눈에 들어올 수 있다. 데이터 분석에서 시각화가 중요한 이유이기도 하다. 오늘날 지구 온난화로 인해 많은 문제점이 발생하고 있다. 우리나라 특정 지역의 2010년부터 2017년까지의 5월부터 6월까지의 최고기온을 시각화하여 실제로 어떤 기후 변화가 있는지 확인해보자.

기온이 25도 미만이면 '□'로, 25도 이상 30도 미만이면 '▨' 로, 30도 이상이면 '■'로 숫자 대신 박스 기호를 가로로 출력하여 가로 막대 그래프 효과를 준다. 출력 결과를 보면 연도가 증가하면서 특히 30도 이상인 '■'가 처음 나타나는 위치가 앞당겨졌으며, 2010년에 비해 2017년에는 빈도가 7번에서 17번으로 확연히 증가했음을 알 수 있다.

Output

```
2010년, 2013년, 2017년 5, 6월 최고기온 분석(□: 25 미만, ▨: 25 이상 30 미만, ■: 30 이상)

        5월                              6월
2010년 |□□□▨□□□▨▨□□□□□□▨▨□▨▨■□□□□□□□□□□□▨▨▨▨▨▨▨▨▨▨▨▨▨▨■■□▨▨■■▨▨▨□▨▨■■
2013년 |□□□□□▨□□▨▨▨▨▨■▨□□□□▨▨▨▨■▨□□□▨▨▨▨▨▨▨▨▨□□□▨□▨▨□■■■▨▨▨□▨▨▨▨▨▨▨▨▨
2017년 |□□▨▨▨▨▨■□□■□□▨▨□□▨■■■▨▨□■□□▨■■■■□▨▨□□▨▨■▨□□□▨■□▨▨■▨▨▨■▨▨▨▨■■■
```

- 2차원 배열을 배웠다면 이중 for문을 사용하여 더 단순하게 코딩할 수 있지만, 아직 1차원 배열만으로 코딩하므로 2010년, 2013년, 2017년 세 개의 연도에 대한 자료만으로 작업한다.
- 연도마다 원소가 N(61)개인 배열에 5월 1일부터 6월 30일까지의 최고기온을 순서대로 초기화한다. (파일 처리를 배운다면 최고기온이 저장된 텍스트 파일에서 값을 읽어서 배열 원소에 자동으로 저장할 수 있다.)

```
int C_2010[N] = { 20, 24, 24, 25, 24, 24, 24, 27, 25, 20, 18, 19, 19, 21, 21, 26, 27,
                  21, 26, 29, 30, 21, 19, 24, 20, 21, 19, 19, 20, 20, 18, 20, 25, 26,
                  29, 29, 28, 25, 26, 26, 28, 28, 25, 26, 28, 26, 31, 32, 24, 28, 29,
                  30, 30, 26, 28, 26, 24, 29, 26, 31, 30 };
int C_2013[N] = { 12, 16, 18, 21, 24, 29, 17, 20, 28, 27, 27, 27, 28, 30, 28, 14, 20,
                  22, 19, 27, 25, 26, 26, 31, 25, 24, 23, 21, 27, 27, 26, 27, 25, 25,
                  29, 28, 27, 24, 24, 22, 25, 21, 27, 27, 23, 30, 32, 33, 27, 26, 28,
                  23, 26, 27, 28, 27, 27, 27, 26, 27, 29 };
int C_2017[N] = { 22, 20, 25, 26, 25, 25, 29, 30, 21, 23, 30, 21, 23, 27, 25, 22, 22,
                  28, 32, 30, 30, 26, 26, 23, 31, 20, 24, 27, 34, 35, 30, 31, 23, 26,
                  25, 23, 20, 27, 28, 31, 27, 24, 21, 23, 27, 32, 23, 25, 27, 32, 28,
                  28, 29, 31, 29, 27, 25, 27, 30, 30, 33 };
```

- C_2010 배열에 대한 가로 막대 그래프 코드를 작성한 후 이 코드를 복사해 배열 이름만 C_2013과 C_2014로 변경해서 다른 두 해의 그래프도 그린다. 앞서 언급했듯이 2차원 배열을 배우면 세 배열 대신 int C[3][N] 2차원 배열 한 개로 자료를 저장하고 사용할 수 있으며, 이중 for문으로 코드 길이를 줄일 수 있다.

13 [Code 05-9]의 최저 온도 세 개를 min 배열에 저장한 후 7행 ~ 23행을 중첩 for문으로 변경하시오.

Output

```
3일 전: □□□□□□□□□□□□□□□□ (16°)
2일 전: □□□□□□□□□□□□□□□ (15°)
1일 전: □□□□□□□ (7°)
```

- N이 3일 때 1일 전, 2일 전, 3일 전 출력은 N-0일 전, N-1일 전, N-2일 전으로 해결 가능

14 컴퓨터 프로그램으로 가장 많이 하는 작업 중 하나가 탐색(search)이다. 탐색은 대상 데이터를 뒤져서 특정 키와 관련된 값을 찾는 작업이다. 전화번호부에서 이름으로 전화번호 찾기, 학번으로 학생의 주소 찾기, 아이디로 비밀번호 찾기, 지역명으로 시외전화 지역번호 찾기 등이 모두 탐색에 해당하며, 특정 이름, 학번, 아이디, 지역명이 키에 해당하며 이 키와 관련된 값이 탐색을 통해 실제로 찾고 싶은 정보이다. pass_no에는 합격자 N(10)명의 수험번호 {9, 13, 26, 31, 33, 42, 65, 73, 80, 83}이, pass_score에는 pass_no의 합격자에 해당하는 점수 {96, 89, 93, 97, 91, 88, 90, 92, 95, 93}이 저장되어 있을 때, 다음의 설명을 참고하여 [Code 08-5]의 순차적 탐색보다 훨씬 빠른 이진 탐색 프로그램을 작성하시오.

Output

```
수험 번호 입력: 33↵
점수는 91
총 1번 비교
```

Output

```
수험 번호 입력: 73↵
점수는 92
총 2번 비교
```

Output

```
수험 번호 입력: 7↵
7는 없는 수험번호
총 3번 비교
```

Output

```
수험 번호 입력: 99↵
99는 없는 수험번호
총 4번 비교
```

- 특정 수험번호 target(65)의 점수(90)를 찾는 탐색 방법은? ① 먼저 키(target 변수)에 해당하는 수험번호와 똑같은 값이 pass_no 배열에 저장된 첨자 i를 찾아내면, ② pass_score[i]가 찾는 시험 점수이다. [Code 08-5]는 pass_no 배열에 input_no 수험번호가 있는지 각 원소를 순서대로 비교했는데 이것이 가장 단순한 탐색 방법인 순차적(sequential) 탐색이다. 순차적 탐색은 찾는 수험번호가 배열 뒷부분에 있을수록 찾는 시간이 길어진다. 맨 마지막 수험번호이거나 찾는 수험번호가 없는 최악의 경우 N번의 비교를 거쳐야 한다.
- 순차적 탐색보다 훨씬 빠른 방법으로 배열 원소 개수 N이 증가할수록 탐색 시간은 로그적으로 증가하는 이진 탐색(binary search)이 있다. 다만, 이진 탐색은 정렬된 배열에 대해서만 사용할 수 있다는 단점이 있다.
- 이진 탐색은 배열 원소 개수가 $2^{k-1} \le N < 2^k$라면 최대 k번 만에 원하는 값을 찾거나 없음을 알 수 있다. N이 2000이라면 $2^{10} \le N < 2^{11}$이므로, 11번만 비교하면 되며, N이 10억이라면 2^{30} = 1,073,741,824이므로 30번의 비교로 찾을 수 있다.
- 이진 탐색은 탐색 대상이 정렬되어 있으므로 아래 그림과 같이 탐색 범위의 중간에 있는 값과 찾는 값(target)을 비교하여 다음 탐색 범위를 반으로 줄일 수 있다.
- 이진 탐색은 비교 횟수가 정해져 있지 않으므로 while문으로 코딩한다. 탐색 범위에 한 개 이상의 값이 있다면 target과 비교하는 작업을 계속해야 하므로 while (left <= right) { }로 코딩할 수 있다. 그림과 달리 target이 64라면 4번째 비교 후 right가 mid − 1이 되고, target이 66이라면 left가 mid + 1이 되어 left와 right가 교차한다. 즉, left와 right가 교차한 것은 target이 배열에 없음을 의미한다.
- 탐색 범위의 중간 값은 첨자가 $\lfloor (left + right)/2 \rfloor$인 원소로 정한다. 원소가 홀수 개라면 정중앙의 원소가 되고, 짝수 개라면 중간의 두 원소 중 왼쪽 원소가 된다. C에서는 정수/정수 결과가 정수이므로 mid = (left + right)/2;를 하면 $\lfloor\ \rfloor$ 결과를 얻는다.

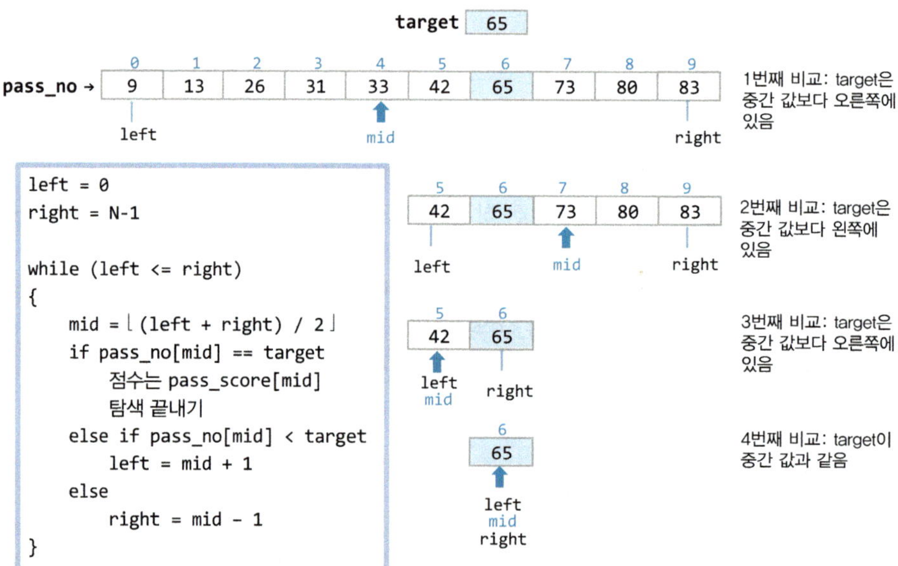


```
left = 0
right = N-1

while (left <= right)
{
    mid = ⌊(left + right) / 2⌋
    if pass_no[mid] == target
        점수는 pass_score[mid]
        탐색 끝내기
    else if pass_no[mid] < target
        left = mid + 1
    else
        right = mid - 1
}

if (left > right)
    target이 없는 경우
```

09 CHAPTER

대량의 자료 배열2

09

대량의 자료 배열2

이전 장에서 배열의 기본적인 사용법과 합, 평균, 최소값 등의 기초적인 응용 예를 살펴보았다. 배열을 사용한 기초적인 응용에서는 for 문을 한번 사용하여 목적값을 구하였으나 이 장에서는 순위, 정렬 등 배열의 원소를 중첩된 for 문을 사용하는 예를 다룬다. 그리고 배열의 배열이 필요한 데이터를 처리하기 위한 이차원 배열을 선언하고 사용하는 예를 보인다.

9.1 순위 구하기

특정 값의 순위는 특정 값보다 큰 값의 수이다. 따라서 배열에서 임의의 값에 대한 순위를 구하는 방법은 순위 변수(rank)를 0이나 1로 초기화하고 단일 for 문을 사용하여 순위를 구하는 값보다 큰 값이 있을 때 순위 변수를 증가하는 것이다. 배열의 모든 값에 대한 순위는 모든 순위를 저장하기 위한 변수(일차원 배열 rank)를 초기화하고 for 문을 중첩하여 구한다. 배열을 두 번 탐색하여야 하므로 다음과 같은 중첩 for 패턴을 사용한다.

```
for( .... ) {
    ...
    for( ... ) {
    ...
    }
}
```

9.1.1 특정 값의 순위 구하기

첫 번째 값의 순위와 두 번째 값의 순위를 구해보고 코딩의 중복된 부분을 관찰한다.

Example 09-1 첫 번째 값의 순위 구하기

순위 변수 rank를 1로 초기화하고 첫 번째 값보다 큰 값의 수를 구한다. rank를 1로 초기화하거나, rank를 0으로 초기화하여 순위에 1을 더하여도 된다. target 변수는 순위를 구하기 위한 첨자 0을 저장한다. 배열을 탐색하는 for 기본 패턴에서 scores[target] 즉 첫 번째 값보다 큰 값이 나오면 rank++ 한다.

```c
#include <stdio.h>

#define NUM_OF_SCORE 5
int main()
{
    int scores[NUM_OF_SCORE] = {97, 85, 89, 72, 96};
    int rank = 1, i, target;

    target = 0; // 1번째 점수
    for(i=0; i<NUM_OF_SCORE; i++) {
        if(scores[target]<scores[i])
            rank++;
    }

    printf("%d번째 점수 %d점의 순위: %d위\n", target+1, scores[target], rank);

    return 0;
}
```

Output

```
1번째 점수 97점의 순위: 1위
```

Example 09-2 두 번째 값의 순위 구하기

순위 변수 rank를 1로 초기화하고 두 번째 값(9행) 보다 큰 값의 수를 구한다.

```c
1 #include <stdio.h>
2
3 #define NUM_OF_SCORE 5
4 int main()
5 {
6     int scores[NUM_OF_SCORE] = {97, 85, 89, 72, 96};
7     int rank = 1, i, target;
8
```

```
9       target = 1; //2번째 점수
10      for(i=0; i<NUM_OF_SCORE; i++) {
11          if(scores[target]<scores[i])
12              rank++;
13      }
14
15      printf("%d번째 점수 %d점의 순위: %d위\n", target+1, scores[target], rank);
16
17      return 0;
18  }
```

Output

```
2번째 점수 85점의 순위: 4위
```

9.1.2 모든 값의 순위 구하기

[Example 09-1]과 [Example 09-2]에서 rank 변수의 초깃값을 각각 0과 1로 할당하는 문장(9행)을 제외하고 모든 문장이 같다. 모든 값에 대한 순위를 구하기 위하여 배열 원소의 수(5)와 같이 [Example 09-1] 코드를 반복하면 된다. 따라서 중첩된 for 코딩 패턴을 응용한다. 즉 외부 for는 target 변수를 첨자로 사용하여 반복하고, 내부 for는 배열의 기본 첨자를 사용하여 반복한다.

Example 09-3 모든 값의 순위 구하기

target 변수가 0~NUM_OF_SCORE-1까지 변화하면서 각 점수의 순위를 구한다. [Example 09-1]의 for(i=0; i<NUM_OF_SCORE; i++) 문장을 내부 순환 블록(11행~15행)으로 옮기고 외부에 target 변수를 첨자로 하는 for(target=0; target<NUM_OF_SCORE; target++) 문장을 9행, 16행에 추가한다. 10행에 target을 첨자로 하는 값의 순위를 저장하기 위한 rank=1과 같이 매번 초기화하여야 한다.

```
1  #include <stdio.h>
2
3  #define NUM_OF_SCORE 5
4  int main()
5  {
6      int scores[NUM_OF_SCORE] = {97, 85, 89, 72, 96};
7      int rank, i, target;
8
9      for(target=0; target<NUM_OF_SCORE; target++) {
```

```
        rank = 1;
        for(i=0; i<NUM_OF_SCORE; i++) {
            if(scores[target]<scores[i])
                rank++;
        }
        printf("%d번째: %d점의 순위: %d위\n", target+1, scores[target], rank);
    }

    return 0;
}
```

Output

```
1번째: 97점의 순위: 1위
2번째: 85점의 순위: 4위
3번째: 89점의 순위: 3위
4번째: 72점의 순위: 5위
5번째: 96점의 순위: 2위
```

9.1.3 모든 값의 순위 저장하기

[Example 09-3]은 배열 원소의 순위를 구하고 출력 후 저장하지 않기 때문에 순위를 구하기 위하여 중첩된 for 문을 다시 실행하여야 한다. 배열의 크기 클 때 중첩된 for문을 실행하는 것은 매우 비효율적이다. 따라서 모든 값의 순위를 저장하는 것이 필요하다. 배열의 모든 값의 순위를 저장하기 위한 변수를 선언해야 한다. 원소마다 순위를 저장하여야 하므로 원소의 크기와 같은 배열 int ranks[NUM_OF_SCORE]를 선언한다.

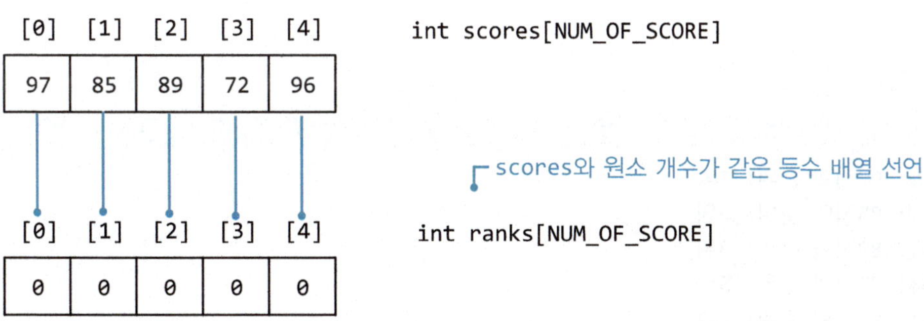

Example 09-4 모든 값의 순위 저장하기

[Example 09-3]의 7행 rank 변수는 배열 원소의 순위를 구하기 위하여 재사용되었다. 다음 코드의 7행 ranks[NUM_OF_SCORE]와 같이 scores 배열의 크기와 같은 크기의 배열을 선언한다. [Example 09-3]의 10행 rank = 1을 10행 ranks[target] = 1과 같이 각 scores[target]의 순위를 1로 초기화한다. [Example 09-3]의 13행 rank++ 또한 아래 코드의 13행과 같이 ranks[target]++ 문장으로 수정한다. 17행~19행과 같이 모든 원소의 순위를 가지는 배열 ranks를 필요할 때마다 사용할 수 있다.

```c
1  #include <stdio.h>
2  
3  #define NUM_OF_SCORE 5
4  int main()
5  {
6      int scores[NUM_OF_SCORE] = {97, 85, 89, 72, 96};
7      int ranks[NUM_OF_SCORE] = {0}, i, target;
8  
9      for(target=0; target<NUM_OF_SCORE; target++) {
10         ranks[target] = 1;
11         for(i=0; i<NUM_OF_SCORE; i++) {
12             if(scores[target]<scores[i])
13                 ranks[target]++;
14         }
15     }
16 
17     for(target=0; target<NUM_OF_SCORE; target++) {
18         printf("%d번째: %d점의 순위: %d위\n", target+1, scores[target],
                   ranks[target]);
19     }
20 
21     return 0;
22 }
```

Output

```
1번째: 97점의 순위: 1위
2번째: 85점의 순위: 4위
3번째: 89점의 순위: 3위
4번째: 72점의 순위: 5위
5번째: 96점의 순위: 2위
```

9.2 2차원 배열에 저장하기

학생의 5과목에 대한 성적을 저장하기 위하여 5개의 변수를 사용하는 대신 int scores[5]와 같이 배열을 사용하였다.

```
int score1=97, score2=85, score3=89, score4=72, sccore5=96;
int scores[5] = {97, 85, 89, 72, 96};
```

학생 3명의 5과목에 대한 성적을 저장하기 위하여 다음과 같이 배열 3개를 선언하여 사용할 수 있다.

```
int scores1[5] = {97, 85, 89, 72, 96};
int scores2[5] = {96, 94, 90, 88, 89};
int scores3[5] = {80, 85, 79, 70, 82};
```

위와 같이 선언하고 사용한다면 학생의 수가 많을 때 그 수만큼 배열을 선언하고 사용하여야 할 것이다. 각 학생의 총점, 평균과 같은 기본 통계치를 구할 때 for 문을 학생의 수 만큼 사용하여야 하는 문제가 있다. 또한 학생 간의 순위와 같은 통계치를 구하는 것은 불가능하다. 따라서 다음과 같이 1차원 배열에 대한 배열 즉, 2차원 배열을 선언하여 사용하여야 한다.

```
int scores[3][5] = {{97, 85, 89, 72, 96}, {96, 94, 90, 88, 89},
                    {80, 85, 79, 70, 82}};
```

9.2.1 2차원 배열 선언 및 참조

Syntax 2차원 배열의 선언 : 자료형 변수명[행의 수][열의 수]

2차원 배열 선언:

```
int scores[3][5];
double rates[10][15];
```

int scores[3][5]는 3명(행의 수)의 학생에 대한 5과목(열의 수)의 점수를 2차원 배열로 선언한 예이다. scores는 정수 15개(3×5)를 선언한 것과 같다.

Syntax 2차원 배열의 초기화 : 자료형 변수명[행의 수][열의 수] = {{...},... {...}}

2차원 배열 초기화:

```
int scores[3][5] = {{97, 85, 89, 72, 96}, {96, 94, 90,
                    88, 89}, {80, 85, 79, 70, 82}}; 또는
int scores[][5] = {{97, 85, 89, 72, 96}, {96, 94, 90,
                    88, 89}, {80, 85, 79, 70, 82}};
```

2차원 배열의 초기화는 1차원 배열을 초기화하는 문법과 같이 초기화 값을 중괄호 { } 사이에 설정한다. 위의 sccores의 초기화와 같이 중첩된 중괄호를 사용하여 행의 크기와 같은 중괄호를 중첩하여 사용하기를 권장한다. 초기화 값이 있을 때 행의 수는 생략할 수 있으나 권장하지 않는다. 또한 다음과 같이 단일 중괄호를 사용하여 초기화할 수 있으나 권장하지 않는다.

```
int scores[3][5] = {97, 85, 89, 72, 96,96, 94, 90, 88, 89,80, 85, 79, 70, 82};
```

많이 하는 실수

- 기본 변수는 선언 후 필요할 때마다 변수의 값을 대입 연산자를 사용하여 수정할 수 있으나 배열은 선언 이후에 중괄호를 사용하여 변경할 수 없다.

```
int scores[3][5];
...
//scores 또는 scores[3][5]에 대입 연산자를 사용하여 일괄적으로 할당할 수 없다.
scores = {{97, 85, 89, 72, 96}, {96, 94, 90, 88, 89},
          {80, 85, 79, 70, 82}};(X)
scores[3][5] = {{97, 85, 89, 72, 96}, {96, 94, 90, 88, 89},
                {80, 85, 79, 70, 82}};(X)
```

Syntax 2차원 배열의 원소 참조 : 2차원_배열_변수명[행번호][열번호]

배열 선언 `int scores[2][5] = {{97, 85, 89, 72, 96}, {96, 94, 90, 88, 89};`

원소 참조	scores[0][0]	scores[0][1]	scores[0][2]	scores[0][3]	scores[0][4]
	97	85	89	72	96
	96	94	90	88	89
원소 참조	scores[1][0]	scores[1][1]	scores[1][2]	scores[1][3]	scores[1][4]

2차원 배열의 원소를 참조할 때는 행 번호와 열 번호를 사용한다. 먼저 행 번호를 명시하고 열 번호를 명시한다. 위의 사용 예에서 첫 번째 학생의 점수는 scores[0]으로 1차원 배열이다. 따라서 첫 번째 학생의 첫 번째 점수는 scores[0][0]이다. 두 번째 학생의 세 번째 과목의 점수는 scores[1][2]이다. 1차원 배열의 원소를 참조할 때 주의 사항과 같이 행과 열은 0부터 시작하여 각각 (행의 수-1), (열의 수-1)까지 참조할 수 있다.

9.2.2 2차원 배열의 모든 자료 출력

1차원 배열의 원소를 출력하기 위하여 다음과 같이 단일 for 코딩 패턴을 사용하였다.

```
int i, scores[5] = {97, 85, 89, 72, 96};

for (i = 0; i < 5; i++)
    printf("%5d점 \n", scores[i]);
```

2차원 배열 int scores[3][5]에서 첫 번째 학생의 성적 scores[0]는 1차원 배열이므로 위의 코드를 사용하여 다음과 같이 첫 번째 학생의 성적을 출력할 수 있다. 두 번째, 세 번째 학생의 성적 scores[1], scores[2] 또한 1차원 배열이므로 행의 첨자만 수정하여 출력할 수 있다.

```
int scores[3][5] = {{97, 85, 89, 72, 96}, {96, 94, 90, 88, 89},
                    {80, 85, 79, 70, 82}};

printf("\n1번째 학생의 성적: ");
for (i = 0; i < 5; i++)
    printf("%5d", scores[0][i]);
printf("\n2번째 학생의 성적: ");
for (i = 0; i < 5; i++)
    printf("%5d", scores[1][i]);
printf("\n3번째 학생의 성적: ");
for (i = 0; i < 5; i++)
    printf("%5d점", scores[2][i]);
```

printf 문장에서 1번째 학생의 성적~3번째 학생의 성적이 반복되며 scores[0]~scores[2]이 반복되므로 다음과 같이 중첩 for 패턴이 사용된다.

Example 09-5 2차원 배열의 모든 원소 출력하기

3~4행에서 학생의 수와 과목의 수를 각각 매크로 상수 NUM_OF_STD, NUM_OF_SBJ로 정의한다. 7~11행에서 2차원 배열 scores를 선언하고 초기화한다. 12행에서 학생과 성적을 참조하기 위한 첨자 변수 std(student), sbj(subject)를 선언한다. std, sbj와 같이 변수명을 그 역할에 맞게 선언하면 코드의 가독성이 좋아지고 잘못된 첨자를 사용하는 실수를 줄일 수 있다. 14행은 0~NUM_OF_STD-1을 첨자 std로 참조하기 위한 외부 반복문 for의 시작이다. 따라서 15~18행이 학생의 수만큼 반복하여 실행된다. 즉, std가 0일 때 16행의 내부 for의 첨자 sbj가 0부터 4까지 순환하므로 0번째 행(첫 번째 학생)의 과목 성적 scores[0][0], scores[0][1], scores[0][2], scores[0][3], scores[0][4]가 한 행에 출력된다. std가 1일 때 두 번째 학생의 과목 성적 scores[1][0]~sccore[1][4]

가 출력되고, std가 2일 때 세 번째 학생의 과목 성적 scores[2][0]~sccore[2][4]가 출력된다. 15행에서 std+1을 한 것은 std 첨자가 0부터 시작하므로 1을 더하여 보정한 것이다.

```
1  #include <stdio.h>
2
3  #define NUM_OF_STD 3
4  #define NUM_OF_SBJ 5
5  int main()
6  {
7      int scores[NUM_OF_STD ][NUM_OF_SBJ ] = {
8              {97, 85, 89, 72, 96},
9              {96, 94, 90, 88, 89},
10             {80, 85, 79, 70, 82}
11     };
12     int std, sbj;
13
14     for (std=0; std<NUM_OF_STD; std++) {
15         printf("\n%d번째 학생의 성적: ", std+1);
16         for (sbj=0; sbj<NUM_OF_SBJ; sbj++) {
17             printf("%5d", scores[std][sbj]);
18         }
19     }
20
21     return 0;
22 }
```

Output

```
1번째 학생의 성적:    97   85   89   72   96
2번째 학생의 성적:    96   94   90   88   89
3번째 학생의 성적:    80   85   79   70   82
```

9.2.3 2차원 배열에 자료 입력

기본 자료형의 변수에 값을 입력받기 위하여 다음과 같이 사용하였다. 기본 자료형의 변수를 입력받을 때 반드시 변수명 앞에 & 연산자를 사용하여야 한다.

```
int score;
scanf("%d", &score);
```

1차원 배열의 원소를 입력받기 위하여 scanf를 배열의 크기 수만큼 사용하여 다음과 같이 입력받을 수 있다. scanf("%d", &scores[3])과 같이 한 개의 scanf로 모든 원소를 입력받을 수 없음을 주의해야 한다.

```
int scores[3];

scanf("%d", &scores[0]);
scanf("%d", &scores[1]);
scanf("%d", &scores[2]);
```

scores[0]~scores[2]와 같이 같은 패턴이 반복되므로 다음과 같이 단일 for 코딩 패턴을 사용할 수 있다. scores의 자료형은 1차원 배열이고 scores[j]의 자료형은 정수형이므로 %d 변환명세와 일치한다.

```
int j, scores[3];

for (j = 0; j < 3; j++)
    scanf("%d", &scores[j]);
```

두 명의 학생에 대한 세 과목의 점수를 입력받기 위하여 위에서 사용한 단일 for 코딩 패턴을 다음과 같이 두 번 사용하여 입력받을 수 있다.

```
int j, scores[2][3];

for (j = 0; j < 3; j++)
    scanf("%d", &scores[0][j]);
for (j = 0; j < 3; j++)
    scanf("%d", &scores[1][j]);
```

2차원 배열의 원소를 모두 출력하는 예와 같이 위의 코드도 중첩된 for 코딩 패턴을 사용하여 다음과 같이 수정할 수 있다. %d 명세에는 정수형 변수가 인수로 지정되어야 한다. 2차원 배열 scores에서 scores[i]는 1차원 배열이고 score[i][j]가 정수형이므로 %d 명세에 맞게 &score[i][j]와 같이 사용되어야 한다.

```
int i, j, scores[2][3];

for (i = 0; i < 2; i++)
    for (j = 0; j < 3; j++)
        scanf("%d", &scores[i][j]);
```

Example 09-6 2차원 배열의 원소 입력받고 출력하기

[Example 09-5]의 7~11행에서는 2차원 배열 scores를 선언하고 초기화하였다. 다음 예는 7행과 같이 2차원 배열을 선언만 하고 11~16행에서 성적을 입력받는다. [Example 09-5]에서의 2차원 배열을 출력하기 위한 코딩 패턴을 수정하여 14행에서 printf 대신 scanf를 사용한다. 앞에서 강조한 바와 같이 14행 scanf의 인수에 scores[NUM_OF_STD][NUM_OF_SBJ]를 사용하지 않아야 한다.

```
1  #include <stdio.h>
2  
3  #define NUM_OF_STD 3
4  #define NUM_OF_SBJ 5
5  int main()
6  {
7      int scores[NUM_OF_STD ][NUM_OF_SBJ];
8      int std, sbj;
9  
10     //학생의 성적 입력 받기
11     for (std=0; std<NUM_OF_STD; std++) {
12         printf("%d번째 학생의 %d과목 성적 입력: ", std+1, NUM_OF_SBJ);
13         for (sbj=0; sbj<NUM_OF_SBJ; sbj++) {
14             scanf("%d", &scores[std][sbj]);
15         }
16     }
17 
18     //학생의 성적 출력하기
19     for (std=0; std<NUM_OF_STD; std++) {
20         printf("\n%d번째 학생의 성적: ", std+1);
21         for (sbj=0; sbj<NUM_OF_SBJ; sbj++) {
22             printf("%5d", scores[std][sbj]);
23         }
24     }
25 
26     return 0;
27 }
```

Output

```
1번째 학생의 5과목 성적 입력: 97   85   89   72   96↵
2번째 학생의 5과목 성적 입력: 96   94   90   88   89↵
3번째 학생의 5과목 성적 입력: 80   85   79   70   82↵

1번째 학생의 성적:    97   85   89   72   96
2번째 학생의 성적:    96   94   90   88   89
3번째 학생의 성적:    80   85   79   70   82
```

9.3 다양한 정보를 구하는 2차원 배열 코딩

2차원 배열에서 행과 열의 합계, 평균, 표준편차, 순위를 구하는 것이 기본적인 통계 코딩이다. 8장에서 설명한 배열의 기본 코딩과 이전 절에서 설명한 2차원 배열 기본 코딩 패턴과 순위 구하기 등을 조합하여 코딩해 보자.

9.3.1 코딩: 행의 합계, 평균 구하기

2차원 배열에 저장된 각 학생의 성적의 합계와 평균을 구하는 프로그램을 코딩해 보자.

- 학생의 성적 합계를 저장하기 위한 변수 std_tot 변수를 선언(13행)한다. std_tot 변수는 학생의 합계를 구할 때 재사용된다.
- 2차원 배열을 출력하는 기본 코딩 패턴([Example 09-5]를 수정하여 학생의 성적 합계(행의 합계)를 구한다. std_tot를 0으로 초기화(18행)하여야 한다.
- 각 학생의 평균을 구하기 위하여 변수를 사용하지 않고 합계와 매크로 상수(성적의 수 또는 열의 수)를 사용하는 수식을 작성한다. 정수/정수의 결과는 정수이므로 double 자료형으로 형변환하여 수식을 작성(24행)하여야 한다.

Code 09-1 학생의 성적 합계와 평균 구하기

```
1  #include <stdio.h>
2  
3  #define NUM_OF_STD 3
4  #define NUM_OF_SBJ 5
5  int main()
6  {
7      int scores[NUM_OF_STD][NUM_OF_SBJ] = {
8                  {97, 85, 89, 72, 96},
9                  {96, 94, 90, 88, 89},
10                 {80, 85, 79, 70, 82}
11             };
12     int std, sbj;
13     int std_tot;  //한 학생의 성적 합계를 저장하기 위한 변수
14 
15     //성적 출력하고 합계 구하기
16     for (std=0; std<NUM_OF_STD; std++) {
17         printf("%d번째 학생의 성적: ", std+1);
18         std_tot = 0;  //성적의 합계를 초기화
```

```
19          for (sbj=0; sbj<NUM_OF_SBJ; sbj++) {
20              std_tot += scores[std][sbj]; //성적을 누적
21              printf("%5d", scores[std][sbj]);
22          }
23          // tot, NUM_OF_SBJ가 정수이므로 (double)로 형변환하여 평균 구하기
24          printf(" : %5d %5.1f\n", std_tot, (double)std_tot/(double)NUM_OF_SBJ);
25      }
26
27      return 0;
28  }
```

Output

```
1번째 학생의 성적:    97   85   89   72   96 :   439  87.8
2번째 학생의 성적:    96   94   90   88   89 :   457  91.4
3번째 학생의 성적:    80   85   79   70   82 :   396  79.2
```

9.3.2 코딩: 행의 합계를 배열에 저장하고 평균 구하기

2차원 배열에 저장된 각 학생의 성적의 합계를 배열에 저장하고 평균을 구하는 프로그램을 코딩해 보자. 각 학생의 성적의 합계를 배열에 저장하면 다시 합계를 계산하지 않아도 된다.

- 모든 학생의 수만큼(NUM_OF_STD) 성적의 합계를 구하기 위하여 1차원 배열로 std_tot 변수를 선언한다.
- [Code 09-1]에서의 변수 std_tot에 대한 참조를 모두 std_tot[std]로 수정한다. std가 0일 때 std_tot0] = 0(18행)으로 초기화되고 20행에서 각 과목의 점수가 std_tot[0]에 누적된다. std는 0~2까지 순차적으로 값을 가지면서 합계가 std_tot[0]~tot[2]에 저장된다.

Code 09-2 학생의 성적 합계를 배열에 저장하고 평균 구하기

```
1  #include <stdio.h>
2
3  #define NUM_OF_STD 3
4  #define NUM_OF_SBJ 5
5  int main()
6  {
7      int scores[NUM_OF_STD][NUM_OF_SBJ] = {
8                  {97, 85, 89, 72, 96},
9                  {96, 94, 90, 88, 89},
10                 {80, 85, 79, 70, 82}
```

```
        };
    int std, sbj;
    int std_tot[NUM_OF_STD]; //모든 학생에 대한 성적 합계를 저장하는 배열

    //성적 출력하고 합계 구하기
    for (std=0; std<NUM_OF_STD; std++) {
        printf("%d번째 학생의 성적: ", std+1);
        std_tot[std] = 0;  //tot[std] 학생의 성적 합계를 초기화
        for (sbj=0; sbj<NUM_OF_SBJ; sbj++) {
            std_tot[std] += scores[std][sbj]; //성적을 누적
            printf("%5d", scores[std][sbj]);
        }
        printf(" : %5d %5.1f\n", std_tot[std], (double)std_tot[std]/
                                              (double)NUM_OF_SBJ);
    }

    return 0;
}
```

Output

```
1번째 학생의 성적:    97   85   89   72   96 :   439  87.8
2번째 학생의 성적:    96   94   90   88   89 :   457  91.4
3번째 학생의 성적:    80   85   79   70   82 :   396  79.2
```

9.3.3 코딩: 행과 열의 합계를 배열에 저장하고 행과 열의 평균 구하기

[Code 09-2]에 열의 합계(각 과목의 합계)를 구하는 프로그램을 코딩해 보자. 행 우선(중첩 for 코딩 패턴에서 행에 대한 첨자가 바깥 for에 사용)으로 2차원 배열이 탐색 되기 때문에 열의 수(과목의 수)만큼 배열을 선언하고 누적하여야 한다.

- 모든 과목의 수만큼(NUM_OF_SBJ) 과목의 합계를 구하기 위하여 1차원 배열로 sbj_tot 변수를 선언한다(14행). std_tot 배열은 행이 시작할 때 0으로 초기화(21행)하면 되지만 sbj_tot 배열은 열의 첨자가 바뀌므로(22행) {0}으로 초기화하여야 한다(14행).
- std_tot는 바깥 for의 첨자 std에 따라 누적해야 하므로 std_tot[std]를 사용(23행)해야 하지만 sbj_tot는 안쪽 for의 첨자 sbj에 따라 누적해야 하므로 sjb_tot[sbj]를 사용(24행)해야 한다.
- 행의 합계와 평균을 출력할 때는 행에 대한 누적이 끝나고 바로 출력한다(27행). 그러나 열의 합계는 중첩된 for 문장이 모두 끝난 후에 구해지므로 sjb_tot 배열을 출력하는 단일 for 코딩 패턴을 사용하여 합계와 평균을 출력(33~35행, 37~39행)한다.

Code 09-3 학생의 성적 합계를 배열에 저장하고 평균 구하기

```c
#include <stdio.h>

#define NUM_OF_STD 3
#define NUM_OF_SBJ 5
int main()
{
    int scores[NUM_OF_STD][NUM_OF_SBJ] = {
                {97, 85, 89, 72, 96},
                {96, 94, 90, 88, 89},
                {80, 85, 79, 70, 82}
            };
    int std, sbj;
    int std_tot[NUM_OF_STD]; //각 학생에 대한 성적 합계를 저장하는 배열
    int sbj_tot[NUM_OF_SBJ] = {0}; //각 과목 성적의 합계를 저장하는 배열

    //성적 출력하고 합계 구하기
    printf("%6s%5s%5s%5s%5s%5s|%5s|%5s\n", " ", "kor", "eng", "math",
           "phy", "sci", "tot", "avg");
    printf("--------------------------------------------\n");
    for (std=0; std<NUM_OF_STD; std++) {
        printf("std%2d:", std+1);
        std_tot[std] = 0;  //std 학생의 성적 합계를 초기화
        for (sbj=0; sbj<NUM_OF_SBJ; sbj++) {
            std_tot[std] += scores[std][sbj]; //학생의 성적 합계에 성적을 누적
            sbj_tot[sbj] += scores[std][sbj]; //과목의 성적 합계에 성적을 누적
            printf("%5d", scores[std][sbj]);
        }
        printf("|%5d|%5.1f\n", std_tot[std], (double)std_tot[std]/(double)
               NUM_OF_SBJ);
    }

    //각 과목의 합계 출력하기
    printf("--------------------------------------------\n");
    printf("%5s:", "tot");
    for (sbj=0; sbj<NUM_OF_SBJ; sbj++) {
        printf("%5d", sbj_tot[sbj]);
    }
    printf("\n%5s:", "avg");
    for (sbj=0; sbj<NUM_OF_SBJ; sbj++) {
        printf("%5.1lf", (double)sbj_tot[sbj]/(double)NUM_OF_STD);
    }

```

```
    return 0;
}
```

Output

```
       kor  eng math  phy  sci|  tot|  avg
---------------------------------------------
std 1:  97   85   89   72   96|  439| 87.8
std 2:  96   94   90   88   89|  457| 91.4
std 3:  80   85   79   70   82|  396| 79.2
---------------------------------------------
  tot:  273  264  258  230  267
  avg: 91.0 88.0 86.0 76.7 89.0
```

연습 · 실습 문제

01 다음의 설명에 대해 O와 X를 ( ) 안에 적으시오.

- 2차원 배열은 1차원 배열의 배열이다. ( )
- int ary[3][2];로 선언한 후 ary = {{10, 20, 30}, {40, 50, 60}}과 같이 대입 연산자를 사용하여 일괄로 값을 저장할 수 있다. ( )
- int ary[3][2]={0};과 같이 선언하고 초기화하면 이차원 배열의 모든 값이 0으로 초기화 된다. ( )
- 1차원 배열 int scores[1];에 값을 입력받기 위하여 scanf("%d", scores[1]);과 같이 사용할 수 있다. ( )
- 2차원 배열 int scores[3][2];에 값을 입력받기 위하여 scanf("%d", scores[3][2]);와 같이 사용할 수 있다. ( )
- 2차원 배열의 모든 원소를 출력하기 위하여 중첩된 for 코딩 패턴을 사용한다. ( )

02 매크로 상수 YEAR, QUARTER가 각각 2, 4로 정의되었을 때 지시 내용에 맞게 밑줄을 채우시오.

- 2년에 대한 분기별 매출을 저장하기 위한 이차원 배열 sales 변수를 선언하기

```
int ______________________________
```

- 2차원 배열 sales에 매출액을 입력받기

Input

```
45 65 25 75
20 38 55 90
```

```
for (i = 0; ____________; i++)
    for(j = 0; ____________; j++)
        scanf("%d ", ____________);
```

- 2025년을 시작으로 2년 동안의 분기별 매출을 출력하기

Output

```
2025년 매출 : 45 65 25 75
2026년 매출 : 20 38 55 90
```

```
for (i = 0; ____________; i++) {
    printf("%d년 매출", ________);
    for(j = 0; ____________; j++)
        printf("%3d ", ____________);
    printf(__________);
}
```

03 [Code 09-3]에서 다음 실행 결과와 같이 모든 과목의 합계(1292)와 평균(85.1)을 구하기 위한 프로그램을 추가하시오.

Output

```
std 1:   97   85   89   72   96|  439| 87.8
std 2:   96   94   90   88   89|  457| 91.4
std 3:   80   85   79   70   82|  396| 79.2
---------------------------------------------
  tot:  273  264  258  230  267| 1292| 86.1
  avg: 91.0 88.0 86.0 76.7 89.0
```

- 변수 선언 영역에 전체 합계를 저장하기 위한 변수 tot를 선언한다.
- [code 09-3]의 23~25행이나 34행에 tot를 누적하기 위한 수식을 추가한다.
- [code 09-3]의 35행 다음에 합계(tot)와 평균을 출력하기 위한 printf 문장을 추가한다. 평균은 tot를 모든 점수의 수((NUM_OF_STD*NUM_OF_SBJ)로 나눈 것이다. 이때 두 값이 정수이므로 실수형으로 형변환하여 계산하여야 한다.

04 [Code 09-3]을 수정하여 다음 실행 결과와 같이 학생의 순위를 구하는 프로그램을 작성하시오. 단 [Example 09-4] 모든 값의 순위 저장하기 코딩 패턴을 사용하시오.

Output

```
        kor  eng math  phy  sci|  tot|  avg   rank
--------------------------------------------------
std 1:   97   85   89   72   96|  439| 87.8    2위
std 2:   96   94   90   88   89|  457| 91.4    1위
std 3:   80   85   79   70   82|  396| 79.2    3위
--------------------------------------------------
  tot:  273  264  258  230  267| 1292| 86.1
  avg: 91.0 88.0 86.0 76.7 89.0
```

- 변수의 선언 영역에 순위를 저장하기 위한 1차원 배열을 학생의 수(NUM_OF_STD) 크기로 rank 배열을 선언한다.
- 순위를 구하기 위하여 모든 학생에 대한 총점을 미리 계산하여야 하므로 [code 09-3]의 17, 18, 19~28행에서 printf 문장을 모두 삭제한다.
- 30행 이전에 [Example 09-4]를 참고하여 std_tot 배열의 순위를 구하여 rank 배열에 저장한다.
- 중첩된 for 코딩 패턴([code 09-3]의 17~28행 참고)을 사용하여 각 학생의 점수와 총점, 평균, 순위를 출력하는 코드를 추가한다.

05 2×3 행렬 A와 3×4 핼렬 B를 곱한 결과인 2×4 행렬 C를 구하여 다음과 같이 출력하시오.

Output

```
행렬 A
[   1   2   3 ]
[   4   5   6 ]

행렬 B
[   3   4   5   6 ]
[   1   2   4   3 ]
[   4   2   6   1 ]

행렬 C=A*B
[  17  14  31  15 ]
[  41  38  76  45 ]
```

- 두 행렬 A를 곱하려면 A의 열 수와 B의 행 수가 동일해야 하며 l×m 행렬 A와 m×n 행렬 B의 곱 결과 l×n 행렬 C는 다음과 같은 방법으로 구한다.

  2×3 행렬 A + 3×4 행렬 B = 2×4 행렬 C

$$\begin{pmatrix} a_{11} & a_{12} & a_{13} \\ a_{21} & a_{22} & a_{23} \end{pmatrix} \times \begin{pmatrix} b_{11} & b_{12} & b_{13} & b_{14} \\ b_{21} & b_{22} & b_{23} & b_{24} \\ b_{31} & b_{32} & b_{33} & b_{34} \end{pmatrix} = \begin{pmatrix} c_{11} & c_{12} & c_{13} & c_{14} \\ c_{21} & c_{22} & c_{23} & c_{24} \end{pmatrix}$$

$$c_{ij} = a_{i1} \times b_{1j} + a_{i2} \times b_{2j} + a_{i3} \times b_{3j} \quad \text{(i=1~2, j=1~4)}$$

- c_{ij}는 행렬 A의 i째 행의 성분과 행렬 B의 j째 열의 성분과의 곱을 합한 값이다. 그리고 성분과의 곱(prod_sum)은 3개 즉 m개가 있으므로 다음과 같이 코딩할 수 있다.

```
C[i][j]=0;
for (k=0; k<m; k++)
    C[i][j]= C[i][j] + prod_sum;
```

- 결과 행렬은 2(l)행 4(n)열이므로 각 원소 c_{ij}를 구하기 위해 중첩 for 문을 다음과 같이 코딩할 수 있다.

```
for (i=0; i<l; i++)
    for (j=0; j<m; j++)
    {
        //C[i][j] 구하기
    }
```

10 CHAPTER

문자열 처리

10 문자열 처리

지금까지는 정수나 실수 수치형 자료를 주로 다루었다. 문자 한 개만 저장할 수 있는 문자형 자료도 다루었다. 이제 1차원 배열과 2차원 배열을 다룰 수 있게 되었으므로, 학생 100명의 이름, 도서명 1,000개, 회원 2,000명의 아이디와 같이 많은 문자열을 처리할 준비가 되었다. C 언어를 배우면서 문자열 처리를 어렵게 느끼는 경우가 많다. 하지만 정확한 원리만 이해한다면 그리 어렵지 않다.

다음과 같이 문자 한 개는 char형 변수에, 문자열 한 개는 char형 1차원 배열에, 문자열 여러 개는 char형 2차원 배열에 저장하여 처리한다는 것을 미리 기억해두자.

```
// 문자 1개
char gender = 'm';

// 문자열 1개
char name[10] = "Jenny";

// 문자열 5개
char books[5][20] = { "C 기초", "Python 기초", "JAVA 잡기", "C 잡기",
                      "Python 잡기" };
```

10.1 문자 1개, 문자열 1개, 문자열 여러 개

10.1.1 문자열과 널 문자

'C' 문자 상수 1개를 char형 변수에, "Nabi" 문자열 상수 1개를 char형 1차원 배열에, "Jaeil", "Doori", "Gosu" 문자열 상수 3개를 char형 2차원 배열에 초기화하는 구문은 다음과 같다.

Syntax **문자 1개, 문자열 1개, 문자열 3개를 저장하기 위한 선언문**

- 문자 1개

```
char alpha = 'C';
```

alpha
'C'

- 문자열 1개

```
char id[5] = "Nabi";
```

배열에 저장할 문자 개수 + 1(널 문자용)

{ 'N', 'a', 'b', 'i' } 대신 바로 문자열 상수 사용 가능

id[0]	id[1]	id[2]	id[3]	id[4]
'N'	'a'	'b'	'i'	'\0'

널 문자

- 문자열 3개

```
char fr[3][6] = { "Jaeil",
                  "Doori",
                  "Gosu" };
```

행 수 : 문자열 개수

열 수 : 행의 길이

fr[0][0]	fr[0][1]	fr[0][2]	fr[0][3]	fr[0][4]	fr[0][5]
'J'	'a'	'e'	'i'	'l'	'\0'
'D'	'o'	'o'	'r'	'i'	'\0'
'G'	'o'	's'	'u'	'\0'	'\0'
fr[2][0]	fr[2][1]	fr[2][2]	fr[2][3]	fr[2][4]	fr[2][5]

문자열 끝에는 널 문자가 들어감

문자열을 처리할 때는 다음에 주의한다.

- **널(null) 문자**는 문자열의 끝을 표시하는 데 사용한다. ASCII 코드값이 0인 문자이며, 탈출 문자로는 '\0'으로 표시하며, 실제로 출력하면 아무것도 출력되지 않는다.
- 문자열 1개를 저장할 배열의 원소 수는 최소한 (최대 문자 개수 + 1)이어야 한다. 문자열의 끝에는 널 문자가 있어야 한다. 그렇지 않으면 문자열을 출력하거나 문자열끼리 비교할 때 문제가 생길 수 있다.
- 한글 글자 1개는 일반 char형 문자 두 개에 해당하므로 배열을 "홍길동"으로 초기화하려면 원소 개수는 최소 7(3*2+1)이여야 하므로 char name[7] = "홍길동";이면 된다. 하지만 비주얼 스튜디오는 버전에 따라 한글 1자당 문자 3개의 공간을 확보하길 요구한다. 비주얼 스튜디오 2022에서는 char name[10] = "홍길동";으로 선언해야 문자열 아래에 빨간 물결 줄이 생기지 않는다.
- char형 변수는 선언 후 alpha = 'A';로 문자를 새로 대입하는 것이 가능하지만, 문자열은 위와 같이 선언 후 id = "itsme"와 같이 대입문으로 새 문자열을 저장하는 것이 불가능하다. 문자열의 대입(복사)은 이후에 소개하는 strcpy( ) 함수를 사용해야 한다.

배열의 차원과 상관없이 char형 배열의 원소는 char형 문자 한 개다. 차원에 맞게 배열의 원소인 문자 한 개를 사용하는 방법은 다음과 같다.

Syntax 문자열 안의 문자 한 개 사용: char형 배열의 원소

- char형 1차원 배열의 원소

```
char id[5] = "Nabi";
```

배열명[첨자]

예) `printf("2번째 글자는 %c!", id[1]);`
→ 2번째 글자는 a!

id →

id[0]	id[1]	id[2]	id[3]	id[4]
'N'	'a'	'b'	'i'	'\0'

- char형 2차원 배열의 원소

```
char fr[3][6] = { "Jaeil", "Doori", "Gosu" };
```

배열명[행첨자][열첨자]

예) `printf("2번째 문자열의 4번째 글자는 %c!", fr[1][3]);`
→ 2번째 문자열의 4번째 글자는 r!

fr →

fr[0][0]	fr[0][1]	fr[0][2]	fr[0][3]	fr[0][4]	fr[0][5]
'J'	'a'	'e'	'i'	'l'	'\0'
'D'	'o'	'o'	'r'	'i'	'\0'
'G'	'o'	's'	'u'	'\0'	'\0'
fr[2][0]	fr[2][1]	fr[2][2]	fr[2][3]	fr[2][4]	fr[2][5]

10.1.2 코딩: 문자 출력을 반복하여 문자열 출력하기

"Nabi"는 id 배열에, "Jaeil", "Doori", "Gosu"는 fr 배열에 초기화한 후, 문자열을 출력하는 프로그램을 코딩해보자.

- 앞장에서 소개한 배열 원소를 사용하는 방법으로 문자열 안의 모든 문자를 출력한다. 문자열 단위로 출력하는 것은 10.2에서 소개한다.
- fr 배열은 문자열 3개를 저장하되 가장 긴 문자열은 문자가 5개이므로 열 수는 최소 6이다.

Code 10-1 char형 배열을 사용한 문자열 선언과 출력

```
#include <stdio.h>

int main()
{
    char id[5] = "Nabi";                             // 문자열 1개
    char fr[3][6] = { "Jaeil", "Doori", "Gosu" };    // 문자열 3개
    int i, j;

    // 문자열 1개 출력
    printf("아이디 ");
```

```
    for (i = 0; i < 5; i++)
        printf("%c", id[i]);                    // 1차원 배열의 원소 문자 한 개씩 출력
    printf("\n\n");

    // 문자열 3개 출력
    printf("친구 3명 이름 \n");
    for (i = 0; i < 3; i++)
    {
        for (j = 0; j < 6; j++)                 // 행 안의 열 수만큼 반복
            printf("%c", fr[i][j]);             // 2차원 배열의 원소 문자 한 개 출력
        printf("\n");                           // 행 출력 후 줄 바꾸기
    }

    return 0;
}
```

Output

```
아이디 Nabi

친구 3명 이름
Jaeil
Doori
Gosu
```

10.2 문자열 단위의 입 · 출력

10.2.1 문자열의 시작 주소

[Code 10-1]은 배열의 원소인 문자를 한 개씩 출력하여 문자열을 출력하였다. 이번에는 문자열 단위로 입 · 출력하는 편리한 방법을 소개한다. 문자열 단위로 입력할 때는 키보드에서 누른 문자열을 저장할 기억장소 시작 주소를, 출력할 때는 문자열이 저장된 기억장소 시작 주소를 사용한다. 문자열의 시작 주소는 & 연산자를 사용하지 않고 배열의 차원에 따라 다음과 같이 배열명을 활용한다.

Syntax **문자열의 시작 주소: 문자열 입 · 출력에 사용**

- char형 1차원 배열일 때

  배열명 : 문자열 시작 주소

  – id : 문자열 시작 주소

`char id[5] = "Nabi";`

	id[0]	id[1]	id[2]	id[3]	id[4]
id →	'N'	'a'	'b'	'i'	'\0'

- char형 2차원 배열일 때

  배열명[행첨자] : 해당 행 문자열 시작 주소

  – fr[0] : 1번째 문자열 시작 주소
  – fr[1] : 2번째 문자열 시작 주소
  – fr[2] : 3번째 문자열 시작 주소

`char fr[3][6] = { "Jaeil", "Doori", "Gosu" };`

fr ↘	fr[0][0]	fr[0][1]	fr[0][2]	fr[0][3]	fr[0][4]	fr[0][5]
fr[0] →	'J'	'a'	'e'	'i'	'l'	'\0'
fr[1] →	'D'	'o'	'o'	'r'	'i'	'\0'
fr[2] →	'G'	'o'	's'	'u'	'\0'	'\0'
	fr[2][0]	fr[2][1]	fr[2][2]	fr[2][3]	fr[2][4]	fr[2][5]

배열명은 컴파일하면 배열 차원과 상관없이 배열의 기억장소 시작 주소가 된다. 12장에서 배우겠지만 기억장소 시작 주소는 포인터 개념과 관련되어 있으며 특정 기억장소 위치는 위의 그림과 같이 화살표로 표현할 수 있다. '배열명은 배열 시작 주소이며 배열 시작 위치를 가리킨다'를 미리 기억하면 포인터를 이해할 때 도움이 된다.

Syntax **단순 문자열을 출력하기 위한 형식**

- 문자열 입력

  `scanf("%s", 문자열 저장 시작 주소);`

  – 키보드에서 입력되는 문자열을 지정한 주소의 기억장소부터 차례대로 저장함
  – 배열에 남는 공간이 있어야 입력 문자열 뒤에 널 문자가 저장됨

  예) `scanf("%s", id);`
  `scanf("%s", fr[2]);`

- 문자열 출력

  `printf("%s", 문자열이 저장된 시작 주소);`

  – 시작 주소부터 저장된 문자를 연속으로 출력하되 널 문자를 만나면 출력을 끝냄

  예) `printf("%s", id);` → Nabi
  `printf("%s", fr[2]);` → Gosu

(문자열 저장 시작 주소, 문자열이 저장된 시작 주소: char형 1차원 배열명 또는 char형 2차원 배열명[행첨자])

- 주의
  - scanf( )에서 id와 fr[2] 자체가 문자열 시작 주소이므로 앞에 &를 붙일 필요가 없다.
  - scanf( ) 실행 시 키보드 입력 문자열의 길이가 길어서 마지막에 널 문자가 저장되지 않으면 이후 문자열 처리 시 문제가 발생할 수 있다.

Example 10-1 문자열 단위의 출력

[Code 10-1]의 코드 중 id 배열과 fr 배열의 문자열을 출력하는 코드는 다음과 같이 작성할 수 있다.

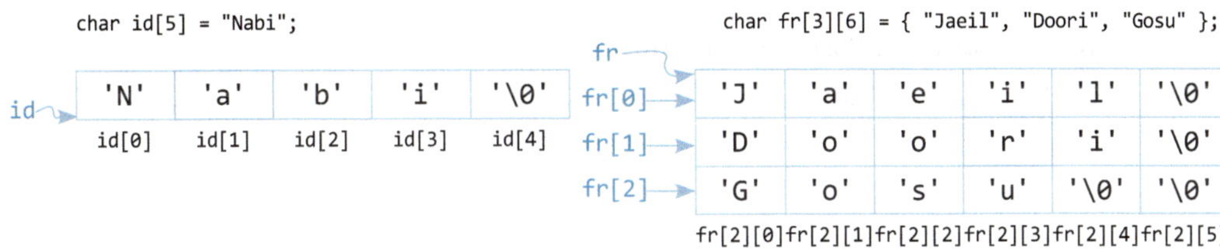


```
1 printf("아이디 ");
2 printf("%s\n", id);            // id번지에 저장된 문자열 출력 → Nabi
3
4 printf("친구 3명 이름 \n");
5 printf("%s\n", fr[0]);         // fr의 1번째 문자열 출력 → Jaeil
6 printf("%s\n", fr[1]);         // fr의 2번째 문자열 출력 → Doori
7 printf("%s\n", fr[2]);         // fr의 3번째 문자열 출력 → Gosu
```

[Example 10-1]의 5행~7행은 다음과 같이 반복문으로 작성하면 문자열 개수가 많아도 간단하게 코딩할 수 있다.

```
for (i = 0; i < 3; i++)
    printf("%s\n", fr[i]);
```

문자열 단위로 출력할 때는 다음에 주의한다. 문자열 시작 주소와 %s를 이용한 문자열 출력은 널 문자('\0')를 만나야 출력이 끝난다. 다음 sur 배열은 배열 원소 수가 문자열의 길이 즉, 실제 문자 개수와 똑같다. 그러므로 널 문자가 저장되지 않는다. 이처럼 문자열 끝에 널 문자가 없다면 sur[3] 뒤로 널 문자를 만날 때까지 계속 출력하므로 이상한 결과가 나올 수 있다.

```
char sur[4] = "Hong";
printf("%s", sur);  →  Hong儆儆U*e?
```

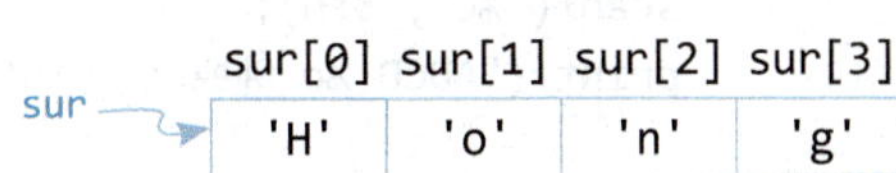

참고로, 비주얼 스튜디오에서 위의 코드를 '*.c'와 같이 C 언어 소스 파일로 저장하면 실행이 된다. 하지만 C++ 언어는 배열에 널 문자가 들어갈 공간이 없으면 다음처럼 오류가 되어 실행 자체가 되지 않는다(소스 파일의 확장자를 '*.cpp'로 하면 C++ 언어 소스 파일이 된다).

```
C2117  'sur': 배열 범위 오버플로입니다.
```

[Code 10-1]처럼 무조건 마지막 원소까지 출력하는 것과 문자열 단위로 출력하는 것에는 약간의 차이가 있다. 프로그램이 실행되는 동안 문자열이 변경되어 다음과 같이 되었을 때, %s로 출력하면 첫 널 문자를 만날 때까지 출력되므로 'Na'로 출력되고, %c로 모든 원소를 출력하면 'Nai'로 출력된다.

	id[0]	id[1]	id[2]	id[3]	id[4]
id →	'N'	'a'	'\0'	'i'	'\0'

10.2.2 코딩: 문자열 단위의 입 · 출력

알파벳 1개, 아이디 1개, 갖고 싶은 물건 이름 3개를 입력받아 출력하는 프로그램은 다음과 같이 코딩할 수 있다.

- 아이디는 최대 10개의 문자를 포함한다. → 배열 크기는 널 문자를 포함해 11
- 입력받을 물건 이름은 3개이고 이름은 최대 20개의 문자를 포함한다.
  → 행은 3, 열은 21인 char형 2차원 배열 사용

Code 10-2 문자와 문자열을 입력받아 출력하기

```c
#include <stdio.h>
#define N 3                                  // 물건 이름 개수

int main()
{
    char ch, id[11];                         // 문자 1개, 문자열 1개
    char goods[3][21];                       // 문자열 3개
    int i;

    // 문자 1개 입출력
    printf("가장 예쁜 알파벳은? ");
    scanf("%c", &ch);                        // ch의 메모리 주소를 구하려면 '&'가 필요
    printf("ABCD %c 예쁘G~\n\n", ch);

```

```c
    // 아이디 문자열 1개 입출력
    printf("아이디는? ");
    scanf("%s", id);                    // 1차원 배열명이 문자열 저장 주소

    printf("\nCup, Coffee, Bread, Sandwich, Pen 중 갖고 싶은 세 개는? \n");

    // 물건 이름 3개 입력
    for (i = 0; i < N; i++)
    {
        printf("%d. ", i + 1);
        scanf("%s", goods[i]);          // 2차원 배열명[행첨자]는 행 시작 주소
    }

    // 물건 이름 3개 출력
    printf("\n%s님이 원하는 것은 ", id);
    for (i = 0; i < N; i++)
        printf("%s ", goods[i]);

    return 0;
}
```

Output

```
가장 예쁜 알파벳은? E↵
ABCD E 예쁨G~

아이디는? itsme↵
Cup, Coffee, Bread, Sandwich, Pen 중 갖고 싶은 세 개는?
1. Cup↵
2. Bread↵
3. Sandwich↵

itsme님이 원하는 것은 Cup Bread Sandwich
```

특정 사이트에서 회원가입을 하면 아이디와 비밀번호를 설정해야 한다. 비밀번호의 보안을 강화하기 위해 첫 글자를 대문자로 시작하게 하거나, 특수 문자나 숫자를 최소한 한 개 포함하기를 요구하는 경우가 많다. 비밀번호 첫 글자가 알파벳 대문자가 되어야 정상적인 비밀번호 설정이 되는 프로그램은 다음과 같이 코딩할 수 있다.

- 비밀번호 길이는 최대 10(#define MAX_LEN 10)이며 input_pw에 입력받기
  char input_pw[MAX_LEN + 1];
  배열 원소 수로 변수는 사용할 수 없으나 상수로만 구성된 식은 가능(널 문자를 위해 +1)

여기서는 비밀번호의 길이에 대해서는 검증하지 않고 [Code 10-5]에서 검증하기로 함

- 비밀번호 첫 글자 input_pw[0]이 대문자라면 다음 조건이 참
  if (input_pw[0] >= 'A' && input_pw[0] <= 'Z')
- 특정 문자가 대문자인지 소문자인지 확인할 때 아래와 같이 라이브러리 함수 isupper( ), islower( )를 활용 가능(이 함수는 #include <ctype.h>가 필요)
  isupper('A') → 참
  isupper('a') → 거짓
  islower('a') → 참
  위의 input_pw[0]이 대문자인지 확인하는 if 조건은 다음처럼 변경할 수 있다.
  if (isupper(input_pw[0]))
- 무조건 한 번은 비밀번호를 입력받은 후 검증을 거쳐 다른 비밀번호 입력 여부를 결정하므로 do~while문으로 반복

Code 10-3 첫 글자가 대문자인 비밀번호 설정하기

```
#include <stdio.h>
#define MAX_LEN 10

int main()
{
    char input_pw[MAX_LEN + 1];                     // 비밀번호 저장용

    do
    {
        printf("사용할 비밀번호는(첫 문자는 대문자, 최대 10자리)? ");
        scanf("%s", input_pw);                      // 비밀번호 입력받기

        // 첫 글자가 대문자가 아니면 다시 입력받고 대문자면 반복 끝내기
        if (input_pw[0] < 'A' || input_pw[0] > 'Z')
            printf("비밀번호 첫 글자는 대문자여야 합니다. \n\n");
        else
            break;
    } while (1);                                    // 무조건 다시 반복

    printf("\n비밀번호 설정이 정상적으로 완료되었습니다. \n");

    return 0;
}
```

Output

```
사용할 비밀번호는(첫 문자는 대문자, 최대 10자리)? 1급비밀↵
비밀번호 첫 글자는 대문자여야 합니다.

사용할 비밀번호는(첫 문자는 대문자, 최대 10자리)? secret↵
비밀번호 첫 글자는 대문자여야 합니다.

사용할 비밀번호는(첫 문자는 대문자, 최대 10자리)? Secret↵

비밀번호 설정이 정상적으로 완료되었습니다.
```

10.3 문자열 처리 함수

앞서 간단히 언급했듯이 문자열은 다음과 같이 대입문을 통해서 바로 대입(복사)할 수 없으며, 관계 연산자를 사용하여 크기를 비교할 수도 없다.

```
// s1 문자열과 s2 문자열이 가나다순이 되도록 정렬하기
char s1[10] = "홍길동";
char s2[10] = "이몽룡";
char temp[10];

if (s1 > s2)                    // (a) 배열명은 배열 시작 주소이므로 주소 크기를 비교함
{
    temp = s1;
    s1 = s2;                    // (b) 배열명은 변경 불가능
    s2 = temp;
}
```

(b)가 오류인 이유는 배열명은 배열 기억장소 시작 주소로서 변하지 않는 상수이기 때문이다. char형 배열에 문자열을 새로 저장하고 싶다면 문자열 복사 함수 strcpy( )의 도움을 받아야 한다.

(a)는 s1과 s2의 비교는 문자열의 크기 비교가 아닌 문자열이 저장된 주소를 비교하므로 원하는 결과를 얻지 못한다. 문자열 간의 크기 비교는 다음에 소개하는 strcmp( ) 함수를 이용한다. 문자열을 처리할 때 많이 사용하는 대표적인 라이브러리 함수 세 개는 strlen( ), strcmp( ), strcpy( )이다. 이 함수를 사용하려면 #include <string.h>가 필요하다.

10.3.1 문자열 함수 strlen( ), strcpy( ), strcmp( )

Syntax 문자열의 길이를 구하는 strlen() 함수

```
strlen(문자열)
```

문자열: ""로 묶은 문자열 상수 / char형 1차원 배열명 / har형 2차원 배열명[행첨자]

- 시작 문자부터 널 문자 전까지의 문자 개수
- #include <string.h>가 필요

예)

```
printf("%d", strlen("Ace"));  → 3
printf("%d", strlen(id));     → 4
printf("%d", strlen(fr[1]));  → 5
printf("%d", strlen(fr[2]));  → 4
```

`char id[5] = "Nabi";`

id				
'N'	'a'	'b'	'i'	'\0'

`char fr[3][6] = { "Jaeil", "Doori", "Gosu" };`

fr						
fr[0]	'J'	'a'	'e'	'i'	'l'	'\0'
fr[1]	'D'	'o'	'o'	'r'	'i'	'\0'
fr[2]	'G'	'o'	's'	'u'	'\0'	'\0'

Syntax 문자열을 복사하는 strcpy() 함수

문자열 대입 효과 (문자열2 → 문자열1의 주소)

```
strcpy(문자열1의 주소, 문자열2 )
```

문자열2: ""로 묶은 문자열 상수 / 문자열 시작 주소(char형 1차원 배열명, char형 2차원 배열명[행첨자])

- 문자열1의 기억장소에 문자열2를 복사(저장)
- scanf( ) 함수처럼 #pragma warning (disable:4996)이 필요
- #include <string.h>가 필요

예)

```
strcpy(str, id);
printf("%s" , str); → Nabi

strcpy(str, "CC");
printf("%s" , str); → CC
```

`char id[5] = "Nabi";`

'N'	'a'	'b'	'i'	'\0'

`char str[5] = "Tom";`

'T'	'o'	'm'	'\0'	'\0'
↓				
'N'	'a'	'b'	'i'	'\0'
↓				
'C'	'C'	'\0'	'i'	'\0'

출석부의 학생 이름, 전화번호부의 이름, 도서관의 도서명을 가나다순으로 정렬하려면 문자열의 크기를 비교하는 strcmp( ) 함수를 사용해야 한다. strcmp( ) 함수를 사용하기 전에 C 언어에서 두 문자열의 크기를 비교하는 방법을 먼저 이해해야 한다. 문자열의 크기는 사전에서 두 단어를 찾았을 때 사전 앞쪽에 나타나는 단어가 크기가 작은 방식인 사전적 순서에 의해 결정된다.

```
"가" < "나"
"가" < "강"
"강아지" < "강타"          // 두 번째 글자 '아'보다 '타'가 뒤에 나옴
```

사전적 순서는 각 문자에 부여된 코드에 의해 결정된다. C 언어의 문자 코드는 '0'~'9' 코드 값 < 'A'~'Z' 대문자 코드 값 < 'a'~'z' 소문자 코드 값 < 한글 코드 값 순서를 따른다. 그러므로 문자열 "123"과 문자열 "13" 중 큰 것은 "13"이다.

```
"2nd" < "nd"               // '2'의 코드값은 50, 'n'의 코드값은 110
                           // '0'~'9' 코드값 < 대문자 코드값 < 소문자 코드값
"123" < "13"               // 각각 두 번째 문자를 비교하면 '2'보다 '3'이 뒤에 나오는 문자
```

Syntax 두 문자열의 크기를 비교하는 strcmp() 함수

```
strcmp(문자열1, 문자열2)
```

문자열1, 문자열2: ""로 묶은 문자열 상수 또는 문자열 시작 주소

- 사전적 순서에 따라 음수, 0, 양수 셋 중 하나를 반환
  문자열1 < 문자열2 → 음수
  문자열1 == 문자열2 → 0
  문자열1 > 문자열2 → 양수

- #include <string.h>가 필요
  예)

```
printf("%d" , strcmp("apple", "banana")); → -1
printf("%d" , strcmp("Hong", "Hong"));    → 0
printf("%d" , strcmp("banana", "apple")); → 1

printf("%d" , strcmp(id, str));           → -1
```

- **팁**

  두 문자열의 크기를 비교할 때는 strcmp( ) 함수의 값과 0을 비교하면 <, ==, > 기호로 인해 무엇을 확인하는지 쉽게 알 수 있다.

```
// 확인할 내용                   // 코드
(s1문자열 < s2문자열) ?      → if (strcmp(s1, s2) < 0)
(s1문자열 == s2문자열) ?     → if (strcmp(s1, s2) == 0)
(s1문자열 > s2문자열) ?      → if (strcmp(s1, s2) > 0)
```

Example 10-2 두 문자열의 정렬

```
// s1에는 가나다순으로 앞선 문자열이, s2에는 뒤에 있는 문자열이 있게 정렬하기
char s1[10] = "홍길동";
char s2[10] = "이몽룡";
char temp[10];
```

```
// 잘못된 코드
if (s1 > s2 )
{
    temp = s1;
    s1 = s2;
    s2 = temp;
}
```

```
// 바른 코드
if (strcmp(s1, s2) > 0)    // s1 문자열 > s2 문자열
{
    strcpy(temp, s1);      // temp에 s1 문자열을 저장
    strcpy(s1, s2);        // s1에 s2 문자열을 저장
    strcpy(s2, temp);      // s2에 temp 문자열을 저장
}
```

10.3.2 공백이 있는 문자열 입력

char book[50];으로 선언한 후 책 제목을 입력받으려고 scanf("%s", book);을 사용한다면 문제가 발생할 수 있다. scanf( ) 함수는 키보드 입력 시 공백 문자(빈칸, 탭, 엔터키)를 입력 자료 구분자로 사용하므로 'C Language'를 입력하면 book에는 "C"만 입력된다. 이럴 때 다음의 gets( ) 함수를 사용하면 엔터키가 입력될 때까지의 모든 문자열을 입력받을 수 있다.

- gets(char형_1차원_배열명); 또는 gets(char형_2차원_배열명[행첨자]);를 사용하면 <Enter> 키가 입력되기 전까지의 모든 내용이 문자열로 입력된다. 단, C++ 언어는 gets( ) 함수를 지원하지 않으므로 소스 파일의 확장자가 '*.c'여야 한다.
- 소스 파일의 확장자로 '*.cpp'를 사용한다면, 입력 문자열의 최대 길이를 지정하는 gets_s( ) 함수를 사용할 수 있다.

  gets_s(문자열_저장_주소, 문자열_최대_길이);에서 첫 번째 인수인 문자열_저장_주소는 gets( )와 동일하며, 두 번째 인수는 입력 문자열의 최대 길이로 사용된다. 문자열 입력 시 문

자열을 저장할 배열의 공간보다 더 큰 문자열을 입력하면 다른 기억장소의 내용을 변경하는 문제가 발생한다. 이를 방지하기 위해 두 번째 인수를 사용한다. 그러므로 두 번째 인수는 정확하게 문자열 최대 길이가 되도록 sizeof 연산자를 이용하여 sizeof(문자열_저장_주소)를 사용한다.

Example 10-3 빈칸을 포함한 문자열 입력(파일 확장자는 '*.c'여야 함)

```
char book[50];          // 책 제목 한 개 저장용

printf("찾을 책 제목 입력: ");
gets(book);             // 책 제목 한 개 입력, '*.cpp'라면 gets_s(book, sizeof(book));도 가능

printf("입력한 제목은 %s입니다. \n", book);
```

Output

```
찾을 책 제목 입력: C Language↵
입력한 제목은 C Language입니다.
```

10.3.3 코딩: 문자열 정렬하기

미국에서 많이 사용되는 N(6)개의 성을 알파벳순으로 정렬하는 프로그램을 코딩해보자.

- 가장 긴 성은 10자리라고 가정하고 문자열 N개를 char형 2차원 배열 last에 초기화한다.

  ```
  #define MAX_LEN 10          // 가장 긴 성의 길이
  char last[N][MAX_LEN+1]={ "Smith", "Wilson", "Taylor", "White", "Brown", "Moore" };
  ```

- 정렬 전과 후의 내용을 확인할 수 있게 배열 내용을 출력한다.
  - last 배열은 char형 2차원 배열이므로 행 첨자만 사용하면 해당 행의 문자열이 된다. 문자열은 왼쪽으로 맞추면 보기에 좋으므로 '-'를 사용하여 %-10s로 지정한다.

    ```
    printf("%d: %-10s \n", 1, last[0]);
    printf("%d: %-10s \n", 2, last[2]);
    :
    printf("%d: %-10s \n", 6, last[5]);
    ```

- 이웃한 두 문자열의 오름차순 정렬은?
  - last 배열이 int형 배열이라면 버블 정렬에서 이웃하는 두 원소를 오름차순으로 정렬하는 코드는 왼쪽과 같다. 하지만 last는 char형 배열이므로 오른쪽과 같이 strcmp( )와 strcpy( )를 사용해야 한다.

```
// 잘못된 코드
if (last[i] > last[i+1] )
{
    temp = last[i];
    last[i] = last[i+1];
    last[i+1] = temp;
}
```

```
// 바른 코드
if (strcmp(last[i], last[i+1]) > 0)
{
    strcpy(temp, last[i]);
    strcpy(last[i], last[i+1]);
    strcpy(last[i+1], temp);
}
```

– 위에서 temp의 선언은?

temp는 문자열 한 개를 대피하는 데 사용하며, 대피할 성의 길이는 최소한 last 배열의 열 수와 같아야 하므로 char temp[MAX_LEN+1];로 선언한다.

Code 10-4 이름 정렬하기

```
#include <stdio.h>
#include <string.h>
#define N 6                                   // 문자열 개수
#define MAX_LEN 10                            // 가장 긴 성의 길이

int main()
{
    // 문자열 N개, 문자열의 최대 길이는 널 문자를 포함해 10 + 1
    char last[N][MAX_LEN+1] = { "Smith", "Wilson", "Taylor", "White",
                                "Brown", "Moore" };

    char temp[MAX_LEN+1];                     // lsat의 문자열 1개를 대피시킬 임시 장소
    int i, repeat;

    // last 배열의 정렬 전 문자열 출력
    printf("정렬 전 내용 \n");
    printf("------------\n");
    for (i = 0; i < N; i++)
        printf("%d: %-10s \n", i + 1, last[i]); // 문자열이 저장된 행 시작 주소
    printf("------------\n");

    // 버블 정렬
    for ( repeat = 0; repeat < N-1; repeat++)
        for ( i = 0;  i < N - repeat - 1; i++)
            if (strcmp(last[i], last[i + 1]) > 0)// 왼쪽 문자열이 오른쪽보다 크다면
            {
                strcpy(temp, last[i]);
                strcpy(last[i], last[i + 1]);
```

```c
                strcpy(last[i + 1], temp);
            }

    // last 배열의 정렬 후 문자열 출력
    printf("\n정렬 후 내용 \n");
    printf("------------\n");
    for (i = 0; i < N; i++)
        printf("%d: %-10s \n", i + 1, last[i]);    // 문자열이 저장된 행 시작 주소
    printf("------------\n");

    return 0;
}
```

Output

```
정렬 전 내용
------------
1: Smith
2: Wilson
3: Taylor
4: White
5: Brown
6: Moore
------------

정렬 후 내용
------------
1: Brown
2: Moore
3: Smith
4: Taylor
5: White
6: Wilson
------------
```

10.3.4 코딩: 문자열 검증하기

[Code 10-3]에서는 첫 글자가 대문자인 비밀번호를 설정하는 프로그램을 코딩했다. 이번에는 비밀번호의 보안을 더 강화하고, 사용자가 비밀번호로 "-1"을 입력하면 비밀번호 설정 작업을 중단할 수 있는 기능도 지원하는 프로그램을 코딩해보자.

이 프로그램은 코드 길이는 길지 않아도 처음부터 문제 해결 과정을 잘 짜지 않으면 논리(logic)

오류가 발생하는 문제이다. 다음의 여러 고려 사항 및 해결 방법을 잘 이해하고 코딩해본다면 논리 오류를 줄일 수 있다.

- 코드의 가독성을 위해 매크로 상수 사용
  - MAX_LEN을 비밀번호의 최대 길이 10으로 정의
  - TRUE를 논리값 참에 해당하는 1로 정의, FALSE를 논리값 거짓에 해당하는 0으로 정의
- 비밀번호는 문자열 1개이며 최대 길이가 10이므로 비밀 번호를 입력받을 배열은 크기를 여유있게 char input_pw[20];으로 선언
- 비밀번호의 조건
  - 조건1: 길이는 최대 10
  - 조건2: 첫 글자는 알파벳 대문자
  - 조건3: 두 번째 글자부터 마지막 글자 중에 '0'~'9'를 한 개 이상 포함
- 비밀번호 입력 반복 과정
  - do~while문을 사용하여 조건에 맞는 비밀번호가 입력되지 않으면 어떤 조건이 맞지 않는지 안내문을 출력한 후 새로 입력받기를 반복
  - do~while문 본체
    - 중첩된 if문을 사용하여 조건1에서 조건3까지 단계적으로 검증
    - 사용자가 비밀번호로 "-1"을 입력하면 → do~while문을 바로 끝내기
      "-1"을 입력하지 않았다면 → 조건1을 검사하여 통과하면 조건2를 검사하고, 조건2를 통과하면 조건3을 검사하여, 세 조건 모두 통과하면 break를 사용하여 do~while문을 끝내기
  - do~while문을 끝낸 후 적절한 안내문 출력하기
    - do~while문을 끝내는 두 가지 경우
      첫째, 모든 조건을 만족하는 비밀번호를 입력하여 정상적으로 비밀번호 설정 작업이 가능한 경우
      둘째, "-1"을 입력하여 비밀번호 설정을 강제로 끝낸 경우
    - 위의 두 가지 중 어떤 이유인지는 다음처럼 stop 플래그 변수를 사용하여 확인
      ① do~while문 시작 전에 stop을 FALSE로 초기화
      ② 사용자가 비밀번호로 "-1"을 입력했다면 stop을 TRUE로 변경하고 do~while문을 벗어남
      ③ do~while문을 끝낸 후
      stop이 참이면 → "비밀번호 설정을 중단하였습니다." 출력

stop이 거짓이면 → "비밀번호 설정이 정상적으로 완료되었습니다." 출력

- 조건1 검사
  - 입력 비밀번호의 길이 strlen(input_pw)가 MAX_LEN 이하인지 확인
- 조건3 검사
  - 비밀번호에 '0'~'9'가 포함되었는지는 플래그 변수 include_no에 구함

    ① 일단 include_no를 FALSE(0)로 초기화

    ② for문으로 비밀번호의 두 번째 문자부터 마지막 문자까지 각 문자가 숫자인지 비교 (첫 문자가 대문자여야 한다는 조건2를 만족할 때만 조건3을 검사하므로 비밀번호의 두 번째 문자부터 숫자인지 확인하면 됨)
    현재 문자가 숫자 문자면 include_no를 TRUE(1)로 변경 후 for문 끝내기

    ③ for문이 끝난 후 플래그 변수 include_no를 확인하여 조건3의 만족 여부 판정

Code 10-5 보안이 강화된 유효 비밀번호 설정하기

```c
#include <stdio.h>
#include <string.h>
#define MAX_LEN 10                    // 비밀번호 최대 길이
#define TRUE 1                        // 1 대신 의미 파악이 쉬운 TRUE로 사용하기 위해
#define FALSE 0                       // 0 대신 의미 파악이 쉬운 FALSE로 사용하기 위해

int main()
{
    char input_pw[20];                // 비밀번호 저장용
    int include_no, stop, i;          // 숫자 포함 여부, 중단 여부 플래그 변수

    stop = FALSE;                     // 강제 중단 플래그 변수를 거짓으로 초기화
    printf("비밀번호 조건: 최대 길이 %d, 첫 문자는 대문자, 숫자 포함\n", MAX_LEN);
    do
    {
        // 비밀번호 입력받기
        printf("\n사용할 비밀번호는(끝내려면 -1 입력): \n");
        scanf("%s", input_pw);

        if (strcmp(input_pw, "-1") == 0)         // "-1"을 입력했다면 설정을 중단
        {
            stop = TRUE;              // 강제 중단 플래그를 참으로 변경
            break;
        }

```

```c
        else if (strlen(input_pw) > MAX_LEN)          // 1) 비밀번호 길이 검사
            printf("비밀번호는 최대 %d자리여야 합니다. \n", MAX_LEN);

        else if (input_pw[0] < 'A' || input_pw[0] > 'Z')   // 2) 첫 글자 대문자 검사
            printf("비밀번호 첫 글자는 대문자여야 합니다. \n");

        else                                       // 3) 숫자 포함 여부 검사
        {
            include_no = FALSE;                    // 숫자 포함 플래그를 거짓으로 초기화
            for (i = 1; i < strlen(input_pw); i++)
            {
                if (input_pw[i] >= '0' && input_pw[i] <= '9')
                {
                    include_no = TRUE;             // 숫자가 포함되었으므로 변경
                    break;                         // 더 확인할 필요가 없음
                }
            }
            if (!include_no)                       // (!(include_no == TRUE))
                printf("비밀번호에는 숫자가 1개 이상 있어야 합니다.\n");
            else
                break;                             // 모든 조건을 만족한다면 끝내기
        }
    } while (1);

    if (stop)                                      // if (stop == TRUE)
        printf("\n비밀번호 설정을 중단하였습니다. \n");
    else
        printf("\n비밀번호 설정이 정상적으로 완료되었습니다. \n");

    return 0;
}
```

Output 정상적으로 비밀번호를 설정한 경우

```
비밀번호 조건: 최대 길이 10, 첫 문자는 대문자, 숫자 포함

사용할 비밀번호는(끝내려면 -1 입력): mytopsecret↵
비밀번호는 최대 10자리여야 합니다.

사용할 비밀번호는(끝내려면 -1 입력): topsecret↵
비밀번호 첫 글자는 대문자여야 합니다.
```

```
사용할 비밀번호는(끝내려면 -1 입력): Topsecret↵
비밀번호에는 숫자가 1개 이상 있어야 합니다.

사용할 비밀번호는(끝내려면 -1 입력): Top1secret↵

비밀번호 설정이 정상적으로 완료되었습니다.
```

Output 비밀번호 설정을 중단한 경우

```
비밀번호 조건: 최대 길이 10, 첫 문자는 대문자, 숫자 포함

사용할 비밀번호는(끝내려면 -1 입력): 123456789↵
비밀번호 첫 글자는 대문자여야 합니다.


사용할 비밀번호는(끝내려면 -1 입력): Abc123456789↵
비밀번호는 최대 10자리여야 합니다.

사용할 비밀번호는(끝내려면 -1 입력): -1↵

비밀번호 설정을 중단하였습니다.
```

연습 · 실습 문제

01 다음의 설명에 대해 O와 X를 ( ) 안에 적으시오.

- 'A' 문자 1개를 저장하기 위해 char grade = 'A';로 선언할 수 있다. ( )
- 전화번호를 '-'가 없는 문자열로 저장한다면 11개 문자로 구성되므로
- char hp[12] = "01012345678";로 선언할 수 있다. ( )
- char id[10];으로 선언한 직후 id = "CLover";로 문자열을 대입할 수 있다. ( )
- printf("%d", strcmp("386", "39"));의 출력 결과는 양수이다. ( )
- 최소한 네 자리 이상의 숫자(0 ~ 9 중)로 가입할 사이트의 비밀번호를 정해야 한다(예로 01234, 0007, 98765 등). 이러한 비밀번호 5개를 저장하려면 int pw[5] = {0123, 00007, 1234, 5678, 0404};로 선언할 수 있다. ( )
- char std_no[10][20];으로 선언한 배열에 저장된 문자열 한 개를 temp에 복사하려면 char temp[10];으로 선언한다. ( )
- 위의 std_no 배열에 저장된 2번째 문자열의 2번째 문자를 출력하려면
- printf("%c", std_no[1][1]);로 작성한다. ( )
- strlen("string")의 결과는 널 문자를 포함하여 7이다. ( )
- "대한" 문자열을 저장하기 위해 char str[3] = "대한";으로 선언하면서 동시에 초기화할 수 있다. ( )

02 char school[10], temp[10];과 같이 선언한 두 배열에 문자열이 저장되어 있을 때, 다음 내용에 맞는 코드가 되도록 밑줄을 채우시오.

- school에 저장된 문자열을 temp 배열에 복사하기

```
______________________________________;
```

- 두 문자열이 같은지 확인하기

```
if (______________________________________)
    printf("같은 문자열입니다.");
```

- 두 문자열 중 더 빠른 문자열을 출력하기(사전적 순서)

```
if (strcmp(__________, __________) < 0)
    printf("%s가 더 빠릅니다.", __________);
else
    printf("%s가 더 빠릅니다.", __________);
```

03 다음과 같이 결과가 나오는 프로그램을 작성하시오.

Output

```
받고 싶은 C언어 등급은? C↵
C를 받기 위해 노력 중이군요~

이름은? 나대로↵
나대로님 반갑습니다!

문제: 세상에서 가장 느린 중학교는? 느린중↵
틀렸습니다. 정답은 로딩중!
```

Output

```
받고 싶은 C언어 등급은? A↵
A를 받기 위해 노력 중이군요~

이름은? 홍길동↵
홍길동님 반갑습니다!

문제: 세상에서 가장 느린 중학교는? 로딩중↵
맞았습니다!
```

04 학생 N(5)명의 이름과 출석 점수를 std와 quiz 배열에 저장한 후, 각 학생의 정보를 출력하는 코드를 작성하고자 한다. 밑줄을 채우시오.

Output

```
이름     퀴즈 점수
------------------
최고수     10
진재일      9
강인        8
나태희      7
유명인      9
```

std 배열	quiz 배열
"최고수"	10
"진재일"	9
"강인"	8
"나태희"	7
"유명인"	9

```
// 학생수 5로 정의된 매크로 상수 N이 있다고 가정하고 N을 사용하여 작성하기
char std_________ = ______________________________________________________;

int quiz_________ = ______________________________________________________;

printf("이름     퀴즈 점수   \n");
printf("------------------\n");
for (i = 0; i < N; i++)

    ____________________________________________;
```

05 회원 N(5)명의 아이디가 저장된 배열 id가 있다. 로그인 과정에서 사용자로부터 회원 아이디를 입력받아, 아이디가 id 배열에 있는 아이디인지 아닌지를 확인하여 출력하는 코드를 작성하고자 한다. 밑줄을 채우시오.

Output

```
아이디는? myid↵
myid님 반갑습니다.
```

Output

```
아이디는? UandI↵
없는 아이디입니다!
```

```
// N은 5로 정의된 매크로 상수
char id[N][6] = {"itsme", "ace", "iam", "myid", "snow"};

// 사용자가 입력한 아이디를 저장할 input_id 선언
_______________________________________________;

// 로그인할 사용자 아이디를 input_id에 입력받기
printf("아이디는? ");
_________________________________________________;

for (i = 0; i <  N; i++)
{
    // 사용자가 입력한 아이디가 id 배열에 포함된 문자열인지 확인하기
    if (                                    )
    {
        printf("____님 반갑습니다.\n",________);
        break;          // 같은 아이디를 찾았으므로 더는 비교할 필요가 없음
    }
}
if (i == N)
     printf("없는 아이디입니다!\n");
```

06 학생 이름을 입력하면 퀴즈 점수를 확인할 수 있도록 03번 문제의 프로그램을 수정하시오.

Output

```
퀴즈 점수를 확인할 이름: 진재일↵
9점입니다.
```

Output

```
퀴즈 점수를 확인할 이름: 나대희↵
없는 이름입니다!
```

- 입력한 이름과 같은 문자열이 있는 std 배열의 행 첨자가 i라면 해당 학생의 퀴즈 점수가 저장된 quiz 배열의 첨자도 i임
- 입력 이름에 해당하는 퀴즈 점수를 찾는 방법은 04번 문제의 해결 과정을 참고
- 입력한 이름과 같은 문자열을 std 배열의 특정 행에서 찾았다면 나머지 행과는 비교할 필요가 없으므로 break를 이용하여 반복을 그만하기
- [Code 10-5]와 같이 플래그 변수를 사용하여 해결하는 것도 가능

07 N(5)명의 주민등록번호 뒷자리 "1683211", "2473142", "3758915", "4342782", "2637219"를 end_part 배열에 저장한 후, 남과 여 인원수를 각각 male_cnt와 female_cnt에 구해보자. 개인정보 보호를 위해 주민등록번호 끝 네 자리는 '*'로 출력하도록 프로그램을 작성하시오.

Output

```
-----------
168****(남)
247****(여)
375****(남)
434****(여)
263****(여)
-----------
남: 2명
여: 3명
```

08 회원가입을 할 때 사용할 수 있는 비밀번호는 최소 6자리에서 최대 10자리여야 하며, 반드시 특수 문자 '!', '$', '%', '(',')' 중 한 개를 포함해야 한다고 하자. 사용자가 비밀번호로 사용하려고 입력한 문자열을 input_pw에 저장한 후 비밀번호로 사용할 수 있는지 출력하는 프로그램을 작성하시오.

Output

```
사용할 비밀번호는(6~10자리, 특수 문자 !, $, %, (, ) 중 한 개 포함)? 12345↵
사용 불가: 길이가 6~10이어야 함
```

Output

```
사용할 비밀번호는(6~10자리, 특수 문자 !, $, %, (, ) 중 한 개 포함)? cholic↵
사용 불가: 특수 문자 미포함
```

Output

```
사용할 비번은(6~10자리, 특수 문자 !, $, %, (, ) 중 한 개 포함)? cholic!↵
비밀번호 설정 완료!
```

- 반드시 포함해야 할 특수 문자는 char special_ch[6] = {'!', '$', '%', '(', ')'}; 또는 char special_ch[6] = "!$%()";로 초기화하여 활용
- input_pw에 특수 문자가 있는지 검사하기
  - 문자 한 개가 저장된 ch가 special_ch에 있는 특수 문자인지 확인하기 위해 if (ch == '!' || ch == '$' || ... || ch == ')')와 같이 작성하는 것은 특수 문자가 많을수록 or 연산자 ||로 연결할 조건이 많아지므로 다음의 방법으로 확인하기
  - 특수 문자 포함 여부는 중첩된 반복 구조로 작성하며, 다음 두 방법 중 하나로 확인 가능
    ① special_ch 배열의 각 특수 문자에 대해 입력한 비밀번호 안에 이 특수 문자가 있는지 확인하기를 반복
    ② input_pw 배열의 각 문자에 대해 special_ch 안에 있는 문자인지 확인하기를 반복

09 사용자가 사이트에 로그인하기 위해 비밀번호를 입력할 때는 타인에게 비밀번호가 노출되지 않도록 입력한 문자 대신 '*'나 '●'를 표시하는 것이 일반적이다. 사용자가 비밀번호를 입력할 때 '*'를 표시하면서 input_pw에 비밀번호(최대 10자리)를 저장하는 프로그램을 작성해보자. 사용자가 입력한 내용을 실행 창에 에코 출력하는 대신 '*'를 출력하는 것은, 〈Enter〉키가 입력되어야만 실제 입력을 처리하는 scanf( ) 함수로는 불가능하다. getch( ) 함수를 사용하면 키보드에서 눌러진 문자를 한 개씩 바로 변수에 입력하여 처리할 수 있다.

Output

```
비밀번호 입력 후 <Enter>키 : *****↵
입력한 비밀번호는 12345입니다.
```

Output

```
비밀번호 입력 후 <Enter>키 : ****↵
입력한 비밀번호는 mypw입니다.
```

▌Output

```
비밀번호 입력 후 <Enter>키 : **********↵
길이 초과, <Enter>키를 누르면 입력 끝 :      ← <Enter>키가 아닌 다른 문자를 입력하기
길이 초과, <Enter>키를 누르면 입력 끝 :      ← <Enter>키를 입력하여 입력 끝내기
입력한 비밀번호는 1234567890입니다.
```

- 비밀번호 최대 길이 10을 MAX_PW_LEN 매크로 상수로 정의하면, 입력 비밀번호는 널 문자를 포함하도록 char input_pw[MAX_PW_LEN + 1];로 선언 가능
- 사용자가 입력하는 비밀번호가 10자리를 초과하면 그 뒤의 입력 문자는 input_pw에 저장하지 않으며, '길이 초과, <Enter>키를 누르면 입력 끝 :' 프롬프트 출력하기
- 문자 전용 입력 함수 getch( )를 사용하여 입력 내용을 화면에 표시하지 않기
  - getch( ) 함수는 키보드에서 눌러진 문자 한 개를 입력받되 입력 내용을 화면에 표시하지 않음: scanf( )는 사용자가 키보드에서 누른 내용을 화면에 표시함(에코 출력)
  - #include 〈conio.h〉가 필요
  - 입력되는 문자를 하나씩 input_pw에 저장하되 화면에는 '*' 표시하기
    char ch; ch = getch(); input_pw[i] = ch; putch('*');를 활용하여 해결 가능
    (키보드에서 누른 문자 한 개를 ch에 저장 후, ch를 input_pw 배열 원소로 저장하고, 화면에는 무조건 '*'를 출력)
  - ch에 입력된 문자가 〈Enter〉키인지 확인하는 코드는 if(ch == 13) 또는 if(ch == 0x0D)로 가능: 〈Enter〉키의 ASCII 코드값은 13(16진수로는 0x0D)
  - 비밀번호 입력이 끝난 후 input_pw[i] = '\0'로 마지막에 널 문자를 대입하는 것이 필요

11 CHAPTER

다양한 함수와 변수의 참조 범위

11 다양한 함수와 변수의 참조 범위

7장에서 함수를 정의하고 호출하는 방법에 대해 배웠다. 이 장에서는 함수를 호출했을 때 인수를 전달하는 방법 두 가지를 비교한다. 주소에 의한 호출은 12장의 포인터를 사용한다. 하지만 C 언어는 포인터를 명시적으로 사용하지 않고도 배열을 전달하는 방법을 지원하므로 이 방법을 소개한다. 그리고 변수의 참조 범위에 따른 전역 변수와 지역 변수를 소개한 후 마지막으로 변수의 지속 기간에 따른 자동 변수와 정적 변수를 소개한다.

11.1 함수 정리와 인수 전달 방식

7장에서 배운 함수에 대해서 간단히 정리부터 해보자. 함수는 특정 일을 수행하는 코드 블록으로 인수와 반환값을 가질 수 있다. ② 함수를 호출할 때 인수를 전달하면 호출된 함수의 매개변수에 저장된다. ③ 함수의 코드를 실행한 후에는 ④ 함수가 구한 값(반환값)을 함수를 호출한 곳으로 반환하면 함수 호출 자리가 반환값으로 바뀐다. ⑤ 함수 호출이 끝났으므로 대입문을 실행하여 sum에 a ~ b까지의 합이 저장된다. main( ) 함수는 f_sum( ) 함수가 어떤 코드를 실행해서 합을 구하는지는 신경 쓸 필요 없이 함수를 호출만 하면 원하는 값이 반환되므로 코딩이 간단하고 편리해진다.

f_sum( ) 함수를 호출할 때 사용된 인수 전달 방식이 값에 의한 호출(call-by-value) 방식이다. a 값이 전달되어 begin에 저장되며, b 값이 전달되어 end에 저장된다. 값을 전달하므로 '값에 의한 호출'이라고 한다. 또 다른 인수 전달 방식은 주소에 의한 호출(call-by-address)이다. 이 두 가지 방식의 이해를 돕기 위해 [그림 11-1]의 실생활을 예로 들어 소개한다.

```c
// smaller() 함수의 원형 선언
int f_sum(int begin, int end);
```

```c
// main() 함수 정의
int main()
{
    int a, b, sum;

    printf("a ~ b까지의 합 구하기 \n");
    printf("a는? "); scanf("%d", &a);
    printf("b는? "); scanf("%d", &b);

    sum = f_sum(a, b);   // 함수호출

    printf("\n%d ~ %d의 합은 %d", a, b, sum);

    return 0;
}
```

```c
// smaller() 함수 정의
int f_sum(int begin, int end)
{
    int i, sum;

    sum = 0;
    for (i = begin; i <= end; i++)
        sum = sum + i;

    return sum;
}
```

실행 결과

```
a ~ b까지의 합 구하기
a는? 5↵
b는? 10↵
5 ~ 10의 합은 45
```

그림 11-1 함수 간단 정리

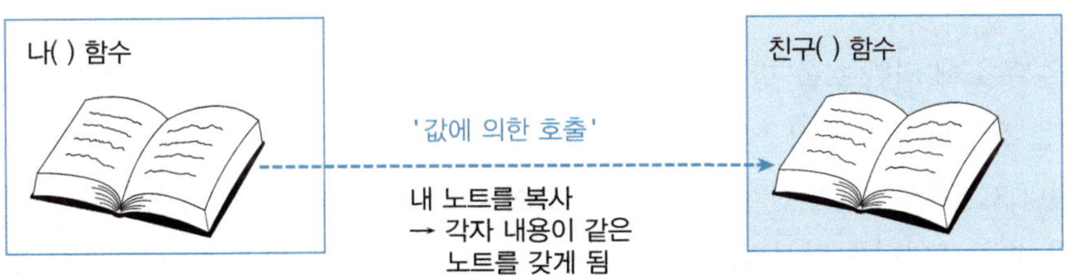

(a) 노트를 복사하여 내용이 같은 노트가 두 권이 되는 경우

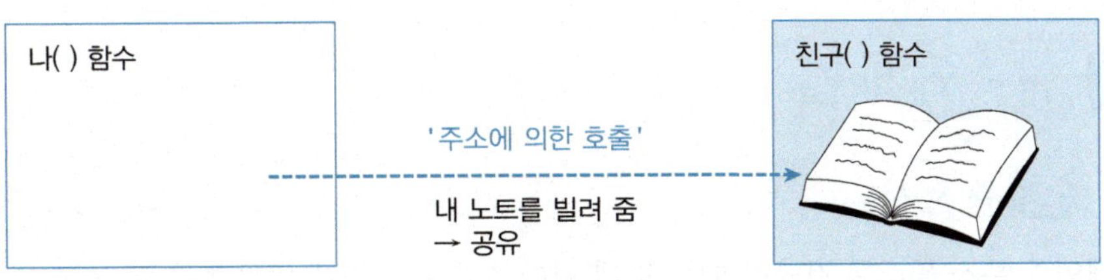

(b) 노트 원본을 빌려주므로 노트는 공유하는 한 권만 있게 되는 경우

그림 11-2 실생활의 인수 전달 예

[그림 11-2] (a)는 친구가 노트를 빌려달라고 했을 때 나도 노트로 공부해야 한다면 친구가 내 노트를 복사하게 하는 방법이 있다. 이 방법은 친구가 복사비를 내야하고 복사하는 시간이 걸린다는 단점이 있다. 하지만 친구가 복사한 노트에 낙서하더라도 내 노트는 전혀 더러워지지 않는다는 장점이 있다.

[그림 11-2] (b)는 친구에게 내 노트를 잠시 빌려주는 방법이다. 이 방법은 친구가 복사하는 데 드는 시간과 비용이 발생하지 않는 장점이 있다. 하지만 친구가 빌려 간 노트에 낙서하고 돌려주면 나는 더러워진 노트를 갖게 되는 단점이 있다. 이 단점은 친구가 내 노트에 중요한 내용을 추가로 정리해서 준다면 오히려 장점이 될 수도 있다.

(a) 방법이 지금까지 사용한 함수의 인수 전달 방식인 '값에 의한 호출'에 해당한다. [그림 11-1]의 f_sum( ) 함수에서 main( )의 인수 a를 전달받은 begin 변수는 a와 같은 값을 가진다. f_sum( ) 함수에서 return sum; 직전에 begin = begin * 2;를 실행하여 begin 값을 변경하면 main( )의 a 값도 변할까? a와 begin은 서로 다른 함수에서 선언하여 다른 기억장소를 사용하기 때문에 a는 변하지 않는다. f_sum( ) 함수를 int f_sum(int a, int b)로 정의하여도 매개변수 a는 동명이인에 해당하므로 다른 기억장소를 사용한다.

'값에 의한 호출' 방식은 호출된 함수에서 자신을 호출한 함수의 인수를 절대로 변경할 수 없으므로 함수를 호출할 때 마음 놓고 자신의 정보를 전달할 수 있다. 이 '함수 간 독립성 보장'이라는 특징 때문에 함수 호출 시 기본적으로 사용하는 인수 전달 방식이 '값에 의한 호출'이다.

(b) 방법은 '주소에 의한 호출' 방식이다. 주소에 의한 호출은 실생활에서는 단순하지만, C 프로그램에서는 포인터 개념을 사용해야 한다. 포인터는 C 언어의 아주 강력한 기능으로 많은 곳에서 활용된다. C 언어는 배열 전체를 함수로 전달할 때 주소에 의한 호출 방식만 허용한다. 하지만 배열의 경우 포인터를 명시적으로 사용하지 않더라도 주소에 의한 호출을 할 수 있도록 지원한다.

11.2 함수와 배열

11.2.1 배열 원소 전달

함수에 배열의 특정 원소를 전달할 때는 값에 의한 호출과 주소에 의한 호출 두 가지 다 사용할 수 있다. 주소에 의한 호출은 12장 포인터에서 소개한다. 인수가 배열 원소이더라도 값은 1개이므로 값의 자료형에 맞게 매개변수를 선언하면 된다.

Syntax **배열 원소를 함수에 전달하기(값에 의한 호출 방식일 때)**

```
int main()
{
    int marble[N] = { 5, 4, 2, 3, 7 };
                      배열명[첨자]
    if ( f_even(marble[0]) )
        printf("%d개: 짝수\n", marble[0]);
    else
        printf("%d개: 홀수\n", marble[0]);

    return 0;
}
```

값 5를 no에 전달

```
int f_even(int no)
{              매개변수 선언
    if (no % 2 == 0)
        return 1;    // 1은 논리값 참
    else
        return 0;    // 0은 논리값 거짓
}
```

- 배열 원소 인수
  - 배열 차원에 맞게 배열명 뒤의 [ ] 안에 첨자를 사용
  - 1차원 배열이면 배열명[첨자], 2차원 배열이면 배열명[행첨자][열첨자]
- 매개변수 선언
  - 전달받을 값의 자료형에 맞게 매개변수 선언
  - 매개변수는 전달되는 인수가 배열 원소인지 일반 변수인지와 전혀 관련이 없으므로 전달되는 값의 자료형만 정확하면 됨

Example 11-1 **배열 원소 중 짝수와 홀수 개수 구하기**

홀짝 게임에 사용할 구슬 개수 다섯 개가 marble 배열에 저장되어 있다. 각 구슬 개수의 홀짝 여부를 출력하는 프로그램은 다음과 같다.

```
#include <stdio.h>
#define N 5

int f_even(int no);                          // 함수 원형 선언

int main()
{
    int i, marble[N] = { 5, 4, 2, 3, 7 };

    for (i = 0; i < N; i++)
    {
        if (f_even(marble[i]))               // 인수로 marble[i] 원소를 전달
```

```c
            printf("%d: 짝수\n", marble[i]);
        else
            printf("%d: 홀수\n", marble[i]);
    }

    return 0;
}

int f_even(int no)                              // no에 전달된 값의 짝수 여부 반환
{
    if (no % 2 == 0)                            // no가 2의 배수이면
        return 1;                               // 1은 논리값 참
    else
        return 0;                               // 0은 논리값 거짓
}
```

Output

```
5: 홀수
4: 짝수
2: 짝수
3: 홀수
7: 홀수
```

11.2.2 배열 전체 전달

배열 전체를 함수에 전달할 때는 **주소에 의한 호출 방식만** 사용한다. 원소가 천 개인 배열 전체를 값에 의한 호출 방식으로 전달한다고 가정해보자. 인수인 배열의 원소 개수만큼 값을 저장할 매개변수의 기억장소가 필요하고, 배열 원소 순서대로 매개변수에 값을 저장하는 데 시간이 걸린다. 배열은 대량의 자료를 저장하는 데 사용하므로 이 배열을 값에 의한 호출로 전달한다면 추가적 기억장소와 값 복사로 인한 자원 낭비가 데이터 양에 비례하여 커진다. 그래서 배열은 원본을 공유하는 주소에 의한 호출 방식을 사용한다.

Syntax 배열 전체를 함수에 전달하기(주소에 의한 호출)

```
int f_tot( int ary[N] );    // 함수 원형 선언
```

```
int main()
{
    int kor[N] = { 45, 34, 43, 33, 48 };

    printf("총계 : %d \n", f_tot( kor ) );

    return 0;
}
```

배열명만

```
int f_tot( int ary[N] )
{
    int i, sum;

    for (sum = 0, i = 0; i < N; i++)
        sum = sum + ary[i];

    return sum;
}
```

차원에 맞는 배열로 선언

kor[0]	kor[1]	kor[2]	kor[3]	kor[4]
45	34	43	33	48
ary[0]	ary[1]	ary[2]	ary[3]	ary[4]

함수가 호출되면 f_tot() 함수는 ary[0] ~ ary[4]로 main()의 kor 배열 원소를 사용(공유)

- **배열 인수**: 차원과 상관없이 배열명만 사용(배열명은 배열 시작 주소이므로 결국 주소를 전달하는 방식)
- **배열 매개변수 선언**: 전달되는 배열의 차원에 맞게 배열 선언
- **주의**
  - 배열은 함수 간에 같은 기억장소를 공유하므로 호출된 함수 f_tot( )에서 ary 배열 원소를 변경하면 결국 main( )의 kor 배열 원소가 변경된다.
    → 함수에서 배열 내용을 변경한 후 배열을 반환할 필요가 없다.
  - 매개변수 배열 선언 시
    1차원 배열이라면 int ary[N] 대신 int ary[ ]처럼 원소수 생략 가능
    2차원 배열이라면 int b[5][7] 대신 int b[ ][7]처럼 행 개수 생략 가능
  - f_tot( ) 함수는 원소 개수가 N개일 때만 사용할 수 있다. 원소 개수와 상관없이 총계를 구하는 함수는 연습문제 06번에서 다룬다.

Example 11-2 배열을 전달하여 모든 원소를 두 배로 변경하기

국어 점수 N(5)개가 저장된 kor 배열이 있다. f_double( ) 함수를 호출하여 50점 만점의 점수를 100점 만점으로 변경하는 프로그램은 다음과 같다.

```c
1  #include <stdio.h>
2  #define N 5
3
4  void f_double(int ary[N]);              // 함수 원형 선언
5
6  int main()
7  {
8      int i, kor[N] = { 45, 34, 43, 33, 48 };
9
10     f_double(kor);                      // kor 배열 전체 전달: 배열명만 사용
11
12     for (i = 0; i < N; i++)
13         printf("%4d", kor[i]);
14
15     return 0;
16 }
17
18 void f_double(int ary[N])
19 {
20     int i;
21
22     for (i = 0; i < N; i++)
23         ary[i] *= 2;
24 }
```

Output

```
90 68 86 66 96
```

18행: f_double( ) 함수의 반환형이 void다. f_double( ) 함수에서 공유된 배열 내용을 변경하면 결국 main( )의 kor 배열이 변경된다. 배열을 반환하지 않고 함수 실행을 마치고 10행으로 돌아간 후 13행에서 kor 배열을 출력하면 변경된 내용이 출력된다. 이전의 예처럼 친구가 내 노트를 빌려서 그 노트에 추가로 정리하여 돌려주면 나는 새로 정리된 내용을 바로 볼 수 있는 것과 같다.

24행: } 직전의 함수 마지막 문장이 return;일 때는 생략할 수 있다.

11.2.3 코딩: 배열 전체 전달하기

[Example 11-2]의 f_double( ) 함수는 전달된 원본 배열 내용을 두 배로 변경하여 원본이 사라진다. 만일 kor 배열의 내용을 변경하지 않고 변환된 점수가 있는 배열을 추가로 원한다면 함수를 어떻게 정의해야 할까?

main( )의 kor 배열 값의 두 배인 kor_twice 배열을 얻기 위해 f_twice( ) 함수를 호출하는 프로그램을 코딩해보자.

- f_twice( ) 함수 정의 시 고려할 사항

  문제점: 함수 본체 안에서 선언한 배열을 자신을 호출한 함수에 반환할 수 없다.

  즉, f_twice() 함수에서 새 배열을 선언하고 여기에 전달된 배열의 두 배가 되는 값을 저장해도 이 배열을 main( ) 함수로 반환할 수 없으므로 main( )에서는 두 배가 된 배열을 사용할 수 없다.

  해결: 함수를 호출할 때 결과를 저장할 빈 배열까지 인수로서 전달한다.

  즉, f_twice( )를 호출할 때 kor 배열과 이 배열의 두 배가 되는 값을 저장할 kor_twice 배열도 같이 전달한다. 이것은 빈 그릇을 가지고 음식점에 가서 주문 음식을 그릇에 담아오는 것에 비유할 수 있다.

Code 11-1 함수 호출 시 결과를 저장할 빈 배열을 추가로 전달하기

```
#include <stdio.h>
#define N 5

void f_twice(int a[N], int a_twice[N]);                // 함수 원형 선언
void f_print(int ary[N]);

int main()
{
    int i, kor[N] = { 45, 34, 43, 33, 48 };
    int kor_twice[N];                          // kor 점수의 두 배 점수를 보관할 배열

    f_twice(kor, kor_twice);                   // 두 배 값을 저장할 kor_twice 배열도 전달

    printf("\n 50점 만점 : "); f_print(kor);            // kor 배열 전달

    printf("\n 100점 만점: "); f_print(kor_twice);      // kor_twice 배열 전달

    return 0;
```

```c
}

void f_twice(int a[N], int a_twice[N])    // a 배열의 두 배 값을 a_twice 배열에 저장
{
    int i;

    for (i = 0; i < N; i++)
        a_twice[i] = a[i] * 2;
}

void f_print(int ary[N])                   // ary 배열을 출력하는 함수
{
    int i;

    for (i = 0; i < N; i++)
        printf("%4d", ary[i]);
}
```

Output

```
50점 만점 :   45  34  43  33  48
100점 만점:   90  68  86  66  96
```

11.3 변수의 참조 범위: 지역과 전역

프로그램에서 '변수를 사용한다.'는 것은 [그림 11-3]처럼 '변수에 할당된 기억장소를 참조(access)하여 값을 쓰거나 읽는다.'를 의미한다. 첫 문장은 age 기억장소에 20을 쓰기(write) 위해서 참조하고, 두 번째 문장은 age 기억장소에 저장된 값을 읽기(read) 위해서 참조한다.

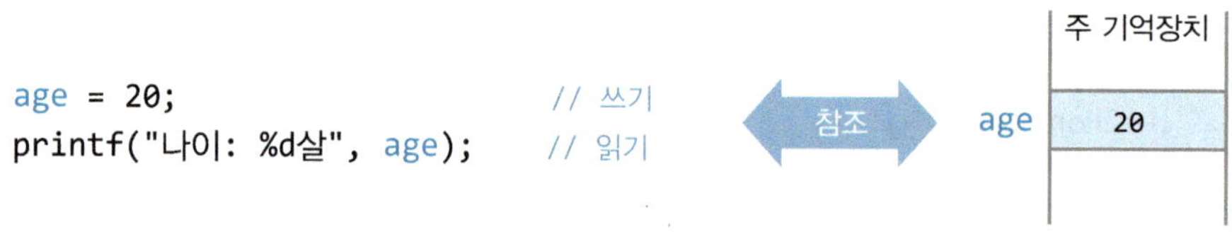

그림 11-3 변수의 참조

프로그램에서 선언하여 사용하는 변수마다 참조 범위(scope)가 정해져 있다. 참조 범위를 벗어난 곳에서 변수를 사용하는 것은 오류다. 변수의 **참조 범위**는 선언 위치에 따라 전역과 지역으

로 나눌 수 있다. 전역과 지역 개념은 [그림 11-4]와 같이 사무실의 직원 누구나 사용할 수 있는 공용 복사기(전역 용품)와 직원 개인만 사용할 수 있는 개인용품(지역 용품)과 비슷하다. 나대리가 오과장의 지갑을 마음대로 사용(참조)하면 안된다. 즉, 변수도 참조 범위를 벗어난 곳에서는 사용할 수 없다.

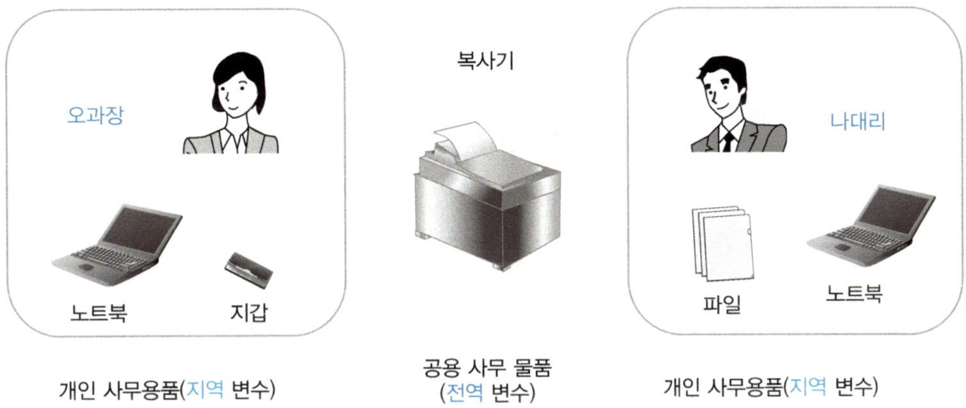

그림 11-4 지역 변수와 전역 변수 개념

11.3.1 지역 변수와 전역 변수

지역(local) 변수는 함수나 { }로 묶은 코드 블록 안에서 선언한 변수로 참조 범위는 **자신이 선언된 함수나 코드 블록**이다. 지금까지 사용한 모든 변수는 함수 안에서 선언하였으므로 지역 변수다. 사실 지금까지 함수를 호출할 때 지역 변수를 인수로 전달했던 이유도 변수의 범위 때문이다. 또한, 함수의 지역 변수에 반환값을 저장했다면 자신을 호출한 함수에게 반환값을 반환했던 것도 범위 때문이다.

Example 11-3 지역 변수의 선언 위치와 참조 범위

지역 변수는 함수의 본체 블록 { }뿐만 아니라 if, switch, for, while, do~while문 본체 블록 { } 안에서도 선언할 수 있으며, for문의 헤더에서도 지역 변수를 선언할 수 있다.

```
#include <stdio.h>

int main()
{
```

```
5       int n;                           // main() 함수의 지역 변수, 참조 범위: 4~21행 {} 안
6
7       printf("1 ~ n의 합 구하기: n은? "); scanf("%d", &n);
8
9       if (n > 0)
10      {
11          int sum = 0;                 // if문의 지역 변수, 참조 범위: 10~18행 {} 안
12
13          for (int i = 1; i <= n; i++) // for문의 지역 변수, 참조 범위: 13~17행
14          {
15              sum += i;
16              printf("1 ~ %d까지의 합: %d\n", i, sum);
17          }
18      }
19
20      return 0;
21  }
```

Output

```
1 ~ n의 합 구하기: n은? 5↵
1 ~ 1까지의 합: 1
1 ~ 2까지의 합: 3
1 ~ 3까지의 합: 6
1 ~ 4까지의 합: 10
1 ~ 5까지의 합: 15
```

11행: if 조건이 참일 때 실행할 { } 안에서 선언되었으므로 이 블록 안에서만 사용할 수 있다. 그러므로 19행에 printf("%d", sum);을 추가하면 '식별자 "sum"이(가) 정의되어 있지 않습니다.' 오류 메세지를 확인할 수 있다.

13행: 지금까지는 잘 사용하지 않았지만, for문을 작성할 때 헤더 ( ) 안의 초기화 부분에서 i를 바로 선언하는 경우가 많다. 주의할 것은 for 헤더에서 선언했으므로 for문이 참조 범위가 된다. 17행과 18행 사이에 printf("%d", i);를 추가하거나 19행에 추가하면 역시 '식별자 "i"이(가) 정의되어 있지 않습니다.' 오류가 발생한다. 이 방법은 for문이 끝난 후에도 i의 값을 활용하거나 i를 자주 사용한다면, 함수 본체가 범위가 되도록 5행과 같은 위치에 선언하는 것이 좋다.

이제 소개할 **전역(global) 변수**는 함수 밖에서 선언한 변수로, 이 변수 선언문 뒤의 **모든 함수에서 사용**할 수 있다. 전역 변수는 모든 함수에서 사용할 수 있으므로 함수를 호출할 때 인수로 전달할 필요가 없어서 코딩이 편리하다. 하지만 특정 함수에서 전역 변수 값을 잘못 변경하면 이후의 모든 코드에 바로 영향을 미친다. 사무실에 있는 공용 복사기가 고장 나면 고칠 때까지 아

무도 그 복사기를 사용할 수 없는 것과 같다. 그러므로 이러한 전역 변수의 **부작용(side-effect)**을 피하도록 가능하면 지역 변수 사용을 권장한다.

Syntax 지역 변수와 전역 변수의 선언과 참조 범위

```
int tot;

int main()
{
    int sum;
    ⋮
}

int f_sum(int begin, int end)
{
    int sum;

    sum = 0;
    for (int i = begin; i <= end; i++)
    {
            sum = sum + i;
    }
    ⋮
}
```

- int tot; → 전역 변수 선언, 선언과 동시에 0으로 초기화됨
- 전역 변수 tot의 참조 범위 (tot 선언 이후로 어디서나 사용가능)
- int sum; (main) → main( ) 함수의 지역 변수 선언 / main( ) 함수 밖에서 사용 불가
- main( )과 f_sum( ) 사이 → int global;로 전역 변수를 선언하면? 이 뒤에서만 사용 가능(main()은 사용 불가)
- int f_sum(int begin, int end) → 매개변수는 함수의 지역 변수
- int sum; (f_sum) → f_sum( ) 함수의 지역 변수 선언 / main( ) 함수의 sum이 아님(동명이인에 해당)
- int i → for문의 지역 변수 선언 / for문을 벗어나면 사용 불가

- 전역 변수의 참조 범위는 선언문 이후부터 프로그램 끝까지
  → 가능한 가장 윗부분에 선언하는 것이 바람직

11.3.2 코딩: 지역 변수를 전역 변수로 수정하기

[그림 11-1]의 main( ) 함수는 f_sum( ) 함수에 자신의 지역 변수 a와 b 정보를 전달하여 a ~ b까지의 합을 반환받는다. 함수를 사용하는 코딩에서 어려움을 겪는 부분이 인수 전달이다. 인수를 전달하지 않고도 a ~ b까지의 합을 구하려면 a와 b를 전역 변수로 선언하는 방법이 있다. 전역 변수는 모든 함수가 사용할 수 있으므로 인수로 전달할 필요가 없다.

a와 b를 전역 변수로 선언하고 f_sum( ) 대신 f_sum_a_to_b()를 정의하여 인수를 전달하지 않고 함수를 호출하는 프로그램으로 변경해보자.

- main( )의 지역 변수 a와 b만 전역 변수로 선언
  - [그림 11-1]의 main( )과 f_sum( ) 함수 모두 각자의 sum 지역 변수를 사용하고 있다. 이 sum도 전역 변수로 선언할 수 있지만, 지역과 전역의 사용법과 차이에 집중하기 위해 a와 b만 전역 변수로 선언한다.

Code 11-2 지역 변수 a와 b를 전역 변수로 변경하여 a ~ b까지의 합 구하기

```c
#include <stdio.h>

int f_sum_a_to_b();                         // 함수 원형 선언

int a, b;                                   // 전역 변수 선언

int main()
{
    int sum;

    printf("a ~ b까지의 합 구하기 \n");
    printf("a는? "); scanf("%d", &a);
    printf("b는? "); scanf("%d", &b);

    sum = f_sum_a_to_b();                   // a, b 전역 변수는 인수 전달이 불필요

    printf("\n%d ~ %d의 합은 %d", a, b, sum);

    return 0;
}

int f_sum_a_to_b()                          // 전역 변수 a ~ b까지의 합을 구하는 함수
{
    int i, sum;

    sum = 0;
    for (i = a; i <= b; i++)                // a, b 전역 변수는 어디서나 사용 가능
        sum = sum + i;

    return sum;
}
```

Output

```
a ~ b까지의 합 구하기
a는? 5↵
b는? 10↵

5 ~ 10의 합은 45    ← 45는 f_sum_a_to_b()의 반환값
```

11.3.3 전역 변수의 장단점

[Code 11-2]와 같이 전역 변수는 인수로 전달할 필요가 없으므로 함수 정의와 호출이 단순해지므로 함수 호출과 정의가 쉽게 느껴진다. 하지만 다음과 같은 문제점도 있다.

만일 [Code 11-2]의 main( ) 함수 10행에 int c = 3, d = 7; 선언문이 있고, c ~ d까지의 합을 구하고 싶다면 'f_sum_a_to_b( )'로 호출하면 될까? f_sum_a_to_b( ) 함수는 밀크커피만 나오는 자판기와 유사하다. 호출하면 무조건 a ~ b까지의 합만 반환하므로 c ~ d까지의 합은 구할 수 없다.

다음처럼 전역 변수에 c와 d 값을 대입한 후 호출하여 해결하는 방법이 있다.

```
a = c;
b = d;
sum = f_sum_a_to_b();
```

이 방법은 다음의 이유로 바람직하지 않다. 첫째, 다른 범위의 합을 구하려면 호출 전에 매번 a와 b를 다른 값으로 대입하는 번거로움이 있다. 둘째, 이 프로그램의 실행이 끝날 때까지 a와 b 전역 변수의 첫 입력값 5와 10을 유지해야 한다면 다시 추가 코드가 필요하다.

그러므로 한번 정의한 함수를 범용화하려면 [그림 11-1]과 같이 합을 구할 범위 인수를 전달받는 f_sum( ) 함수로 정의하는 것이 좋다. 'f_sum(c, d)'로 호출하면 c ~ d까지의 합을, 'f_sum(100, 500)'으로 호출하면 100~500까지의 합을, a와 b가 전역 변수이더라도 'f_sum(a, b)'로 호출하면 a ~ b까지의 합을 얻을 수 있다.

셋째, 앞서 언급한 대로 전역 변수는 부작용(side_effect)이 발생할 수 있다는 것이다. 전역 변수는 호출된 함수에 의해 값이 바뀔 수 있다. 그러므로 함수 호출 이후의 코드에서 전역 변수를 사용할 때 함수 호출 전의 값임을 확신할 수 없으므로 이를 고려하여 코드를 주의해서 작성해야 한다.

이처럼 인수를 전달하지 않으려면 전역 변수를 사용하는 것이 좋지만, 전역 변수의 잘못된 수

정이 다른 함수에 미치는 부작용을 고려하여 함수 간의 독립성을 보장하는 지역 변수가 기본적으로 사용된다. 전역 변수는 다음 절에서 소개하는 지속 기간이 프로그램 실행 시간 전체이고 지역 변수는 함수나 블록 실행 시간으로 제한된다. 그러므로 기억장소를 효율적으로 사용하려면 지역 변수가 좋다. 프로그램 전체에서 적용되는 값을 가진 변수라면 함수 호출마다 인수로 전달하는 과정을 거치지 않도록, 또한 변경 없이 저장된 값만 사용하는 변수라면 부작용이 발생하지 않으므로 전역 변수로 사용한다.

11.4 변수의 지속 기간: 자동과 정적

int age;나 double average;는 변수가 저장할 자료형 크기에 맞는 기억장소를 할당받기 위한 선언문이다. 할당된(allocated) 기억장소가 있어야 대입문이나 입력을 통해 변수에 값을 저장하거나, 수식을 계산하거나 출력을 위해 변수에 저장된 값을 읽어올 수 있다. 변수의 지속 기간(duration)이란 변수에 기억장소가 할당되어 있는 기간이다. 만일 변수에 할당된 기억장소가 해제되면(deallocated), 그 변수는 더는 사용할 수 없게 된다.

변수의 기억장소 할당 기간은 무조건 프로그램 시작부터 끝까지가 아니라 변수 선언 방법에 따라 달라진다. 전역과 지역은 변수의 참조 범위에 근거한 분류이다. 이제 변수의 지속 기간에 근거하여 분류한 자동 변수, 정적 변수, 외부 변수에 대해 살펴보자.

11.4.1 자동 변수

자동(automatic) 변수는 함수가 호출되면 자동으로 변수에 기억장소가 할당되고, 함수 실행이 끝나면 자동으로 할당된 기억장소가 해제된다. 즉, 변수의 지속 기간이 함수 호출부터 함수 종료까지이다. 자동 변수로 선언하려면 변수 선언 시 맨 앞에 키워드 'auto'를 쓴다.

Syntax 자동 변수 선언

```
int f_sum(auto int n)
{
    auto int sum;

    for (auto int i = 0; i < n; i++)
        sum += i;

    return sum;
}
```

- 'auto'는 생략 가능
  - 앞서 소개한 모든 지역 변수는 자동 변수에 해당
  - 매개변수, 블록 { } 안, for 헤더 안에서 선언한 것도 모두 자동 변수
- 주의

  비주얼 스튜디오 2010 이전에는 소스 파일의 확장자가 '*.cpp'일 때 'auto' 키워드를 사용할 수 있었다. 하지만 이후 버전에서는 'auto'가 다른 의미로 사용되며 구문도 다르므로 'auto'를 붙이지 않아야 한다.

자동 변수는 프로그램 실행 시작부터 기억장소를 할당받지 않는다. 프로그램을 실행하면서 함수가 실제로 호출되어 실행되어야만 기억장소를 할당받는다. 그리고, 함수 실행이 끝나면 자동 변수에 할당된 기억장소가 해제되므로 더는 참조할 수 없다. 함수는 다른 함수의 변수를 '사용할 수 없다', '볼 수 없다', '알 수 없다'라는 표현은 할당된 기억장소가 해제되었기 때문에 변수의 기억장소를 참조할 수 없다는 것을 의미한다.

11.4.2 정적 변수

함수 안에서 선언한 자동 변수는 함수 실행이 끝나면 기억장소가 사라지므로 함수를 다시 호출했을 때 이전에 구한 값을 다시 사용할 수 없다. 하지만 정적 변수로 선언하면 함수를 다시 호출했을 때 직전 실행 때 저장한 값을 사용할 수 있다.

정적(static) 변수는 프로그램 실행 시작부터 끝까지 기억장소를 할당받아 있는 변수로, 선언 위치에 따라 **정적 전역 변수**와 **정적 지역 변수**로 구분한다. 이미 전역과 지역의 개념을 알고 있으므로 정적 전역 변수는 함수 밖에서, 정적 지역 변수는 함수 안에서 선언하는 변수라고 추측하고 있을 것이다.

정적 변수는 변수 선언문 앞에 키워드 **'static'**을 붙인다. 정적 변수는 프로그램이 실행될 때부터 기억장소를 할당받기 때문에 전역 변수와 같이 자동으로 0으로 초기화된다.

Syntax 정적 전역 변수와 정적 지역 변수의 선언과 초기화

```
static int service_cnt;

int main()
{
    ⋮

    return 0;
}

int f_bonus_point ()
{
    static int call_cnt = 0;
    ⋮
    call_cnt++;
    ⋮
    return sum;
}
```

- static int service_cnt; — 정적 전역 변수 선언: 선언과 동시에 0으로 초기화됨
- main() 영역 — 정적 전역 변수 service_cnt의 참조 범위
- static int call_cnt = 0; — 정적 지역 변수 선언: 선언과 동시에 0으로 초기화되며, 다른 값으로 초기화 가능. 이 함수가 처음 호출되었을 때 딱 한 번만 초기화됨
- f_bonus_point() 영역 — 정적 지역 변수 call_cnt의 참조 범위

- 정적 지역 변수의 초기화
  함수 안의 static int call_cnt = 0;은 이 함수가 처음 호출되었을 때 딱 한 번만 실행되어 초기화되고 두 번째 호출부터는 실행되지 않음 → 이전 저장 값 유지 가능

11.4.3 외부 변수

전역 변수와 정적 전역 변수 모두 프로그램 전체(선언된 이후부터 끝까지)가 참조 범위이고 프로그램 실행 시간이 지속 기간이다. 둘의 차이는 프로젝트를 소스 파일 여러 개로 나누어 개발할 때 나타난다. 규모가 큰 프로젝트는 문제를 나누어 문제별로 프로그램을 개발한 후 이를 합치는 과정을 거친다. 한 사람이 개발하는 프로젝트도 프로그램 관리와 컴파일 시간 등의 문제로 여러 소스 파일로 나누어 개발할 수 있다. 프로젝트를 여러 파일로 나누어 개발하더라도 모든 파일 전체가 참조 범위가 되는 전역 변수가 필요할 수 있다. 이때 사용할 수 있는 것이 전역 변수다. 다만, [그림 11-5]와 같이 사용할 전역 변수의 선언이 없는 파일에서는 키워드 **'external'**을 이용하여 해당 전역 변수가 다른 외부 파일에서 선언된 외부 변수임을 선언해야 한다. 만일 'external gb;' 외부 변수 선언을 하지 않았다면 'right.cpp' 소스 파일에서는 gb를 전역으로 사용할 수 없다.

외부 변수 선언을 통해 전역 변수는 여러 파일이 참조 범위가 될 수 있지만, 정적 전역 변수는 자신이 선언된 파일에서만 전역으로 사용된다. 그래서 [그림 11-5]의 static_gb는 'right.cpp' 파일에서 사용할 수 없게 된다.

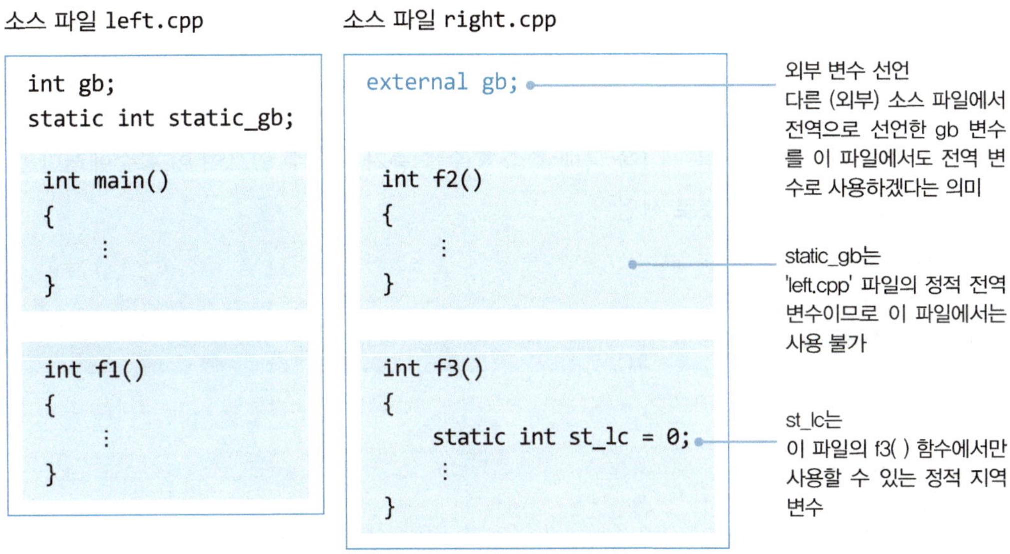

그림 11-5 다른 파일(left.cpp)의 전역 변수를 외부 변수로 선언하기

11.4.4 코딩: 자동 변수와 정적 변수의 활용

온라인 쇼핑 사이트나 게임 사이트 등 특정 사이트에 접속하면 출석 체크를 통한 포인트 증가나 간단한 게임을 통한 쿠폰 증정이 가능한 경우가 많다. 카드 사용 내역 조회와 보너스 포인트를 얻을 수 있는 사이트 프로그램의 일부로 간단히 정적 변수 활용을 이해할 수 있는 정도의 프로그램을 코딩해보자.

- 다음의 메뉴 세 개를 표시하고 선택한 번호에 맞는 서비스 제공하기
  - 1. 사용 내역 조회, 2. 보너스 포인트 얻기, 3. 나가기
  - 나가기를 원하지 않는 한 1.과 2. 서비스를 반복하도록 do ~ while문 사용
  - 사용자에게 메뉴를 표시하고 번호를 입력받는 부분은 int f_menu( ) 함수에서 처리
- 1.과 2. 서비스를 진행하는 실제 코드는 복잡하므로 여기서는 간단히 함수가 하는 일만 출력
  - 1. 사용 내역 조회 함수의 원형은 void f_details( )
  - 2. 보너스 포인트 얻기 함수의 원형은 void f_bonus_point( )
- 서비스를 요청한 총횟수는 1.과 2. 서비스 함수에서 모두 1 증가될 수 있도록 정적 전역 변수

로 선언

– static int service_cnt;

- void f_bonus_point( )
  - 이 사이트에서 나가기 전까지 보너스 포인트는 최대 두 번까지만 얻을 수 있도록 제한하기 위해 지역 변수를 사용

    int call_limit = 2;
  - 이 함수를 호출한 횟수를 누적하는 변수 call_cnt는 함수 실행이 끝나도 기억장소를 유지해야 다음에 호출되었을 때 1을 더해 호출 횟수를 증가시킬 수 있으며 이 함수에서만 증가하도록 **정적 지역 변수**로 선언

    static int call_cnt = 0;

Code 11-3 보너스 포인트 획득 서비스 이용 횟수 제한 처리

```
#include <stdio.h>

int f_menu();
void f_bonus_point();
void f_details();

static int service_cnt;                  // 정적 전역 변수 선언, 0으로 초기화됨

int main()                               // main() 함수 정의
{
    int choice;                          // 고객이 선택한 메뉴 번호 입력용

    do
    {
        choice = f_menu();               // 메뉴 표시 후 선택한 번호 저장

        if (choice == 1)
            f_details();                 // 사용내역 조회 서비스
        else if (choice == 2)
            f_bonus_point();             // 보너스 포인트 획득 서비스
        else if (choice == 3)
        {
            printf(" 총 %d번의 서비스를 요청했습니다.\n", service_cnt);
            printf(" 감사합니다 ^△^ \n");
        }
    } while (choice != 3);               // 3. 나가기를 원하지 않는 한 계속 반복

```

```
    return 0;
}

void f_details()                        // 카드 사용 내역 조회 함수
{
    service_cnt++;                      // 모든 서비스 요청 횟수 1 증가

    printf(" 사용 내역 조회 서비스입니다...끝\n");
}

void f_bonus_point()                    // 보너스 포인트 획득용 함수
{
    static int call_cnt = 0;            // 정적 지역 변수: 함수 호출 횟수 저장용
    int call_limit = 2;                 // 지역 변수: 최대 2번까지만 게임 가능

    service_cnt++;                      // 모든 서비스 요청 횟수 1 증가
    call_cnt++;                         // 현재 함수 총 호출 횟수 1 증가

    printf(" 보너스 포인트 게임 요청 횟수: %d번\n", call_cnt);

    if (call_cnt > call_limit)
    {
        printf(" 보너스 포인트 요청은 %d회까지만 가능합니다\n", call_limit);
    }
    else
        printf(" 게임을 진행하면 포인트를 올릴 수 있습니다...끝\n");
}

int f_menu()                            // 메뉴 표시 후 입력한 번호를 반환하는 함수
{
    int choice;

    printf("\n");
    printf("===========================\n");
    printf("    1. 사용 내역 조회        \n");
    printf("    2. 보너스 포인트 얻기    \n");
    printf("    3. 나가기                \n");
    printf("===========================\n");

    printf(" 원하는 서비스 번호는(1~3)? "); scanf("%d", &choice);

    return choice;
}
```

Output

```
============================
     1. 사용 내역 조회
     2. 보너스 포인트 얻기
     3. 나가기
============================
 원하는 서비스 번호는(1~3)? 1↵
 사용 내역 조회 서비스입니다...끝

============================
     1. 사용 내역 조회
     2. 보너스 포인트 얻기
     3. 나가기
============================
 원하는 서비스 번호는(1~3)? 2↵
 보너스 포인트 게임 요청 횟수: 1번
 게임을 진행하면 포인트를 올릴 수 있습니다...끝

============================
     1. 사용 내역 조회
     2. 보너스 포인트 얻기
     3. 나가기
============================
 원하는 서비스 번호는(1~3)? 2↵
 보너스 포인트 게임 요청 횟수: 2번         ← 정적 지역 변수 call_cnt가 1에서 2로 증가함
 게임을 진행하면 포인트를 올릴 수 있습니다...끝

============================
     1. 사용 내역 조회
     2. 보너스 포인트 얻기
     3. 나가기
============================
 원하는 서비스 번호는(1~3)? 2↵
 보너스 포인트 게임 요청 횟수: 3번         ← 정적 지역 변수 call_cnt가 2에서 3으로 증가함
 보너스 포인트 요청은 2회까지만 가능합니다

============================
     1. 사용 내역 조회
     2. 보너스 포인트 얻기
     3. 나가기
============================
 원하는 서비스 번호는(1~3)? 3↵
 총 4번의 서비스를 요청했습니다.           ← 정적 전역 변수 service_cnt
 감사합니다 ^△^
```

40행: f_bonus_point( )가 처음 호출되면 40행이 실행되어 call_cnt는 0이 된다. 이후 44행에 의해 call_cnt는 1로 바뀐다. 이후 f_bonus_point( )를 다시 호출하면 40행은 실행되지 않고 41행부터 실행되므로 44행에 의해 call_cnt는 2로 증가한다.

만일 40행의 static을 없앤다면 call_cnt는 자동 변수가 되므로 이 함수가 호출될 때마다 0으로 초기화된다. 이 상태에서 44행을 실행하면 call_cnt는 1이 된다.

연습 · 실습 문제

01 03번 문제를 먼저 푼 후 이 문제를 푸시오. age 배열의 최고 나이를 get_max( ) 함수를 이용하여 구하는 프로그램의 밑줄을 채우시오.

```
// 함수 원형 선언 생략

int main()
{
    int max, age[N];
    ⋮
    // age 배열의 최대치를 max에 구하기
    max = get_max(__________);
    ⋮
}
```

```
int get_max(____________________)
{
    int i, maxi = ary[0];

    for (i = 1; i < N; i++)
        if (maxi < ary[i])
            maxi = ary[i];

    return ______________ ;
}
```

02 배열의 합을 구하는 함수 get_sum( )과 배열의 평균을 구하는 함수 get_mean( )을 정의하여 국어 점수 N(5)개의 합과 평균을 구하는 프로그램의 밑줄을 채우시오. 단, get_mean( ) 함수는 전달받은 배열의 합을 구할 때 get_sum( ) 함수를 이용해야 한다.

```
int get_sum(____________);    // 함수 원형 선언
______ get_mean(____________);

int main() {
    int kor[N] = {92, 80, 75, 93, 88, 57, 81, 95, 84, 89};
    // kor 배열의 합 구하기 → 834
    printf("합: %d \n", get_sum(________));

    // kor 배열의 평균 구하기 → 83.4
    printf("평균: %5.1lf \n", get_mean(_____));

    return 0;
}
```

```
// score 배열의 합을 반환하는 함수
int get_sum(______________) {
    int i, sum = 0;
    for (i = 0; i < N; i++)
        sum = sum + score[i];
    return __________;
}
// ary 배열의 평균을 구하는 함수
________ get_mean(int ary[]) {
    int tot = get_sum(__________);
    return (double)tot / N;
}
```

03 다음의 설명에 대해 O와 X를 ( ) 안에 적으시오.

- 배열 원소를 함수에 전달할 때는 값에 의한 호출과 주소에 의한 호출 모두 가능하다. ( )
- 배열 전체를 함수에 전달할 때는 주소에 의한 호출만 가능하다. ( )
- 전달된 배열 내용이 변경되면, 이 배열을 자신을 호출한 함수에 다시 반환해야 한다. ( )
- main() 함수 안에서 선언한 변수는 다른 모든 함수에서 바로 사용할 수 있다. ( )

- 모든 매개변수는 지역 변수이므로 다른 함수에서 바로 사용할 수 없다. ( )
- 전역 변수 g와 함수의 지역 변수 g가 있다면 함수 안에서 g는 지역 변수로 사용된다. ( )
- 함수 호출 시 인수 전달을 하지 않으면 코딩이 단순해지므로, 일반적으로 지역 변수보다 전역 변수를 사용하는 것이 바람직하다. ( )
- 정적 지역 변수는 함수가 두 번째 호출될 때부터는 선언문의 초기화가 실행되지 않는다. ( )
- 함수 호출 시 배열을 전달한다면 배열의 차원에 상관없이 인수로 배열명만 적는다. ( )

04 다음의 왼쪽 실행 결과와 같이 홀짝 게임을 다섯 판 하여 몇 승인지 출력하는 프로그램을 작성하시오.

- 5판 게임에 사용할 홀짝 값은 int stone[N] = { 5, 4, 2, 3, 7 };
- 전달된 인수의 홀수 여부를 1/0으로 반환하는 함수 int f_odd(int no); 정의하기

Output (04번)

```
홀짝 게임을 5판 합니다.

구슬 수는? 짝수라면 0, 홀수라면 1 : 0↵
틀렸습니다. 5

구슬 수는? 짝수라면 0, 홀수라면 1 : 0↵
맞았습니다. 1승

구슬 수는? 짝수라면 0, 홀수라면 1 : 1↵
틀렸습니다. 2

구슬 수는? 짝수라면 0, 홀수라면 1 : 1↵
맞았습니다. 2승

구슬 수는? 짝수라면 0, 홀수라면 1 : 1↵
맞았습니다. 3승

결과: 5판 3승
```

Output (05번)

```
      순번   중간    기말    총점
==============================
       1 :    49     48     97
       2 :    47     43     90
       3 :    46     39     85
       4 :    44     49     93
       5 :    43     47     90
       6 :    40     42     82
       7 :    38     33     71
       8 :    35     38     73
       9 :    30     25     55
      10 :    17     33     50
==============================
최고점수:      49점   49점   97점
평    균:     38.9   39.7   78.6
표준편차:      9.1    7.3   15.2
```

05 위의 오른쪽 결과와 같이 50점 만점의 중간과 기말고사 점수에 대한 성적 통계 자료를 출력하는 프로그램을 작성하시오.

- 배열의 평균, 합계, 최대치는 01과 02번 문제의 double get_mean(int ary[ ]);, int get_sum(int score[ ]);, int get_max(int ary[ ]); 함수를 이용
- 두 배열의 합 배열은 void get_ary_sum(int a[ ], int b[ ], int c[ ]);를 정의해서 구하기
  이 함수를 호출할 때 두 배열의 합을 저장할 배열도 인수로서 전달해야 함
- 배열의 표준편차는 double get_SD(int score[ ]);를 정의해서 구하되, 표준편차에서 사용하는 배열의 평균은 get_mean( ) 함수를 이용하기(표준편차 공식은 08장의 7번 연습문제를 참고)

06 01과 02번의 함수들은 배열에 N개의 원소가 있을 때만 사용할 수 있다. 배열 원소가 N개가 아닌 배열도 이 함수를 사용하려면 함수 호출 시 배열 원소 개수를 직접 전달하면 된다. 배열의 원소 개수와 상관없이 전달된 배열의 평균을 구하는 get_average( ) 함수를 정의하여, main( )의 크기가 다른 a와 b 배열의 평균을 구할 수 있도록 프로그램의 밑줄을 채우시오.

- int ary[3] = {1, 2, 3};으로 선언된 배열의 원소 개수는 sizeof(ary)/sizeof(ary[0])으로 구할 수 있다.

```
int main() {
    int a[4] = { 92, 80, 75, 93 };
    int b[3] = { 88, 57, 81 };

    // a 배열 평균
    printf("a 평균: %5.1lf \n",
            get_average(a, __________));
    // b 배열 평균
    printf("b 평균: %5.1lf \n",
            get_average(b, __________));

    return 0;
}
```

```
// ary 배열의 평균을 구하는 함수
double get_average(int ary[N], ______)
{
    int i, tot = 0;

    for (i = 0; i < n; i++)
        tot = tot + ary[i];

    return (double)tot / n;
}
```

07 02번의 kor 배열을 전역으로 선언하여 같은 결과가 나오도록 프로그램을 수정하시오.

08 다음 프로그램을 실행하면 결과가 어떻게 되는지 왼쪽 실행 결과의 밑줄을 채우시오.

```
#include <stdio.h>
int sum(int end);
int total;

int main()
{
    int i;
    for (i = 1; i <= 3; i++)
        total += sum(i);

    printf("In main, total= %2d\n",
            total);
    return 0;
}
```

```
int sum(int end)
{
    static int called = 0;
    int i, total = 0;

    called++;
    for (i = 1; i <= 4; i++)
        total += i;

    printf("In sum, called= %2d, total=%2d \n",
            called, total);
    return total;
}
```

Output (08번)

```
In sum, called= ___, total= ___
In sum, called= ___, total= ___
In sum, called= ___, total= ___
In main, total= ___
```

Output (09번)

```
1번째 호출 결과, sum =  0 + (1~ 1까지의 합) =  1
2번째 호출 결과, sum =  1 + (1~ 2까지의 합) =  4
3번째 호출 결과, sum =  4 + (1~ 3까지의 합) = 10
4번째 호출 결과, sum = 10 + (1~ 4까지의 합) = 20
5번째 호출 결과, sum = 20 + (1~ 5까지의 합) = 35
```

09 위의 오른쪽 실행 결과와 같이 출력되도록 다음 프로그램의 static_sum( ) 함수를 작성하시오.

- 실행 결과에서 파란 값은 모두 정적 변수의 값이다.

```
#include <stdio.h>
void static_sum(int end);

int main()
{
    for (int i = 1; i <= 5; i++)
        static_sum(i);

    return 0;
}
```

```
void static_sum(int end)
{
    // 이전 호출 시 구한 합계에
    // 1부터 end까지의 합을 누적하기



}
```

10 개인 계좌의 잔액 조회, 입금, 출금 세 가지 서비스를 단순화한 프로그램을 작성하시오. 계좌의 현재 잔액은 전역 변수 balance에 저장하고, 사용자가 원하는 서비스 번호는 main( )의 지역 변수 service에 입력받으며, 사용자가 그만하기를 선택하지 않는 한 계속 반복하도록 do~while문으로 작성하시오.

- void display_menu( ); 서비스 메뉴 표시
- void check_balance( ); 잔액 조회 서비스
- void deposit( ); 입금 서비스
- void withdraw( ); 출금 서비스

Output

```
==================
== 1. 잔액 조회  ==
== 2. 입금       ==
== 3. 출금       ==
== 4. 종료       ==
==================
서비스 번호 입력: 2↵
입금 금액: 50000↵

입금 후 잔액: 50000원
```

Output

```
==================
== 1. 잔액 조회  ==
== 2. 입금       ==
== 3. 출금       ==
== 4. 종료       ==
==================
서비스 번호 입력: 3↵
출금 금액:? 70000↵

잔액이 50000원이므로
출금할 수 없습니다.
```

Output

```
==================
== 1. 잔액 조회  ==
== 2. 입금       ==
== 3. 출금       ==
== 4. 종료       ==
==================
서비스 번호 입력: 3↵
출금 금액:? 40000↵

출금 후 잔액: 10000원
```

Output

```
==================
== 1. 잔액 조회  ==
== 2. 입금       ==
== 3. 출금       ==
== 4. 종료       ==
==================
서비스 번호 입력: 4↵

서비스를 종료합니다.
안녕히 가세요.
```

12 CHAPTER

능력자 포인터

12 능력자 포인터

지금까지 데이터를 저장하기 위하여 변수를 선언하고 대입 연산자(=)를 사용하여 변수에 값을 저장하거나 변수 이름을 사용하여 값을 읽어올 수 있었다. 이때 변수를 선언한다는 것은 선언할 때 명시한 변수의 자료형에 크기에 따라 주기억장치를 할당받는 것이고 변수를 사용한다는 것은 변수에 할당된 영역에 값을 저장하거나 저장된 값을 읽어서 사용한다는 것을 의미한다.

```
int var;
var = 10;
printf("%d\n", var);
```

포인터는 주소를 저장하기 위한 변수이다. 포인터를 사용하는 이유는 값을 간접 참조(우회적으로 참조)하기 위한 것이다. 다음은 포인터 ptr을 선언하고 사용한 예이다. 위의 예에서 var을 직접 사용하지 않고 *ptr을 사용하여 간접 참조한다.

```
int *ptr;
ptr = &var;
printf("%d\n", *ptr);
```

포인터 연산자(*)와 주소 연산자(&)의 의미를 이장의 초반에서 배운다. 이후에 포인터를 활용하는 방법과 예를 살펴본다.

12.1 변수의 시작 주소를 저장하는 포인터

[그림 12-1]과 같이 주기억장치에서 특정 데이터를 참조하기 위하여 주소를 사용한다. 주소의 크기는 컴파일러에 따라 다르며 일반적으로 32비트 또는 64비트를 가진다. 32비트 컴파일러일

주소	데이터
00000000	00101100
00000001	01001000
00000002	11101001
…	…
0000000B	00001010
0000000C	00000000
0000000D	10101100
…	…
FFFFFFFC	11101001
FFFFFFFD	00001010
FFFFFFFE	10101100
FFFFFFFF	00101100

그림 12-1 주기억장치의 주소

경우 주소는 [그림 12-1]과같이 00000000번지~FFFFFFF를 가지므로 0번지에서 2^{32}-1번지를 가진다. 주소는 1바이트(8비트)마다 부여된다. 따라서 주소를 표현하기 위한 크기는 32비트(4바이트)이다.

변수를 선언하는 것은 데이터를 저장하기 위하여 주기억장치에 공간을 확보하는 것이다. 다음은 현재 컴파일러의 int 자료형 크기가 4바이트라고 가정한다. [그림 12-2]에서 ① int var은 컴파일러에 의하여 4바이트 메모리 공간을 확보하라는 기계코드로 변환되며 이것이 실행되면 0013FF7C~0013FF7F까지 4바이트 공간이 할당된다. 주의할 점은 var은 시작 주소~끝 주소까

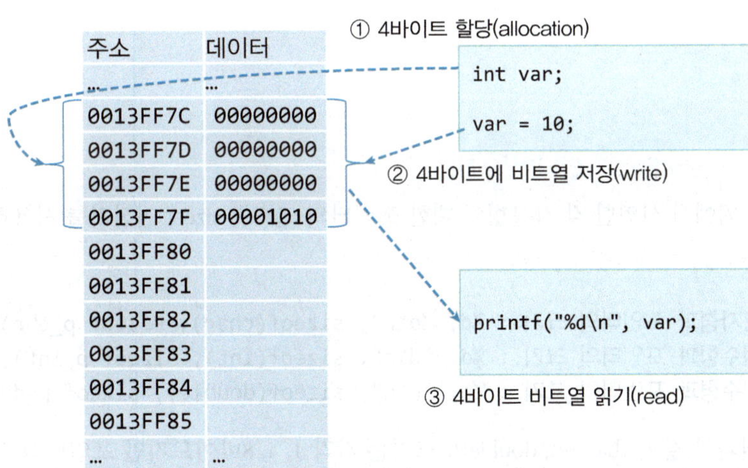

그림 12-2 변수 선언과 주기억장치

지의 구간을 사용한다는 점이다. ② var 변수에 10을 저장(write)하는 명령어를 실행하면 10을 32비트 열로 변환하고 0013FF7C~0013FF7F까지 4바이트 공간에 저장된다. ③ var을 참조하는 것은 0013FF7C~0013FF7F 영역의 값을 읽어오는 것과 같은 의미이다. 만약 dobuble 자료형으로 선언하면 8바이트 메모리 공간을 확보하게 된다.

12.1.1 포인터 선언하기

포인터를 선언하고 참조하는 연산자는 *, &이다. 4장 연산자에서 *는 피연산자가 두 개일 경우(이항 연산자) 곱하기 연산자로 해석된다. 그러나 '*포인터명'과 같이 단항 연산자일 경우 *는 포인터 연산자이며 '포인터'라고 읽는다. & 또한 이항 연산자일 경우 비트 연산 AND 연산자이지만, '&변수'과 같이 단항 연산자일 경우 &는 주소 연산자로 해석된다.

포인터 선언은 다음과 같이 기본 자료형을 명시하고 포인터 앞에 포인터 연산자 *를 붙인다. 포인터는 일반 변수와 구별하기 위하여 포인터 이름 앞에 p_를 붙이는 것을 권장한다. 포인터는 자료형과 관계없이 주소를 표현하는 크기와 같다. 즉 주소를 표현하는데 4바이트를 사용한다면 문자형, 정수형, 실수형 포인터는 4바이트를 가진다. 아래 예에서 p_char, p_int, p_dbl은 모두 같은 크기를 가진다. 반면에 char, int, double 변수는 각각 1, 4, 8바이트를 가진다.

Syntax **포인터 선언 : 자료형 *포인터명**

포인터 선언:

```
char *p_chr;
int *p_int;
double *p_dbl;
```

중요

주소의 크기는 같으므로 포인터의 크기는 같다.

다음 코드는 위에서 선언한 각 자료형에 대한 포인터의 크기를 sizeof 연산자를 사용하여 출력하는 것이다.

```
printf("문자형과 포인터의 크기 : %d, %d\n", sizeof(char), sizeof p_chr);
printf("정수형과 포인터의 크기 : %d, %d\n", sizeof(int), sizeof p_int);
printf("실수형과 포인터의 크기 : %d, %d\n", sizeof(double), sizeof p_dbl);
```

다음 출력 결과와 같이 char, int, double의 크기는 각각 1, 4, 8바이트지만 포인터의 크기는 모두 4바이트(32비트 컴파일러일 경우)로 같다. 이유는 주소를 표현하는 크기는 같기 때문이다. 건물의 크기는 다양하지만, 주소의 길이는 비슷한 것과 같은 이치이다.

문자형과 포인터의 크기 : 1, 4
정수형과 포인터의 크기 : 4, 4
실수형과 포인터의 크기 : 8, 4

12.1.2 변수의 시작 주소를 포인터에 저장하기

Syntax 주소 연산자: &변수명

주소를 구하는 연산자 &:   p_score = &score;

[그림 12-3]은 일반 변수 amt를 선언하고 포인터 연산자 *와 주소 연산자 &를 사용하여 amt 변수의 시작 주소를 p_amt에 저장하는 예이다.

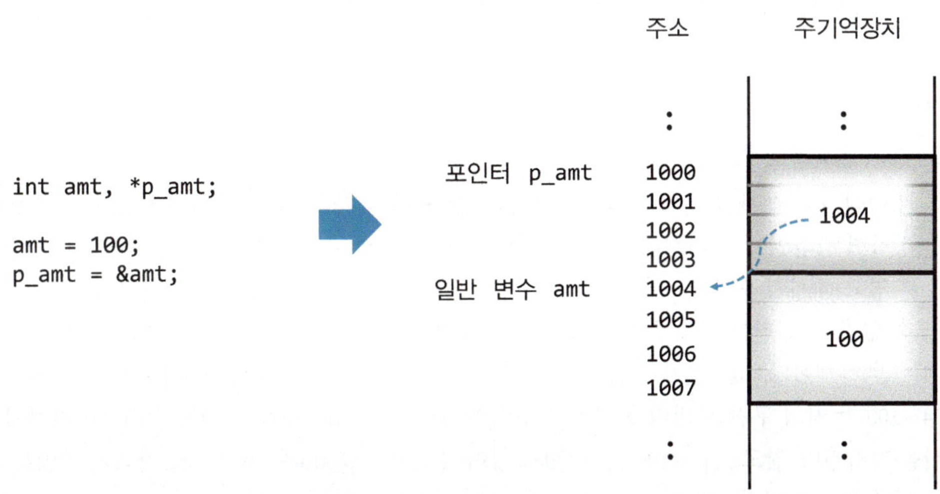

그림 12-3 주기억장치의 주소와 포인터

[그림 12-3]의 코드 예에서 변수를 amt와 포인터 p_amt를 선언하는 것이 실행되면 주기억장치에 두 변수가 할당된다. 참고로 변수는 선언된 순서와 반대로 할당된다. 즉 amt가 p_amt보다 먼저 선언되었으나 주기억장치에 p_amt가 amt보다 이전에 할당된다. &amt 연산에 의하여 포인터 amt의 주소 1004가 포인터 p_amt에 저장된다.

12.1.3 주소 구간의 값을 가져오는 포인터 연산자 *

Syntax 포인터가 가리키는 값을 참조하는 연산자: *포인터

값을 간접 참조하는 포인터 연산자 * :   `*p_amt`

다음은 [그림 12-3]에서 선언하고 저장한 변수와 포인터를 사용하는 코드이다. %d 변환 명세에 amt를 인수로 직접 참조한 문장과 *p_amt를 사용하여 amt를 간접 참조한 것이다. 포인터 p_amt에는 1004가 저장되어 있어 1바이트만 참조하는 것으로 착각할 수 있다. 포인터는 자료의 시작 주소만을 저장하고 있고 포인터의 자료형 크기에 따라 마지막 주소가 결정된다. 즉 p_amt는 정수형 포인터이고 4바이트를 참조하므로 시작 주소는 1004번지이고 끝 주소는 1007번지가 된다. *p_amt는 1004~1007번지의 값을 읽어오는 수식으로 p_amt로 amt를 간접 참조한다. 따라서 amt == *p_amt 수식은 참(true)값을 가진다.

```
printf("amt의 값(직접 참조) : %d\n", amt);
printf("amt의 값(간접 참조) : %d\n", *p_amt);
printf("amt의 주소 : %p\n", p_amt);
```

참고

포인터에 정수를 대입할 수 없다.

주소의 형식과 정수가 같은 자료형같이 보이지만 의미는 다르다. 다음과 같이 포인터에 1004을 저장하면 컴파일할 때 int(1004)를 포인터(int *)에 저장할 수 없다는 경고 메시지가 발생한다. 이유는 경고 메시지와 같이 p_amt는 정수형 포인터 자료형이고 1004는 정수형 상수이므로 대입할 수 없다. 포인터는 정수 형태의 주소를 가지지만 구간의 의미가 있는 반면에 정수형 상수 1004는 값 자체이다. 1004번지가 정수형 포인터의 시작 주소이면 (int *)1004와 같이 형변환하여 1004~1007번지의 구간의 의미를 가지도록 해야한다. (double *)1004는 1004~1011번지까지의 구간을 가리킨다. 참고로 p_amt = (int *)0과 같이 대입하면 p_amt는 아무것도 가리키지 않는 의미의 널(null) 포인터가 된다.

```
int *p_amt;
p_amt = 1004;        //p_amt = (int *)1004로 형변환 해야함
```

12.2 포인터로 함수 간의 변수 공유

포인터를 사용하는 이유는 함수 간의 변수를 공유하기 위함이다. 7장 전문 일꾼 함수에서는 호출하는 함수(main)에서 특정 함수를 호출할 때 함수에 인수를 전달하고 반환값을 사용하는 방식이다. slope 변수는 sin 함수에서 변경될 수 없다. 즉 호출하는 함수의 소유인 지역 변수는 호출되는 함수(sin)에서 영향을 받지 않는다. 이유는 인수는 매개변수에 값이 복사되는 방식이기 때문이다.

```
double slope = 60.0/180; //경사 60도의 라디언 값
result = sin(slope);
```

다음은 호출하는 함수(main)의 소유인 지역 변수가 호출되는 함수(scanf)에서 영향을 받는 경우이다. 호출하는 함수의 소유인 score 변수는 함수를 호출하기 전에 50을 가지고 있지만 scanf 함수에서 입력받은 값으로 score 값이 변경된다. 즉, 인수를 사용하여 함수로부터 값을 넘겨받을 수 있다. 이것은 sin 함수의 인수를 전달하는 방법과 달리 scanf는 변수 slope의 주소를 인수로 하여 처리하기 때문이다.

```
int score = 50;
scanf("%d", &score);
printf("%d", score);
```

위의 예와 같이 포인터를 사용하는 목적은 인수를 통하여 함수 간의 변수를 공유하는 것이다.

12.2.1 나의 배달 주문은 바뀌지 않는다

Example 12-1 마라탕을 주문하고 제대로 받은 경우

main 함수의 지역 변수 my_order의 값 2가 mara_nara 함수의 매개변수 order에 복사되어 전달(10행)된다. 다음 예는 매개변수 order가 mara_nara 함수에서 값이 바뀌지 않으므로 문제없이 실행된다.

```
1  #include <stdio.h>
2
3  void mara_nara(int order);
4
5  int main()
6  {
7      int my_order = 2;        //마라탕 2인분
```

```
8
9      printf("[우리집]\t마라탕 %d인분을 주문합니다\n", my_order);
10     mara_nara(my_order);
11     printf("[우리집]\t%d인분을 받았습니다.", my_order);
12
13     return 0;
14 }
15
16 void mara_nara(int order) {
17     printf("[마라나라]\t%d인분 주문받아 요리하고.. 배달합니다.\n", order);
18 }
```

Output

```
[우리집]      마라탕 2인분을 주문합니다
[마라나라]    2인분 주문받아 요리하고.. 배달합니다.
[우리집]      2인분을 받았습니다.
```

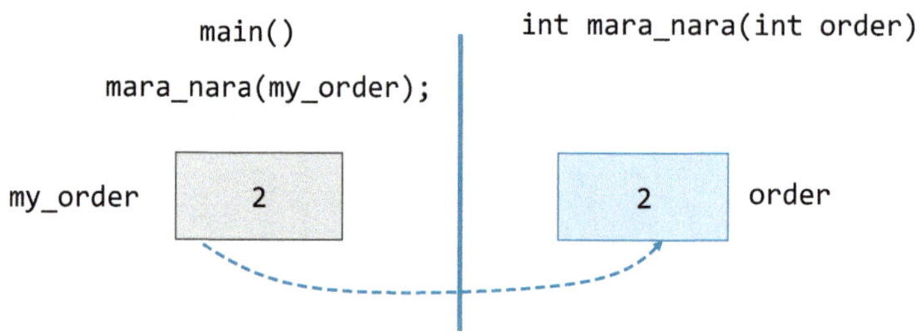

[Example 12-1]에서 mara_nara 함수(16~18행)를 다음과 같이 수정한 후의 결과를 수정 전의 결과와 비교하여 보자.

```
void mara_nara(int order) {
    order = 5;      //주문을 잘못받아 5그릇으로 수정
    printf("[마라나라]\t%d인분 주문받아 요리하고.. 배달합니다.\n", order);
}
```

Output

```
[우리집]      마라탕 2인분을 주문합니다
[마라나라]    5인분 주문받아 요리하고.. 배달합니다.
[우리집]      2인분을 받았습니다.
```

mara_nara 함수의 매개변숫값이 5로 변경되었으나 main 함수의 지역 변수 my_order는 바꾸지 않았다. order는 my_order의 복사본이므로 함수 내에서 order의 값이 바뀌더라도 my_order에는 영향을 주지 않는다. my_order는 함수 호출 이전과 이후가 같으므로 함수 내에서 문제가 있음(마라나라의 주문 실수)을 확신할 수 있다.

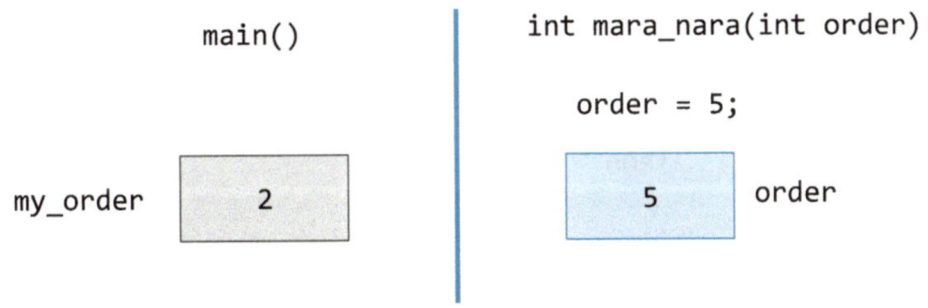

12.2.2 나의 배달 주문이 나도 모르게 변경 된다

Example 12-2 주문지를 공유하는 경우 나의 주문이 바뀜

mara_nara 함수의 매개변수 order를 포인터로 변경(16행)하고, main 함수에서 mara_nara를 호출할 때 my_order의 주소를 인수로 넘긴다(10행).

```
1  #include <stdio.h>
2  
3  void mara_nara(int *order);
4  
5  int main()
6  {
7      int my_order = 2; //마라탕 2인분
8  
9      printf("[우리집]\t마라탕 %d인분을 주문합니다\n", my_order);
10     mara_nara(&my_order); //my_order의 주소를 인수로 넘김
11     printf("[우리집]\t%d인분을 받았습니다.", my_order);
12 
13     return 0;
14 }
15 
16 void mara_nara(int *order) {
17     *order = 5; //order의 주소를 사용하여 my_order를 간접 참조
18     printf("[마라나라]\t%d인분 주문받아 요리하고.. 배달합니다.\n", *order);
19 }
```

Output

```
[우리집]        마라탕 2인분을 주문합니다
[마라나라]      5인분 주문받아 요리하고.. 배달합니다.
[우리집]        5인분을 받았습니다.
```

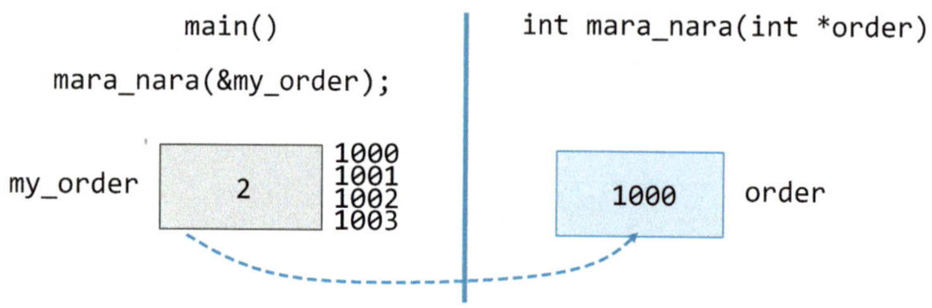

mara_nara를 호출할 때 my_order의 주소(1000)를 인수로 전달한다. 매개변수 order은 정수형 포인터로 인수를 order에 복사한다. [Example 12-1]에서와 같이 인수가 매개변수에 복사되는 방식은 같다. 그러나 [Example 12-1]에서는 복사되는 대상이 값(주문수)이지만 [Example 12-2]에서는 복사되는 대상이 주소인 차이가 있다. 매개변수에 복사되는 것이 값이면 값에 의한 호출(call by value)이라고 하고, 주소이면 주소에 의한 호출(call by address)라고 한다.

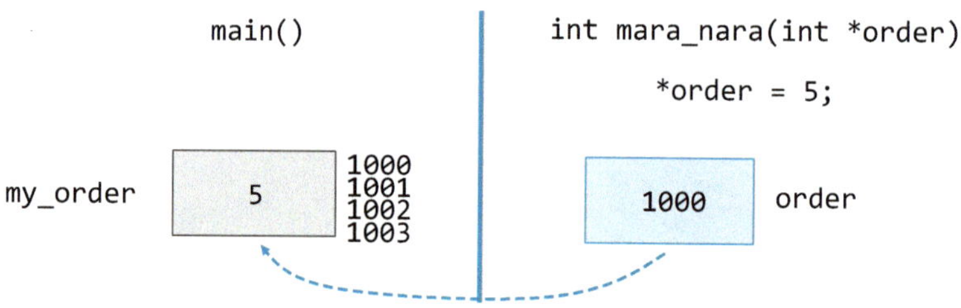

mara_nara 함수에서 *order = 5(17행)를 실행하면 위의 그림과 같이 1000~1003번지에 값 5를 대입하게 된다. 즉, mara_nara 함수에서 main 함수의 지역 변수 my_order를 간접 참조할 수 있다.

12.2.3 매개변수를 포인터로 선언해야 하는 경우

– 함수 간의 변수 공유를 통한 범용의 함수 정의

함수와 함수 간의 지역 변수를 공유하기 위하여 매개변수에 포인터를 사용한다. scanf 함수가 매개변수를 포인터로 사용하는 대표적인 함수이다. 인수와 매개변수를 통하여 변수를 공유함으로써 코딩의 유연성(flexibility)을 줄 수 있다. 매개변수를 통한 변수의 공유가 없다면 반환값을 사용하여 함수 간의 값 전달을 해야 하므로 다음과 같이 자료형마다 값을 입력받는 수많은 scanf 함수를 만들어야 한다. 또한 다양한 자료형을 한꺼번에 입력받기 위한 함수를 만들기는 매우 까다로워 진다.

```
score = int_scanf("%d");
rate = double_scanf("%lf");
scores = multiple_int_scanf(%d %d %d");
```

포인터를 사용한 간접참조는 scanf 함수와 같이 여러 개의 값을 인수와 매개변수를 통하여 넘겨받을 수 있는 범용의 함수를 정의할 수 있게 한다.

– 대량의 데이터(배열)를 함수 간의 공유

배열을 함수에 전달할 때 값의 복사 방식을 사용하면 복사본을 만들기 위한 주기억장치 할당으로 실행 시간 및 주기억장치 낭비가 발생할 수 있다. 따라서 C언어에서는 기본적으로 배열의 시작 주소를 넘기는 방식을 사용한다. 자세한 설명은 다음 절에 이어진다.

– 동적 할당

프로그램에서는 배열 크기를 정할 때 최악의 경우를 대비하여 최대로 잡는다. 그러나 실제로 프로그램을 실행하는 동안 배열에 저장된 배열 원소 수가 예상보다 많이 작으면 이미 할당된 배열의 기억 공간 중 사용되지 않는 부분은 낭비된다. 이를 해결하기 위해 프로그램을 실행하면서 필요할 때마다 배열을 위한 기억 공간을 할당받고 필요 없어진 공간은 해제하는 동적 할당 방법을 사용할 수 있다. 이러한 동적 할당에 포인터가 사용된다.

12.2.4 코딩: 두 변수의 값을 교환하는 함수 만들기

함수의 매개변수 두 개를 포인터로 선언하여 공유하고 변수의 값을 변경하는 프로그램을 해보자.

- 두 개의 매개변수가 포인터인 함수 exchange_value를 선언한다.
- exchange_value 함수 내에서는 포인터 연산자 *를 사용하여 인수를 간접 참조하는 문장을 작성한다.
- main에서 함수를 호출할 때 공유하는 변수의 주소를 인수로 넘긴다.

Code 12-1 포인터 매개변수를 사용하여 값 교환하기

```
1 #include <stdio.h>
2
3 void exchange_value(int *ref1, int *ref2);
4 int main()
5 {
6     int v1, v2;
7
8     v1 = 36;
9     v2 = 98;
10
11     printf("before exchange: v1 = %d, v2=%d\n", v1, v2);
12     exchange_value(&v1, &v2);
13     printf("after exchange: v1 = %d, v2=%d\n", v1, v2);
14
15     return 0;
16 }
17
18 void exchange_value(int *ref1, int *ref2) {
19     int temp;
20     temp = *ref1;
21     *ref1 = *ref2;
22     *ref2 = temp;
23 }
```

Output

```
before exchange: v1 = 36, v2=98
after exchange: v1 = 98, v2=36
```

main 함수에서 v1, v2의 주소를 exchange_value 함수의 인수 전달하여 호출(12행)하면 [그림 12-4]에서와 같이 v1, v2의 주소가 각각 ref1, ref2에 복사된다. exchange_value 함수에서 ref1이 가리키는 값(v1의 값, 36)을 temp 변수에 대입한다.

*ref1 = *ref2; ref2가 가리키는 값(v2의 값, 98)을 ref1이 가리키는 곳(v1)에 대입한다. v1의 값이 98로 변경된다.

*ref2 = temp; temp 변수의 값(36)을 ref2가 가리키는 곳(v2)에 대입한다. v2의 값이 36으로 변경된다.

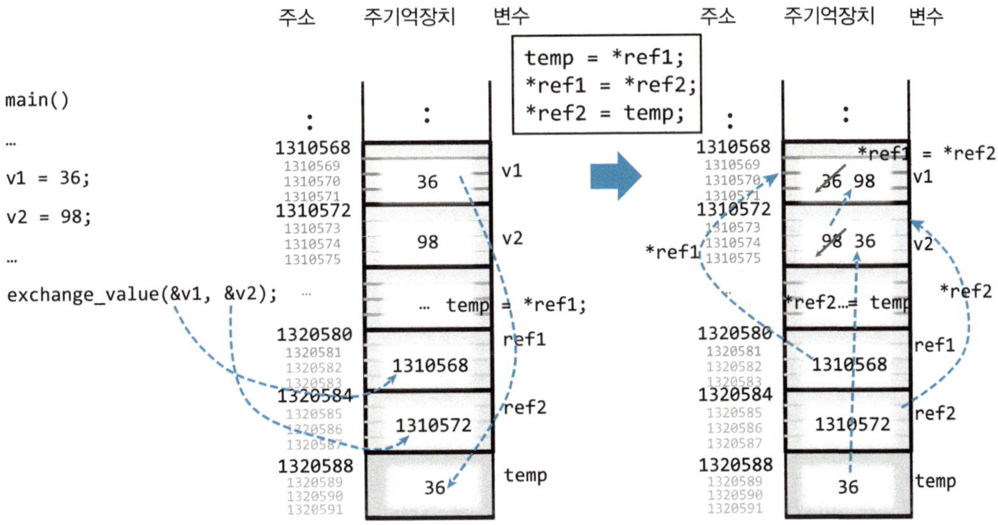

그림 12-4 포인터 매개변수를 사용하여 값 교환

12.2.5 코딩: 점수를 입력받아 평균과 표준편차를 구하기

배열에 점수를 입력받아 평균과 표준편차를 한 번에 계산하는 함수를 정의하고 사용해 보자. 단, 함수의 매개변수를 통하여 평균과 표준편차를 전달받아야 한다.

- 첫 번째 매개변수는 평균과 표준편차를 계산할 배열이다. 두 번째, 세 번째 매개변수는 각각 평균과 표준편차를 전달받기 위한 포인터이다(5행).
- 함수를 호출할 때 결과를 전달받을 평균(mean)과 표준편차(sd) 변수의 주소를 인수로 전달한다(17행).

Code 12-2 포인터 매개변수를 사용하여 값 전달하기

```
1  #include <stdio.h>
2  #include <math.h>
3  #define SIZE 5
4
5  void computeMeanAndSD(int arr[], double *mean, double *sd);
6
7  int main() {
8
9      double mean, sd;
10     int arr[SIZE];
```

```c

    printf("Enter %d scores:", SIZE);
    for (int i = 0; i < SIZE; i++) {
        scanf("%d", &arr[i]);
    }

    computeMeanAndSD(arr, &mean, &sd);
    printf("Mean: %.2f\n", mean);
    printf("Standard Deviation: %.2f\n", sd);

    return 0;
}

// 배열의 평균과 표준 편차를 구하는 함수
void computeMeanAndSD(int arr[], double *mean, double *sd) {
    int i;
    double sum = 0;

    for (i = 0; i < SIZE; i++) {
        sum += arr[i];
    }
    *mean = (double)sum / (double)SIZE;
    sum = 0;
    for (int i = 0; i < SIZE; i++) {
        sum += pow(arr[i] - *mean, 2);
    }
    *sd =  sqrt(sum / SIZE);
}
```

Output

```
Enter 5 scores: 97 85 89 72 96
Mean: 87.80
Standard Deviation: 9.06
```

12.3 배열은 포인터

배열을 선언하면 배열의 크기만큼 주기억장치에 연속적으로 할당된다. 그리고 배열 변수는 첫 번째 값의 시작 주소를 가리키는 포인터이다. 다음 예를 실행하면 scores의 값과 scores[0]의 주소가 같음을 확인할 수 있다.

– 배열 변수의 값 == &배열_변수[0]

```
int scores[NUM_OF_SCORE] = {97, 85, 89, 72, 96};
printf("배열 변수의 값: %p\n", scores);
printf("첫째 값의 주소: %p\n", &scores[0]);
```

Output(64비트 컴파일러)

```
배열 변수의 값: 000000d4e89ff800
첫째 값의 주소: 000000d4e89ff800
```

12.3.1 포인터를 사용한 배열 참조

Example 12-3 포인터를 사용한 배열 참조

scores는 배열의 시작 주소를 가지는 포인터이다. 따라서 *scores는 scores[0]과 같은 값을 참조한다. [그림 12-5]에서 scores는 1310568을 가지지만 포인터는 시작 주소를 가지고 자료형의 크기만큼의 범위를 가진다. 즉 scores는 1310568~1310571번지를 가리키는 포인터이다. 따라서 scores+1은 정수의 덧셈과 달리 다음 값이 시작되는 주소를 의미한다. scores+1은 scores의 끝 번지 다음이므로 1310572이다. *(scores+1)은 score[1]과 같다. 따라서 *(scores+i)는 score[i]와 같다(11행).

```
1  #include <stdio.h>
2
3  #define NUM_OF_SCORE 5
4  int main()
5  {
6      int scores[NUM_OF_SCORE] = {97, 85, 89, 72, 96};
7      int  i;
8
9      printf("성적 : ");
10     for (i=0; i<NUM_OF_SCORE; i++) {
11         printf("%5d", *(scores+i));
12     }
13
14     return 0;
15 }
```

Output

```
성적 :    97   85   89   72   96
```

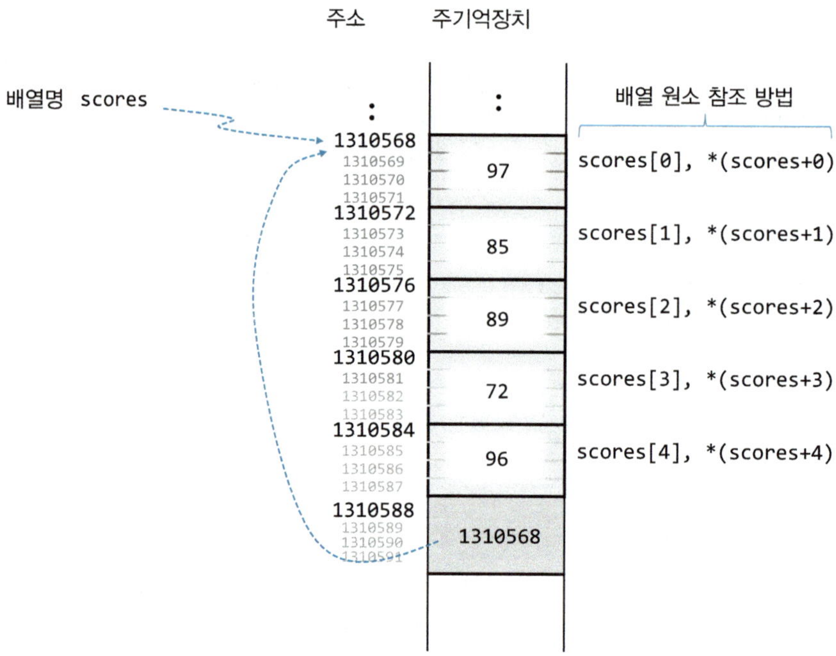

그림 12-5 포인터를 사용한 배열 참조

12.3.2 배열을 포인터로 함수에 전달하기

다음은 [Example 12-3]의 7~12행을 함수로 선언하고 scores 배열을 함수의 인수로 전달하는 코드이다. 4, 15행의 매개변수 arr은 배열이자 포인터이므로 int *arr로도 선언할 수 있다. 매개변수가 배열이면 4행과 같이 int arr[ ]로 배열임을 명시할 것을 권장한다.

print_scores 함수를 호출(10행)할 때의 인수 scores는 포인터이므로 함수의 매개변수로 복사되는 것은 4바이트 크기의 주소(1310568)이다. scores 배열의 모든 원소(20바이트)가 함수에 복사되지 않고 scores 값들을 print_scores에서 공유함을 이해해야 한다. print_scores 함수의 매개변수 arr에 scores의 값(1310568)이 복사되다. 따라서 print_scores 함수에서는 arr 변수를 사용하여 scores 값을 간접 참조한다. arr[i]는 scores[i]와 같은 값을 참조한다.

Example 12-4 배열을 포인터로 함수에 전달하기

```
1 #include <stdio.h>
2
3 #define NUM_OF_SCORE 5
```

```
4  void print_scores(int arr[]);
5  
6  int main()
7  {
8      int scores[NUM_OF_SCORE] = {97, 85, 89, 72, 96};
9  
10     print_scores(scores);
11 
12     return 0;
13 }
14 
15 void print_scores(int arr[]) {
16     int  i;
17 
18     printf("성적 : ");
19     for(i=0; i<NUM_OF_SCORE; i++) {
20         printf("%5d", arr[i]);  //scores[i]를 직접 사용할 수 없음
21     }
22 }
```

Output

```
성적 :    97   85   89   72   96
```

많이 하는 실수: 함수 내에서는 인수의 이름으로 값을 참조할 수 없다.

[Example 12-4]의 20행에서 arr[i] 대신 scores[i]를 사용하는 실수를 많이 한다. scores는 main의 지역 변수이므로 main 블록 내에서만 사용할 수 있다.

12.3.3 포인터를 사용하여 인수 배열을 변경하기

다음은 [Example 12-4]의 코드에서 main 함수의 지역 변수 scores를 초기화하지 않고 print_scores 함수에서 scores를 입력하는 예이다. print_scores와 같이 input_scores는 매개변수 arr로 main 함수의 scores 포인터 값(배열의 시작 주소)를 넘겨받아 우회하는 방식으로 scores 배열에 값을 넣는다. input_scores 함수의 scanf("%d", &arr[i]); 문장(22행)에서 arr 매개변수를 사용하여 scores 배열을 값을 변경한다. &arr[i]는 arr+i와 같은 표현이다. print_scores 함수에서와 같이 input_scores 함수에서는 main의 지역 변수 scores를 직접 참조할 수 없음을 주의해야 한다.

Example 12-5 함수에서 인수 배열의 값 변경하기

```c
#include <stdio.h>

#define NUM_OF_SCORE 5
void input_scores(int arr[]);
void print_scores(int arr[]);

int main()
{
    int scores[NUM_OF_SCORE] ;

    input_scores(scores);
    print_scores(scores);

    return 0;
}

void input_scores(int arr[]) {
    int  i;

    printf("성적 입력: ");
    for(i=0; i<NUM_OF_SCORE; i++) {
        scanf("%d", &arr[i]); //&scores[i]를 직접 사용할 수 없음
    }
}

void print_scores(int arr[]) {
    int  i;

    printf("성적 : ");
    for(i=0; i<NUM_OF_SCORE; i++) {
        printf("%5d", arr[i]);
    }
}
```

Output

```
성적 입력: 87    95    88    82    94↵
성적 :     87    95    88    82    94
```

12.4 배열을 이용한 문자열 처리

문자를 표현하기 위해 char 자료형을 사용하고 문자열을 표현하기 위해 문자형 배열을 사용한다. 배열은 포인터이므로 문자열을 처리할 때는 char형 배열이나 char형 포인터를 사용할 수 있다. char형 배열을 사용하는 방법은 10장 배열에서 소개하였으므로 char 형 포인터를 이용해 문자열을 처리하는 방법을 설명한다.

아래 코드에서 slogan1 문자열 변수는 문자 배열로 선언한 것으로 배열의 크기로 메모리에 공간을 할당받는다. slogan2는 포인터로 선언한 문자열이다. 포인터로 문자열을 선언하면 할당된 문자열의 문자 수로 메모리 공간이 할당된다. 다음 코드의 실행 결과에서 slogans2의 sizeof 연산자의 결괏값은 8(64비트 컴파일러일 경우)로 포인터의 크기와 같다.

```
char slogan1[20] = "Hurrah for Korea";        //배열로 문자열 선언
char *slogan2 = "Hurrah for Korea";           //포인터로 문자열 선언
printf("slogans1: %d바이트, 문자의 수: %d개\n", sizeof slogan1, strlen(slogan1));
printf("slogans2: %d바이트, 문자의 수: %d개\n", sizeof slogan2, strlen(slogan2));
```

slogan1:	H	u	r	r	a	h		f	o	r		K	o	r	e	a	\0	\0	\0	\0
slogan2:	H	u	r	r	a	h		f	o	r		K	o	r	e	a	\0			

Output

```
slogans1: 20바이트, 문자의 수: 16개
slogans2: 8바이트, 문자의 수: 16개
```

많이 하는 실수: 배열 변수는 변경될 수 없다.

Python이나 Java 프로그램은 실행될 때 참조되지 않는 변수는 자동으로 정리(메모리 쓰레기 수집: garbage collection)가 되지만, C 프로그램은 운영체제에서 직접 실행되기 때문에 메모리를 사용하는 것이 엄격하다. 따라서 배열의 원소는 변경될 수 있으나 배열로 선언된 변수는 변경될 수 없다. slogan1 = slogan2; 또는 slogan1 = "Fighting Korea"; 와 같은 문장은 문법적으로 잘못된 것이다.

```
slogan1 = "Fighting Korea";    //잘못된 문법     (X)
slogan2 = "Fighting Korea";    //다시 할당 가능  (O)
```

12.4.1 포인터로 문자열 교환하기

배열로 선언된 문자열 변수는 변경될 수 없으므로 두 문자열을 교환하기 위하여 10장의 [Example 10-2]에서와 같이 strcpy 함수를 사용하여 문자열의 문자를 모두 복사하여야 한다. 포인터 문자열로 선언하면 포인터 값을 변경할 수 있으므로 효과적으로 문자열을 교환할 수 있다. [그림 12-6]과같이 lang1 문자형 포인터는 'K' 문자가 저장된 주소(....101b9000 번지)를 가진다. "Korean" 문자열의 크기가 마지막 널문자를 포함하여 7개이므로 'E' 문자는 101b9007 번지에 저장된다. 따라서 lang2 문자 포인터는 101b9007 번지를 가진다. temp 문자 포인터에 lang1을 백업하고(13행) lang1에 lang2 값을 할당한다(14행). lang2에 temp 값을 할당한다(15행).

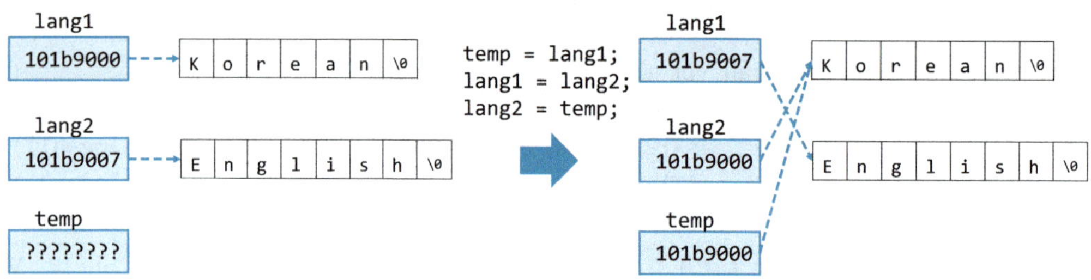

그림 12-6 포인터를 사용한 문자열 교환

Example 12-6 포인터 문자열 교환

```
1  #include <stdio.h>
2
3  int main()
4  {
5      char *lang1 = "Korean";
6      char *lang2 = "English";
7      char *temp;
8
9      printf("before swap: %s(%p) %s(%p)\n", lang1, lang1, lang2, lang2);
10
11     // 포인터 변수에 저장된 두 주소를 교환해 두 포인터가 가리키는 문자열 교환하기
12     temp = lang1;
13     lang1 = lang2;
14     lang2 = temp;
15
16     printf("before swap: %s(%p) %s(%p)\n", lang1, lang1, lang2, lang2);
```

```

    return 0;
}
```

▌Output

```
before swap: Korean(00007ff7101b9000) English(00007ff7101b9007)
after swap: English(00007ff7101b9007) Korean(00007ff7101b9000)
```

12.4.2 sprintf 함수로 형식화된 문자열 만들기

sprintf 함수는 자주 사용하는 문자열 처리 함수로, printf 함수와 기능이 유사하지만, 문자열을 표준 출력으로 출력하는 대신 지정된 문자열 변수에 저장한다. 표준 출력 장치로 출력하는 것은 메모리에서 처리하는 것보다 시간이 오래 걸리는 작업이므로 printf를 자주 사용하면 실행 시간에 영향을 많이 주게 된다. 따라서 sprintf를 사용하여 출력할 문자열을 모아서 한꺼번에 출력하는 것이 효과적이다.

Syntax int sprintf(저장할 문자열 변수, 형식 문자열, 식, ...)

sprintf

```
char result_str[20];
sprintf(result_str, "%d년 %d월 %일", 2025, 3, 5);
```

Example 12-7 날짜 문자열 만들기

```
#include <stdio.h>

int main() {
    int year = 2025, month = 3, day = 5;

    char date_str[20];

    // sprintf를 사용하여 날짜 문자열을 생성
    sprintf(date_str, "%04d-%02d-%02d", year, month, day);

    // 생성된 문자열 출력
    printf("date: %s\n", date_str);

    return 0;
```

Output

```
date: 2025-02-05
```

12.4.3 코딩: 로또 번호 생성하기

로또 번호를 생성하는 프로그램을 작성해 보자. 배열에 임의의 숫자 1~45의 숫자 6개 난수를 발생한 후 오름차순 정렬한 후 로또 번호를 출력한다. 단 로또 번호에는 같은 숫자가 없도록 한다.

- 6개의 번호를 난수로 발생하여 배열로 저장한다.
- rand( ) 함수 사용 : rand( )%45+1
- 난수함수 사용 시 다음의 헤드파일 포함 : <stdlib.h>, <time.h>
- 6개의 숫자가 모두 다른 숫자가 나오도록 한다.
- 배열에 저장된 값을 오름차순으로 정렬하여 출력한다. sort_balls 함수에서 버블 정렬 알고리즘으로 매개변수의 배열을 정렬한다.
- 아무 키 누르면 계속 진행, <ESC>키를 누르면 프로그램 종료한다(20행, 26행).

Code 12-3 수강생 20명의 학년별 인원수 구하기

```
1  #include <stdio.h>
2  #include <conio.h>
3  #include <stdlib.h>
4  #include <time.h>
5
6  #define NUM_OF_LOTTO 6
7  #define NUM_OF_BALLS 45
8  #define ESC 0x1b
9
10 void lotto_machine(int selected_balls[]);
11 void sort_balls(int selected_balls[]);
12 void select_balls(int selected_balls[]);
13 void print_lotto(int selected_balls[]);
14
15 int main() {
16
17     int lotto[NUM_OF_LOTTO];
18     char terminate = '\0';
19
20     do {
```

```
        lotto_machine(lotto);
        print_lotto(lotto);

        printf("\n종료 하려면 <ESC> 입력:");
        terminate = getch();
    } while(terminate != ESC);

    return 0;
}

void lotto_machine(int selected_balls[])
{
    select_balls(selected_balls);
    sort_balls(selected_balls);
}

void select_balls(int selected_balls[]) {
    int i, j;


    srand(time(NULL));  // 난수 생성을 위한 시드 설정

    // 로또 번호 생성
    for (i = 0; i < NUM_OF_LOTTO; i++) {
        int ball = rand() % NUM_OF_BALLS + 1; // 1부터 NUM_OF_BALLS(45)까지의 난수 생성
        // 중복된 번호가 나오면 다시 번호를 생성
        for (j = 0; j < i; j++) {
            if (selected_balls[j] == ball) {
                i--;
                break;
            }
        }
        if (j == i)
            selected_balls[i] = ball;
    }
}

void sort_balls(int selected_balls[]) {
    int repeat, i, temp;

    // 로또 번호 정렬(버블 정렬)
    for (repeat = 1; repeat < NUM_OF_LOTTO; repeat++) {
        for (i = 0; i < NUM_OF_LOTTO-repeat; i++)
```

```
            if (selected_balls[i] > selected_balls[i+1]) {
                temp = selected_balls[i];
                selected_balls[i] = selected_balls[i+1];
                selected_balls[i+1] = temp;
            }
    }
}

void print_lotto(int selected_balls[]) {

    int i;
    // 생성된 로또 번호 출력
    printf("\nballs:");
    for (i = 0; i < NUM_OF_LOTTO; i++) {
        printf("%3d ", selected_balls[i]);
    }
}
```

Output

```
balls:  2  10  21  22  23  29
종료 하려면 <ESC> 입력:↵
balls:  3  25  31  36  38  45
종료 하려면 <ESC> 입력:↵
balls:  2   6  11  29  36  45
종료 하려면 <ESC> 입력:
```
〈ESC〉 키를 눌러 프로그램이 종료됨

연습 · 실습 문제

01 다음의 설명에 대해 O와 X를 ( ) 안에 적으시오.

- 포인터의 크기는 포인터의 자료형에 따라 다르다. ( )
- 두 개의 포인터 p1, p2 선언하기 위하여 int* p1, p2와 같이 선언한다. ( )
- 변수의 주소를 구하는 연산자는 &이다. ( )
- double 자료형의 크기가 8바이트이고 double형 포인터의 값이 1000번지일 때 포인터가 참조하는 주소의 범위는 1000~1007번지이다. ( )
- 함수의 매개변수에 포인터를 사용하는 이유는 처리 시간을 줄이기 위한 것이다. ( )
- 1차원 배열에 저장된 값은 포인터를 사용하여 참조할 수 없다. ( )
- 배열을 인수로 사용하는 함수가 호출될 때 배열의 모든 원소의 값이 매개변수에 복사되어 전달된다. ( )

02 정수형 변수 tot에 1000이 저장되어 있을 때 다음 조건에 맞게 코드를 작성하시오.

- 정수형 포인터 ref 선언하기 ________________;
- ref 포인터에 tot의 주소를 저장하기 ________________;
- ref 포인터만을 사용하여 tot 변수에 0을 저장하는 문장 ________________;

03 그림과 같은 결과를 얻고자 한다. 2~4행 중 잘못된 문장의 번호를 적으시오.

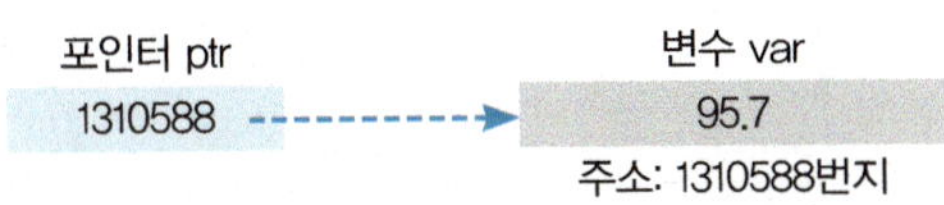


```
1  double var;
2  int *ptr;
3  ptr = &var;
4  *ptr = 95.7;
```

04 그림은 2행까지 실행한 상태이다. 결과를 밑줄에 적으시오. a = ______ b = ______

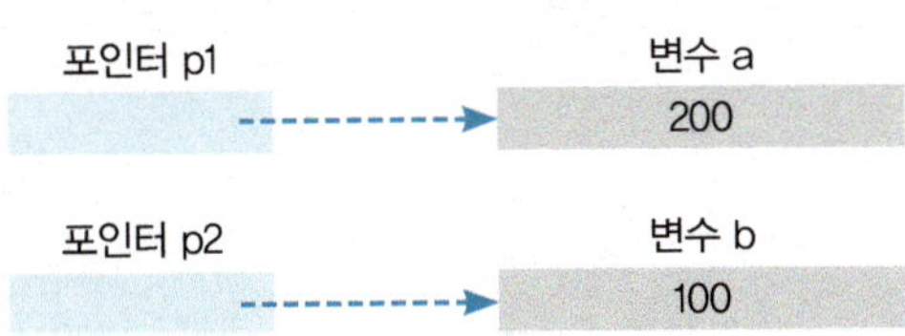


```
1  int a = 200, b = 100, *p1, *p2;
2  p1 = &a; p2 = &b;
3  p2 = p1;
4  *p2 = 300;
5  printf("a= %d b= %d", a, b);
```

05 [Code 12-1]의 exchange_value( ) 함수는 매개변수 포인터 ref1과 ref2가 가리키는 인수 내용을 무조건 교환한다. 8~9행의 대입문 대신 입력문을 사용하고, 두 매개변수 포인터가 가리키는 값을 오름차순으로 정렬하는 sort_value( ) 함수를 정의하여, 입력된 v1과 v2를 오름차순으로 정렬하는 프로그램을 코딩하시오.

Output

```
v1? 77↵
v2? 33↵
정렬 후: 33, 77
```

Output

```
v1? 7↵
v2? 9↵
정렬 후: 7, 9
```

06 다음 프로그램은 main의 두 정수 n1과 n2에 대해 나누기를 한 몫과 나머지를 quo와 rem에 구하여 출력하기 위한 것이다. 그러나 프로그램을 실행하면 잘못된 결과가 나온다. 프로그램에서 잘못된 곳을 찾아 밑줄을 긋고 바르게 수정하시오.

Output

```
75 / 8 = 9
75 % 8 = 3
```

```
int main() {
    int n1 = 75, n2 = 8, quo, rem;

    division(quo, rem, n1, n2);
    printf("%d / %d = %d \n", n1, n2, quo);
    printf("%d %% %d = %d \n", n1, n2, rem);
}

// a를 b로 나눈 몫은 x에 나머지는 y에 구하는 함수
void division(int  x, int  y, int   a, int   b)
{
     x  =   a  /   b;
     y  =   a  %   b;
}
```